Gewinne für jedermann

J. David Stein

J. DAVID STEIN

GEWINNE für jedermann

Die 10 wichtigsten Fragen auf Ihrem Weg zum Börsenerfolg

Börsenbuch verlag

Die Originalausgabe erschien unter dem Titel
Money for the rest of us: 10 questions to master successful investing
ISBN 978-1-260-45386-7

Copyright der Originalausgabe 2020:
Original edition copyright 2020 by McGraw-Hill Education. All rights reserved.

Copyright der deutschen Ausgabe 2020:
© Börsenmedien AG, Kulmbach

Übersetzung: Egbert Neumüller
Gestaltung Cover: Daniela Freitag und Johanna Wack
Satz: Andreas Schubert
Lektorat: Claus Rosenkranz
Druck: CPI books GmbH, Leck, Germany

ISBN 978-3-86470-694-3

Bibliografische Information der Deutschen Nationalbibliothek:
Die Deutsche Nationalbibliothek verzeichnet diese Publikation in der
Deutschen Nationalbibliografie; detaillierte bibliografische Daten
sind im Internet über <http://dnb.d-nb.de> abrufbar.

Postfach 1449 • 95305 Kulmbach
Tel: +49 9221 9051-0 • Fax: +49 9221 9051-4444
E-Mail: buecher@boersenmedien.de
www.boersenbuchverlag.de
www.facebook.com/boersenbuchverlag

Für LaPriel

Inhalt

Danksagungen

Dank an Bernadette Jiwa, die auf den Buchtitel „Money for the Rest of Us" kam, und an meinen Agenten Paul Lucas, der mich motivierte, das Buch zu schreiben – vier Jahre nachdem es einen Titel hatte. An meinen Lektor Noah Schwartzberg, der an mein Projekt glaubte und es unterstützte. An meine Söhne Bret und Camden für die zahllosen Stunden, in denen sie mir beim Korrigieren halfen. An die Zehntausenden Zuhörer des Podcasts „Money for the Rest of Us" für ihre Unterstützung, ihre Fragen und ihre Ideen. An die 1.000 Mitglieder von „Money for the Rest of Us Plus" dafür, dass sie da sind, denn wir helfen uns gegenseitig auf unseren jeweiligen Reisen durch die Welt der Finanzen. Besonderer Dank an diejenigen Plus-Mitglieder, die als frühe Leser fungierten, für ihre aufrichtigen Rückmeldungen, die das Buch verbessert haben: Catherine Anderson, Kent Baggett, Justin Belk, James Blandford, Robin Crisler, Marc DuVal, Christopher Ellis, Peter Forint, Simon Gogolin, Greg Golich, Anthony Indovina, Julia Khanova, Paul LaFrance, Mick Parent, Joseph Pelusi, Kathleen Pritchard, Michael Reese, Joe Talbert, David Toberisky, Dr. Alexander Walkhoff, Matt Weiser und ein Mitglied, das anonym bleiben möchte.

Einführung

DIE ZEHN FRAGEN

1. Was ist es?
2. Ist es Geldanlage, Spekulation oder Glücksspiel?
3. Welcher Vorteil winkt?
4. Welcher Verlust droht?
5. Wer steht auf der anderen Seite des Trades?
6. Was ist das Anlagevehikel?
7. Was braucht man, um erfolgreich zu sein?
8. Wer sahnt dabei ab?
9. Wie wirkt es sich auf Ihr Portfolio aus?
10. Sollten Sie investieren?

Vor einigen Jahren lernte ich auf unserer Farm in Teton Valley im US-Bundesstaat Idaho einen Kammerjäger kennen. Das 30 Hektar große Grundstück und das Ferienhaus bieten beeindruckende Aussichten auf Gerstenfelder und auf die Berge der Teton Range. Rothirsche und Elche streifen durch das Land, Berghüttensänger flattern von Baum zu Baum.

Mit unserem Traumobjekt gab es zwei Probleme. Erstens Mäusebefall im Haus – deshalb der Kammerjäger. Das zweite Problem war ernsterer Natur. Eine aufgegebene Kiesgrube ein Stück die Straße hinunter und auf der anderen Seite, die fast zehn Jahre lang stillgelegen hatte, war nun wieder vollumfänglich in Betrieb. Alle paar Minuten fuhr ein mit Kies beladener Kipplaster an unserem Haus vorbei und wirbelte Staub auf. Die Stille, die uns an diesen schönen Flecken gelockt hatte, war Geschichte. Zwölf Stunden am Tag war ein Steinbrecher in Betrieb. Das gute Geschäft, das wir gemacht hatten, als wir die Farm am Tiefpunkt des Immobilienkollapses gekauft hatten, erschien nun nicht mehr so attraktiv.

Der Kammerjäger und ich unterhielten uns, während er im ganzen Haus Fallen aufstellte. Ich erwähnte, dass ich institutioneller Anlageberater gewesen war und nun Privatpersonen in meinem Podcast und in meiner Mitgliedervereinigung zu den Themen Geld, Geldanlage und Wirtschaft schulte.

Er wandte sich zu mir und fragte: „Wie viel kann man pro Jahr verdienen, indem man in Aktien investiert?"

Bevor ich etwas erwidern konnte, beantwortete er seine Frage selbst: „Ich halte 80 Prozent für vernünftig."

Es stellte sich heraus, dass er in jenem Jahr seine erste Aktie gekauft hatte und dass diese um mehr als 80 Prozent gestiegen war. An diese Rendite knüpfte er nun seine Erwartungen. Von meinem Versuch, ihm zu erklären, wovon Aktienrenditen abhängen und weshalb seine Erwartungen um den Faktor 10 zu hoch waren, ließ er sich nicht überzeugen.

FEHLER BEI DER GELDANLAGE SIND NORMAL

Sowohl der Kammerjäger als auch ich machten bei der Geldanlage Fehler. Seiner bestand darin, dass er nicht wirklich begriff, wie Aktien funktionieren, sodass seine Erwartungen unrealistisch waren. Meiner bestand darin, dass ich mich in ein Immobilienobjekt verliebt hatte, ohne mich ausreichend über den Status der nahegelegenen Kiesgrube zu erkundigen. Dass man bei der Geldanlage Fehler macht, ist normal. Alle Anleger, auch die Manager erfolgreicher Hedgefonds, machen Fehler. Der renommierte Investor und Markttechniker Ned Davis hat einmal gesagt: „Es ist unser Beruf, Fehler zu machen. Der einzige Unterschied zwischen den Gewinnern und den Verlierern ist, dass die Gewinner kleine Fehler und die Verlierer große Fehler machen."[1]

Als Privatpersonen, die für die Rente sparen und investieren, müssen wir uns mit der Tatsache anfreunden, dass wir dabei einige Fehler begehen werden. Wir dürfen uns von der Angst davor nicht davon abhalten lassen. Gleichzeitig können wir uns große Fehler beim Investieren nicht leisten. Auf diesem Gebiet zu den Verlierern zu gehören bedeutet, dass einem im Ruhestand das Geld ausgeht oder dass man gar nicht erst in den Ruhestand gehen kann. Im Laufe meiner Anlegerkarriere habe ich mit Hunderten Vermögensverwaltern gesprochen, mit Aktienanlegern, Anleihemanagern, Hedgefonds-Managern und Wagniskapitalgebern, um zu verstehen, wie sie investieren. Ich bat sie immer, mir ein Beispiel für einen Investmentfehler zu nennen, den sie gemacht hatten, und mir zu sagen, was sie daraus gelernt hatten. Ich habe aber nicht nur aus den Fehlern anderer Anleger gelernt, sondern auch aus meinen eigenen. Ich habe Dutzende verschiedenartige Stiftungen mit einem Milliardenvermögen beraten und ihnen Finanzempfehlungen gegeben. Manche meiner Empfehlungen funktionierten, während andere Fehler waren. Als leitender Portfolio- und Anlagestratege war ich für das Tagesgeschäft eines zwei Milliarden Dollar schweren Investmentportfolios verantwortlich und steuerte es durch die globale Finanzkrise des Jahres 2008, wobei Kunden und Partner jede Bewegung des Portfolios beurteilten und kritisierten, einschließlich meiner Fehler.

Warren Buffett, einer der erfolgreichsten Anleger aller Zeiten, hat einmal gesagt, dass wir uns zu viel zu sehr wegen unserer eigenen Fehler fertigmachen.[2] Und doch tun wir es alle. Ich erinnere mich an meine Investmentfehler weitaus besser als an meine Erfolge. Ein Grund, weshalb wir so hart zu uns sind, was unsere Fehler angeht, ist die Tatsache, dass es uns schwerfällt, ein schlechtes Ergebnis von dem Entscheidungsfindungsprozess zu unterscheiden.

Die professionelle Pokerspielerin und Spezialistin für Entscheidungsfindung Annie Duke schreibt in ihrem Buch „Thinking in Bets: Making Smarter Decisions When You Don't Have All the Facts": „Eine Entscheidung wird nicht dadurch großartig, dass sie ein großartiges Ergebnis bringt. Eine großartige Entscheidung ist das Ergebnis eines guten Prozesses. [...] Entscheidungen sind Wetten auf die Zukunft und sie werden nicht dadurch richtig oder falsch, ob sie bei irgendeiner bestimmten Iteration gut ausgehen. Ein unerwünschtes Ergebnis macht unsere Entscheidungen nicht falsch, wenn wir im Voraus über die Alternativen und Wahrscheinlichkeiten nachgedacht und unsere Ressourcen entsprechend verteilt haben."[3] Manchmal funktionieren Investments nicht wie erwartet, aber das heißt nicht, dass sie ein Fehler waren, wenn die Entscheidung gut durchdacht war. Wir müssen das nehmen, was wir aus Erfahrungen lernen können, und dann zur nächsten Investmentchance übergehen.

SIE SIND EIN PORTFOLIOMANAGER

Was die Geldanlage angeht, sind Sie und ich Portfoliomanager. Portfoliomanager vergleichen verschiedene Investmentgelegenheiten und teilen Geld unter ihnen auf. Ein Hauptziel dieses Buches ist es, Ihnen einen Rahmen beizubringen, einen guten Prozess, um diese Allokationsentscheidungen so zu treffen, dass selbst dann, wenn es gelegentlich schlecht ausgeht, die Auswirkungen auf das finanzielle Auskommen gering sind. Angesichts extremer Unsicherheit kann einem ein disziplinierter Anlageprozess Zuversicht und Seelenfrieden schenken, während andere von der Vielzahl der finanziellen Wahlmöglichkeiten überwältigt sind oder beim neuesten Kursrutsch an der Börse in Panik verfallen. Disziplinierte Geldanlage kann einem helfen, die Angst zu überwinden, man könnte Fehler machen, und dabei größere Fehler zu vermeiden.

EIN BUCH DER ANDEREN ART ÜBER GELDANLAGE

Inzwischen manage ich nicht mehr beruflich Geld. Jetzt ist meine größte finanzielle Herausforderung die gleiche wie Ihre: dafür sorgen, dass ich genug Geld für den Ruhestand habe und dass meine finanziellen Mittel ausreichen. In den letzten fünf Jahren betrieb ich einen der beliebtesten Investment-Podcasts der Welt: „Money For the Rest of Us". De Hörer fragen mich oft, ob ich ihnen ein Buch empfehlen könne, aus dem sie lernen können, wie man sein Geld anlegen soll. Natürlich gibt es eine ganze Menge Bücher über Geldanlage. Viele sind für Anfänger gedacht und geleiten den Leser durch die Schritte, ein Wertpapierdepot anzulegen, erklären, was ein Indexfonds ist, und besprechen, weshalb es so wichtig ist, zu sparen und zu diversifizieren. Andere Investmentbücher befassen sich mit den wesentlichen Details des Versuchs, die Börse mittels Value-Investing, Momentum-Investing, Optionshandel, Devisenhandel oder durch den Aufbau eines Immobilienportfolios zu schlagen.

Das vorliegende Buch ist anders. Es enthält zwar eine ganze Menge Informationen über diverse Anlagestrategien, aber sein Hauptziel besteht darin, einen Schritt zurückzutreten und Ihnen vorzuführen, wie man Anlagechancen in der Weise beurteilt, dass man grundsätzlich entscheiden kann, ob man mit Optionen handeln, ein Immobilienportfolio aufbauen oder versuchen sollte, den Aktienmarkt zu schlagen, indem man investiert wie Warren Buffett. Den Rahmen für das Buch bilden zehn Fragen, die sich auf die Analyse jeglicher Geldanlage beziehen – damit Sie gravierende Fehler vermeiden und Ihre Chancen erhöhen können, von erfolgreichen Investments gleich welcher Art zu profitieren. Kurz gesagt: Dieses Buch ist für Anleger gedacht, die sich auf Portfolios und Anlageklassen konzentrieren, die genügend Disziplin bewiesen haben, für die Rente Geld zu sparen und anzulegen, und die sicherstellen wollen, dass sie alles tun, um ihr Vermögen selbstsicher zu bewahren und zu mehren.

WAS SIE LERNEN WERDEN

In Wahrheit braucht man kein Fachmann zu sein, um erfolgreich Geld anzulegen. Wir sind in der Lage, uns durch viele komplexe Bereiche zu bewegen, ohne Experten dafür zu sein. Wir schaffen es zum Beispiel, unseren Haushalt und unsere Berufstätigkeit zu managen, durch die Welt zu reisen und eine Sportart zu betreiben. Wir bewegen uns anhand von Faustregeln durch die Komplexität: Heuristiken, nach denen sich unser Handeln richtet. In diesem Buch vermittele ich Ihnen Faustregeln, nach denen sich Ihre Anlageentscheidungen richten können.

Sie werden Antworten auf folgende Fragen erhalten:

- Was ist der Unterschied zwischen Geldanlage, Spekulation und Glücksspiel?
- Wie findet man die Erwartungsrendite eines Investments heraus, seinen potenziellen Gewinn und seinen potenziellen Verlust?

- Was braucht man, um den Aktienmarkt zu schlagen, und sollte man es versuchen?
- Wie baut man ein diversifiziertes Portfolio auf, ohne sich in den Details der modernen Portfoliotheorie zu verzetteln?
- Was ist der Unterschied zwischen börsennotierten Fonds (ETFs), Investmentfonds und geschlossenen Fonds und welche Risiken bringen sie jeweils mit sich?
- Bedeutet der Einsatz passiver Indexfonds, dass man in allen Bereichen seiner Geldanlage passiv sein sollte?
- Ist es besser, einen einmaligen Betrag anzulegen oder regelmäßige Beträge einzuzahlen?
- Sollte man Gold oder Kryptowährungen kaufen und sollte man mit Devisen handeln?
- Sollte man dividendenorientiert investieren oder außerhalb seines Heimatlands investieren?

Und viele andere Fragen mehr.

Dieses Buch soll sowohl für Anfänger als auch für jene, die seit Jahren auf eigene Faust investieren, verständlich und hilfreich sein. Ein Buch, das Sie guten Gewissens verleihen können – für mich wäre es eine Ehre, wenn Sie es täten. Viele Zitate, die ich in dieses Buch aufgenommen habe, stammen von Investment-Mentoren. Manche habe ich persönlich kennengelernt, die meisten allerdings nicht. Sie sind sozusagen virtuelle Mentoren, deren Ansatz der Geldanlage und des Risikomanagements ich seit Jahren verfolge und bewundere. Ich habe diese Zitate nicht nur aufgenommen, um die Kernprinzipien des Buches zu untermauern, sondern auch als Erinnerung daran, wie viel wir aus den Erfahrungen anderer über die Geldanlage lernen können.

Ich weiß nicht, wie es dem Aktienportfolio meines Kammerjägers geht, aber unsere Investition in die Farm im Teton Valley zahlte sich trotz der Kiesgrube aus. Wir teilten das Grundstück in zwei Parzellen zu jeweils 16 Hektar auf und verkauften die eine Parzelle samt Haus,

Weiden, Scheune und anderen Nebengebäuden an eine Frau, die dort ein Quartier und Klausurzentrum für Menschen betreibt, die mit Pferden arbeiten und das Leben auf einer Ranch kennenlernen wollen. Es ist mehr als wahrscheinlich, dass wir ihr auch die restlichen 16 Hektar verkaufen werden, wenn sich ihr neues Unternehmen besser etabliert. Finanziell stehen wir mit unserer Investition auf null und wenn wir die wunderbaren Erlebnisse berücksichtigen, die wir mit der Familie und mit Freunden auf dem Anwesen hatten, haben wir ein deutliches Plus gemacht.

1

Was ist es?

*Wenn man ein Investment nicht erklären kann,
sollte man es nicht tätigen*

DIE ZEHN FRAGEN

1. Was ist es?

2. Ist es Geldanlage, Spekulation oder Glücksspiel?

3. Welcher Vorteil winkt?

4. Welcher Verlust droht?

5. Wer steht auf der anderen Seite des Trades?

6. Was ist das Anlagevehikel?

7. Was braucht man, um erfolgreich zu sein?

8. Wer sahnt dabei ab?

9. Wie wirkt es sich auf Ihr Portfolio aus?

10. Sollten Sie investieren?

FRAGE 1: WAS IST ES?

Bevor man investiert, sollte man versuchen, die Merkmale einer Anlage zu verstehen und in einfachen Worten zu erklären. Der Akt des Erklärens bewahrt die Demut und hilft einem, zu erkennen, was man nicht weiß. Aus der Beantwortung der zehn in diesem Buch besprochenen Fragen ergibt sich ein disziplinierter Investmentansatz, der uns Zuversicht im Angesicht der Ungewissheit einflößen kann.

Erinnern Sie sich noch an die erste Aktie, in die Sie investiert haben? Ich kaufte meine erste Aktie in meiner Studienzeit, als ich meinen MBA mit Hauptfach Finanzwesen machte. Jeden Abend nach der Uni schaute ich „Nightly Business Report" auf *PBS*, um zu sehen, wie die Aktie an diesem Tag gelaufen war. Das war im Jahr 1991, also mehrere Jahre, bevor man das Internet durchsuchen und sofort auf Aktienkurse zugreifen konnte.

Ein paar Jahre davor hatte ich vorübergehend bei einem Tochterunternehmen von Novell gearbeitet, als ich in Provo im Bundesstaat Utah gewohnt hatte. Meine Aufgabe war es, die Bedienungsanleitungen für Novells führendes Produkt Netware zusammenzustellen.

Der renommierte Investmentfonds-Manager Peter Lynch ist für seinen Ratschlag berühmt: „Investieren Sie in das, was Sie kennen."[1] Ich kannte Novell. Zumindest wusste ich davon, denn immerhin hatte ich ja dort gearbeitet.

Später stellte Peter Lynch klar, was er damit gemeint hatte: „Ich habe nie gesagt: ‚Wenn Sie in einem Einkaufszentrum ein Starbucks sehen und den Kaffee gut finden, sollten Sie einen Fidelity-Broker anrufen und die Aktie kaufen.' […] Manche Menschen kaufen eine

Aktie und wissen nichts darüber. [...] Das ist Glücksspiel und das ist nicht gut."[2]

Meine Anlagethese für den Kauf von Novell war, dass ich dachte, die Aktie würde steigen, weil sie etwas mit Computernetzwerken zu tun hatte – was genau, wusste ich nicht – und weil Computer immer beliebter wurden. Ich erkundigte mich nicht über das Unternehmen. Ich wusste weder etwas über die Branche noch über den Verlauf der Konjunktur. Ich hatte keine Ahnung, ob die Aktie teuer oder billig war. Ich nahm einfach 1.000 Dollar – circa 25 Prozent der gemeinsamen Ersparnisse von meiner Frau und mir – und kaufte sie, weil ich dachte, sie würde steigen. Das war kurz gesagt ein Glücksspiel.

Als ich Novell kaufte, war es das erste, aber nicht das letzte Mal, dass ich in etwas investierte, weil ich dachte, sein Preis würde steigen, ohne mir die Zeit zu nehmen, mir zu überlegen, weshalb. Natürlich steigt eine Aktie deshalb, weil andere Anleger bereit sind, dafür mehr zu bezahlen. Aber weshalb sind sie dazu bereit? Beispielsweise schnellte die Aktie des Wohnmobilhändlers Camping World am 17. September 2017 um mehr als sieben Prozent in die Höhe. Was hatte sich geändert, sodass die Anleger kollektiv bereit waren, für den Kauf der Aktie von Camping World an einem Tag einen um sieben Prozent höheren Preis zu bezahlen, an dem der US-amerikanische Aktienmarkt insgesamt nur um 0,3 Prozent stieg? Der Vorstandsvorsitzende von Camping World war auf *CNBC* interviewt worden und hatte für mehr Klarheit hinsichtlich der Strategie gesorgt, die das Unternehmen mit seinen jüngsten Übernahmen verfolgte. Außerdem berichtete er, er habe persönlich Aktien des Unternehmens nachgekauft.[3] Nach seinen Äußerungen entschieden die Anleger kollektiv, der Aktienkurs von Camping World sei falsch und der richtige Kurs müsse um sieben Prozent höher liegen.

Laut Finanztheorie ist der korrekte Preis einer Aktie der heutige Wert in Dollar des künftigen Cashflows des Unternehmens in Form des Gewinnanteils, den es an die Aktionäre ausschüttet. Dieser an die Aktionäre ausgeschüttelte Gewinnanteil wird als Dividende bezeichnet. Der heutige Wert der künftigen Dividenden pro Aktie wird als Gegenwartswert oder innerer Wert bezeichnet. Der korrekte Preis einer Aktie sollte dem Gegenwartswert dieses Dividendenflusses entsprechen. Eine andere Art, sich den Gegenwartswert vorzustellen, ist der Wert, bei dem es einem Anleger gleichgültig ist, ob er heute oder zu einem künftigen Zeitpunkt Bargeld erhält. Mit dem Gegenwartswert werden wir uns in Kapitel 4 noch genauer befassen. Ein Problem bei der Geldanlage ist, dass niemand mit Sicherheit den richtigen Preis einer Aktie kennt, weil niemand die künftigen Dividenden kennt. Zudem schütten manche Aktien derzeit keine Dividenden aus und werden auch noch viele Jahre lang keine ausschütten.

DER WICHTIGSTE GRUND, EINE BESTIMMTE AKTIE ZU KAUFEN

Kommen wir nun zum wichtigsten Grundsatz der Aktienanlage, den ich kenne: Der wichtigste Grund, lieber eine einzelne Aktie als mittels eines Index-Investmentfonds oder eines börsennotierten Fonds (ETF) einen Aktienkorb zu kaufen, ist die Auffassung, der aktuelle Aktienkurs sei zu niedrig. Man kauft eine Aktie nicht, weil man meint, das Unternehmen werde schnell wachsen oder es habe tolle Produkte, so wie ich es bei Novell tat. Man kauft eine Aktie hauptsächlich, weil man überzeugt ist, dass sich die anderen Anleger irren. Dass sie das künftige Dividenden- und Gewinnwachstum des Unternehmens unterschätzen. Dass der Gegenwartswert der künftigen Dividenden je Aktie höher ist als der derzeitige Aktienkurs. Warum? Weil die Aktie nur dann steigen kann, wenn das Unternehmen besser läuft als nach allgemeiner Ansicht. Anders gesagt: wenn das Unternehmen positiv überrascht.

Ich kaufe selten einzelne Aktien, weil ich nicht bereit bin, meine Zeit mit Recherchen zu verbringen, um herauszufinden, ob sich die

Anleger irren und die Aktie fehlbewertet ist. Im Falle von Novell hatte ich Glück und die Aktie stieg. Ich verkaufte sie etwa ein Jahr später, um die Anzahlung für unser erstes Haus mitzufinanzieren.

Meine Investition in die Novell-Aktie ist ein Paradebeispiel dafür, wie man *nicht* anlegen sollte. Hätte ich mir die zehn in diesem Buch behandelten Fragen gestellt, die wir uns alle stellen sollten, wenn wir eine neue Investition ins Auge fassen, hätte ich diese Aktie niemals gekauft. Dabei hätte ich mir nicht einmal alle zehn Fragen stellen müssen. Schon die erste Frage – „Was ist es?" – hätte gereicht, um mir klarzumachen, dass ich nicht wusste, was ich tat.

WENN MAN ETWAS NICHT ERKLÄREN KANN, SOLLTE MAN DORT KEIN GELD ANLEGEN

Einer meiner ersten Kunden als Anlageberater war ein geisteswissenschaftliches College in Indiana. Bei einem unserer Termine sagte der Vorsitzende des Anlageausschusses des Colleges zu mir: „Wenn ich ein Investment, das wir in Betracht ziehen, einem anderen Ratsmitglied, das nicht dem Ausschuss angehört, nicht erklären kann, sollten wir es nicht tätigen." Das ist einer der hilfreichsten Anlageratschläge, die ich je bekommen habe.

Ich konnte definitiv nicht die Geschäftstätigkeit von Novell erklären, als ich in das Unternehmen investiert hatte, oder weshalb ich es gekauft hatte oder weshalb die Aktie unterbewertet war. Aber meine Naivität ging noch weiter: Ich wusste nicht einmal, wohin mein Geld geflossen war oder wer mir die Aktie verkauft hatte.

Als ich in Novell investierte, kaufte ich die Aktie über meinen Broker, der den Kauf über die Börse Nasdaq abwickelte. Novell bekam mein Geld nie zu Gesicht. Mein Geld ging an irgendjemanden, der mir die Aktie verkaufte. Die Aktie wurde am sogenannten Sekundärmarkt gehandelt. Das einzige Mal, dass ein Unternehmen für eine

Aktie Geld erhält, ist der Zeitpunkt, zu dem das Unternehmen im Rahmen einer Erstemission oder einer Neuemission neue Aktien ausgibt. Sobald diese Aktien ausgegeben wurden und das Unternehmen den Erlös kassiert hat, werden die Aktien unter Anlegern am Sekundärmarkt gehandelt.

WER VERKAUFT SIE?

Wenn nicht Novell mir die Aktie verkaufte, hätte ich mir beim Versuch, die Anlage zu verstehen, überlegen sollen, wer mir die Aktie verkaufte und warum er das tat. Wenn man ein Haus oder ein Auto kauft, tut man das oft. Zu wissen, warum jemand ein Haus oder ein Auto verkauft, ist eine wichtige Information, die einem bei den Preisverhandlungen hilft. Wenn man weiß, dass der Verkäufer hochmotiviert ist, etwas loszuwerden, bietet man womöglich von vornherein weniger, als wenn es den Anschein hat, dass sich der Verkäufer über den Verkauf noch unklar ist.

Natürlich steht beim Aktienkauf eine Brokerfirma zwischen uns und dem Verkäufer, sodass wir niemals wissen, wer genau uns die Aktien verkauft. Aber zu wissen, welche Arten von natürlichen oder juristischen Personen den Handel einer bestimmten Anlageklasse dominieren, ist von entscheidender Bedeutung dafür, ob und wie man sich daran beteiligen will.

Im Jahr 1952 – drei Jahre nachdem der berühmte Investor Benjamin Graham seinen Klassiker „Intelligent investieren" über Value-Investing veröffentlicht hatte – waren 75 Prozent der Aktien im unmittelbaren Besitz von Privathaushalten.[4] Das heißt, wenn Benjamin Graham im Jahr 1952 eine Aktie kaufte, wusste er darüber viel mehr als der Haushalt, der sie verkaufte. Er hatte einen Informationsvorsprung, der es ihm erlaubte, herauszufinden, dass die Aktie fehlbewertet war, und dafür wurde er mit überdimensionalen Renditen belohnt.

Als ich im Jahr 1991 Novell kaufte, befanden sich 42 Prozent der Aktien im unmittelbaren Besitz von Privathaushalten.[5] Pensionskassen, Versicherungen und Investmentfonds waren bedeutende Akteure am Aktienmarkt. Viele Pensionskassen und Versicherungen beauftragten externe Vermögensverwaltungen mit dem Management ihrer Portfolios. Anders gesagt gab es eine professionelle Klasse von Anlegern, die Stunde um Stunde damit verbrachten, Recherchen über Unternehmen anzustellen und Aktien zu bewerten. In diesem Umfeld war es unwahrscheinlich, dass ich in irgendeiner Weise einen Informationsvorsprung gegenüber dem Verkäufer hatte, um herauszufinden, weshalb die Aktie von Novell unterbewertet war – selbst wenn ich im Vorfeld ein paar Recherchen angestellt hätte. Inzwischen haben sich die Märkte erneut gewandelt und wenn man eine Aktie kauft, ist es sehr wahrscheinlich, dass sie einem von einem Computeralgorithmus verkauft wurde.

VIELLEICHT WISSEN WIR WENIGER, ALS WIR MEINEN

Wenn man eine neue Investition in Betracht zieht, sollte man sich als Erstes fragen: „Was ist es?"

Man sollte in einfachen Worten erklären können, wohin das Geld fließt, wer einem die Aktie verkauft und wie das Geld eingesetzt wird, um eine positive Rendite zu erzielen. Wenn man ähnlich wie mein früherer Kunde die Anlage einem Familienmitglied oder einem Bekannten nicht so erklären kann, dass diese Person sie versteht, sollte man nicht in sie investieren.

Im Jahr 2017 gab es eine Manie um Kryptowährungen wie beispielsweise den Bitcoin. In jenem Jahr stieg der Preis eines Bitcoin von weniger als 1.000 Dollar auf mehr als 19.000 Dollar. Viele Anleger in aller Welt investierten zum ersten Mal in Bitcoin. Ich bin überzeugt, die meisten neuen Bitcoin-Käufer hätten, wenn man sie „Was ist es?" gefragt hätte, nicht genau erklären können, was Bitcoin ist und wie er funktioniert.

Es gibt einen entscheidenden Grund, weshalb man in der Lage sein muss, die Frage „Was ist es?" zu beantworten, bevor man Geld anlegt. Allein schon der Akt, zu versuchen, ein Investment zu erklären, macht uns demütig und hilft uns zu verstehen, was wir nicht wissen. Die Kognitionsforscher Frank Keil und Leon Rozenblit führten zahlreiche Studien durch, bei denen sie Menschen baten, zu erklären, wie etwas so Einfaches wie ein Reißverschluss funktioniert. Dabei stellten sie fest, dass die Menschen bei dem Versuch, zu erklären, was sie über ein Thema wussten, schon bald begriffen, dass sie darüber nicht so viel wussten, wie sie dachten. Die Erklärungsübung brachte ihnen Demut bei.[6] Die Angst, eine tolle Chance wie Bitcoin zu verpassen, veranlasst uns oft zu übertriebener Zuversicht und zu übertriebenem Selbstvertrauen – wir sind überzeugt, wir wüssten mehr, als wir in Wirklichkeit wissen. Wenn man innehält, um die Frage „Was ist es?" so genau wie möglich zu beantworten, merkt man, dass man Verständnislücken hat, und versucht, sie zu schließen.

DER UMGANG MIT UNBEKANNTEN

Ray Dalio, Gründer des Hedgefonds Bridgewater Associates und einer der erfolgreichsten Anleger der Welt, hat einmal geschrieben: „Welchen Erfolg ich auch immer in meinem Leben hatte, er hatte mehr damit zu tun, dass ich wusste, wie ich mit meinem Nichtwissen umgehen sollte, als mit irgendetwas, das ich wusste."[7] Wenn man zu erklären versucht, was ein Investment ist, merkt man, dass man einige Dinge über das Investment nicht wissen kann. Ein Grund dafür, dass es bei der Geldanlage so viele Unbekannte gibt, ist die Tatsache, dass die Finanzmärkte ein nichtlineares, komplexes adaptives

System sind. Lassen Sie mich anhand einer Anekdote erklären, was das ist.

Vor einigen Jahren sah ich auf der Heimfahrt zu meinem Haus im Südosten von Idaho, dass ein Sommergewitter heraufzog. Es sah nicht besonders bedrohlich aus. Es waren ein paar Cumulonimbus-Wolken zu sehen, also die Sorte, die zu dieser Jahreszeit durchzieht und manchmal Regen bringt, manchmal nicht. Nur dass die Wolken diesmal über meiner Stadt zum Stillstand kamen und in weniger als einer Stunde fünf Zentimeter Regen abließen – fast 15 Prozent unseres jährlichen Niederschlags bei einem einzigen Gewitter. Es gab Überschwemmungen, Kanäle traten über die Ufer, Straßen wurden zu Flüssen, Keller füllten sich mit Wasser.

Die Schwere dieses Gewitters kam vollkommen unerwartet. Der Wetterdienst hatte sie nicht vorhergesagt. Auch war es örtlich sehr begrenzt. Ein paar Meilen nördlich und südlich meines Hauses hatte es überhaupt nicht geregnet. Gewitter sind Beispiele für nichtlineare Systeme – Systeme, die nicht jedes Mal das gleiche Ergebnis hervorbringen, auch wenn die Eingangsgrößen und die Bedingungen gleich sind.

Ein anderes Beispiel für Nichtlinearität ist ein Sandhaufen. Wenn man ein Korn Sand ums andere senkrecht rieseln lässt, entsteht ein kegelförmiger Haufen, der einen relativ stabilen Eindruck macht. Aber zu einem gewissen Zeitpunkt löst ein Sandkorn, das auf den Haufen fällt, eine Lawine aus. Man könnte meinen, die Sandmenge, ab der die Lawine beginnt, wäre jedes Mal ungefähr die gleiche, aber dem ist nicht so. Eine Lawine kann schon nach ein paar Hundert Sandkörnern oder erst nach Tausenden ausgelöst werden. Der Zeitpunkt einer Lawine ist keine Funktion der Größe des Haufens, sondern der dynamischen Wechselwirkungen zwischen den Sandkörnern – wie sie rutschen und sich im Verhältnis zueinander verlagern –, ihrer Wechselbeziehungen. Je mehr Sandkörner, desto mehr Wechselwirkungen gibt es und umso schwieriger lässt sich vorhersagen, wann es zu einer Lawine kommen wird.[8]

KOMPLEXE ADAPTIVE SYSTEME

Auch Finanzmärkte sind ebenso wie Sandhaufen und Gewitter nichtlinear. Dabei handelt es sich um einen Sonderfall der Nichtlinearität, die man als komplexes adaptives System bezeichnet. Anders als ein Sandhaufen, der nur aus Sand besteht, beinhaltet ein komplexes adaptives System eine breite Vielfalt von wechselseitig verbundenen Eingangsgrößen, die sich im Laufe der Zeit anpassen (adaptieren) und die im Laufe der Zeit lernen. Die Finanzmärkte setzen sich aus Millionen einzelnen sogenannten Agenten zusammen – Menschen und Computer –, die danach streben, Stück um Stück alle Informationen über Wirtschaft, Politik, Unternehmen, Technologien und die Natur des Menschen zu interpretieren. Da die Eingangsgrößen (Input) des Marktes vielfältig sind und sich im Laufe der Zeit anpassen, sind die Wechselwirkungen des Marktes noch komplexer als die in einem Sandhaufen, sodass unmöglich vorherzusagen ist, wann die nächste Marktlawine stattfinden wird. Sie könnte in einem Jahr oder in fünf Jahren kommen.

Aber dass wir nicht vorhersagen können, wann ein enormer Kursrutsch stattfinden wird, bedeutet nicht, dass wir blindlings investieren. Selbst wenn die Meteorologen nicht voraussagen konnten, dass ein Gewitter zum Stillstand kommen und meine Stadt überfluten würde, so wussten sie doch genug über die atmosphärischen Bedingungen, um zu vermuten, dass an jenem Tag in meiner Gegend ein höheres Gewitterrisiko bestand als an einem durchschnittlichen Tag. Und als die Schwere des Gewitters offenbar wurde, gaben sie eine Warnung heraus, damit die Menschen sich in Sicherheit bringen konnten. Anders gesagt reagierten sie auf die Informationen, die sie hatten.

AUF DIE VORHANDENEN INFORMATIONEN REAGIEREN

Wenn man in etwas investiert, ohne seine Eigenschaften zu verstehen, dann ist das so, als würde man zu einer ausgedehnten Expedition in die Wildnis aufbrechen, ohne alles zu wissen, was über das Klima, die Wetterbedingungen und das Gelände bekannt ist, in dem man wandern will. Wenn Ray Dalio schreibt, sein Erfolg habe mehr damit zu tun, das er weiß, wie er mit seinem „Nichtwissen"[9] umgehen muss, bedeutet das nicht, dass er nicht viel Zeit damit verbringt, das zu erfahren, was man wissen kann. Dalio schreibt, er freue sich sehr, Menschen zu treffen, die anderer Meinung sind als er, weil er dann durch ihre Augen sehen könne, was ihm vielleicht entgehe. Einer seiner liebsten Aussprüche ist: „Wer von der Kristallkugel lebt, ist dazu verurteilt, gemahlenes Glas zu essen." Weiter schreibt er: „Ich hatte genug Glas gegessen, um zu begreifen, dass das Wichtigste nicht war, die Zukunft zu kennen – sondern zu wissen, wie man jederzeit angemessen auf die verfügbaren Informationen reagieren muss."[10]

Die Zukunft korrekt vorherzusagen ist äußerst schwierig. Im Jahr 1900 veröffentlichte John Elfreth Watkins, Jr. im *Ladies' Home Journal* einen Artikel mit der Überschrift „What May Happen in the Next Hundred Years". Er fasste für das Jahr 2000 eine Welt ins Auge, in der die Erdbeeren so groß wie Äpfel und die Erbsen so groß wie Rote Bete wären. Eine Welt, in der Stechmücken, Fliegen und Kakerlaken ausgerottet und die Pferde fast ausgestorben wären. Ein Land, in dem Pakete durch ein Netzwerk pneumatischer Röhren versandt würden und die Buchstaben C, X und Q aus Gründen der Vereinfachung aus dem englischen Alphabet gestrichen worden wären.[11]

Die meisten seiner Vorhersagen waren falsch, aber ein paar waren zutreffend. Watkins sagte korrekt drahtlose Telefone und das Fernsehen voraus.[12] Stellen Sie sich einmal vor, aufgrund dieser Vorhersagen Investments auszuwählen. Selbst wenn man geglaubt hätte, dass das Fernsehen möglich wäre, in welches Unternehmen hätte man dann investiert? Welcher Fernsehhersteller würde überleben? Die Aktie welcher Fernsehgesellschaft war fehlbewertet, weil die Anleger die künftigen Dividenden der Gesellschaft unterschätzten?

WESHALB ES SO SCHWIERIG IST, DIE ZUKUNFT KORREKT VORHERZUSAGEN

Die Geldanlage wäre leicht, wenn man die Zukunft korrekt voraussehen könnte. Aber das können wir nicht. Die Details, die wir uns vorstellen, werden massiv von unseren derzeitigen Einstellungen, Gefühlen und von unserem derzeitigen Wissen beeinflusst. Die meisten Vorhersagen entpuppen sich als Fortschreibung bestehender Trends. Wir sehen die Zukunft durch die Brille der Gegenwart. Was die Vorhersagen nicht erfassen, ist das Unvorhersehbare – die unerwarteten Ereignisse und Überraschungen. Diese Überraschungen wirken sich häufig am stärksten auf die Zukunft aus. Sie verändern die Spielregeln und verdrängen die schrittweisen Entwicklungen sowie die aktuellen Trends. Je detaillierter die Prognosen werden, umso mehr Überraschungen können diese kippen. Das ist ein weiterer Grund, weshalb ich selten in einzelne Aktien investiere. Ich stelle fest, dass dann, wenn ich konkrete Vorhersagen darüber treffe, was mit einem Unternehmen passieren wird, gewöhnlich etwas passiert, das ich nicht in Betracht gezogen hatte.

Es gibt einen besseren Weg. Wenn wir als Privatanleger auch keine speziellen Einblicke haben, ob eine Aktie korrekt bewertet ist oder nicht, so können wir doch stattdessen Aktienkörbe kaufen, die Hunderte oder gar Tausende Aktien enthalten – mittels eines gemischten Anlagevehikels wie einem Investmentfonds oder einem ETF. Auf diese Weise können wir von positiven Überraschungen profitieren, die die Aktienkurse in die Höhe treiben, ohne dass wir vorhersagen müssten, worin diese Überraschungen bestehen werden. Aktien sind ein Beispiel für ein Wertpapier, ein handelbares Finanzinstrument, an dem ein Anleger ein Eigentumsrecht besitzt. Einen Korb oder eine Gruppe von Wertpapieren mit ähnlichen Merkmalen bezeichnet man als Anlageklasse. Als Privatanleger gelangen wir mit höherer Wahrscheinlichkeit zum Erfolg, wenn wir uns auf Anlageklassen anstatt auf einzelne Wertpapiere konzentrieren. Wir können in Anlageklassen mithilfe von börsennotierten Fonds und Investmentfonds investieren, die von professionellen Teams aus Anlageberatern betrieben und gemanagt werden.

IN DIE VORDERSTE FRONT
DER GEGENWART INVESTIEREN

Ned Davis, der über mehr als 50 Jahre Investmenterfahrung verfügt, erzählt, seine Aktienprognosen seien derart gut gewesen, dass Louis Rukeyser, der Moderator der Sendung „Wall Street Week", im Jahr 1978 sagte: „Ned Davis hatte in den letzten Jahren eine herausragende Erfolgsbilanz ... und hatte mit den meisten großen Anstiegen und Rückgängen recht."[13]

Aber Ned Davis stellte fest, dass er am Ende der jeweiligen Jahre nicht viel verdient hatte. Er schrieb:

„Bevor mich jemand anders fragen konnte, fragte ich mich selbst: ‚Wenn du so schlau bist, warum bist du dann nicht reich?' Etwa in dieser Zeit (1978 bis 1980) begann ich zu begreifen, dass Klugheit, Fleiß und sogar der brennende Wunsch, recht zu haben, weder wirklich meine Probleme noch die Lösung meiner Probleme waren. Meine eigentlichen Probleme waren, dass ich meine Verluste nicht begrenzte, mangelnde Disziplin und mangelndes Risikomanagement, dass ich meine Marktsicht von meinem Ego trüben ließ (das es mir erschwerte, Fehler einzugestehen) und meine Schwierigkeiten, Angst und Gier unter Kontrolle zu halten. Was mich bremste, war also das Fehlen einer eigentlichen Anlagestrategie und guter Money-Management-Methoden, nicht schlechte Prognosen."[14]

Mit Anlagestrategie und Risikomanagement meint Davis den gleichen Prozess, den Ray Dalio beschreibt: „Jederzeit angemessen auf die verfügbaren Informationen reagieren."[15] Ich spreche davon, in die vorderste Front der Gegenwart zu investieren. Wenn Sie die Fragen, die ich Ihnen in diesem Buch präsentiere, beantworten, bevor Sie in eine neue Chance investieren, erhalten Sie entscheidende Informationen, anhand deren Sie angemessen handeln können, sogar wenn viele Unbekannte vorliegen.

MATHEMATIK UND EMOTIONEN BEI DER GELDANLAGE

Wenn man eine Investmentgelegenheit in Betracht zieht, muss man die Mathematik und die Emotionen verstehen. Mit Mathematik meine ich die Mechanismen, die die Renditen einer konkreten Anlage bestimmen: Anleiherenditen werden in erster Linie von den aktuellen Zinsen bestimmt. Aktienrenditen werden von Dividenden- und Gewinnwachstum bestimmt. Immobilienrenditen werden von den Mieten bestimmt. Anders gesagt besteht die Mathematik der Geldanlage darin, zu verstehen, wie ein bestimmtes Wertpapier oder eine bestimmte Anlageklasse Cashflow generiert. Unternehmensbesitzer und potenzielle Käufer machen das Gleiche, wenn sie einschätzen, wie ein Unternehmen Cashflow generiert.

Bei den Emotionen im Zusammenhang mit der Geldanlage geht es darum, wie Anleger die Cashflows von Anlagen beurteilen. Wenn Anleger die Zahlungsströme einer Anlage hoch bewerten und die

Wertpapierpreise in die Höhe treiben, resultieren daraus geringere Renditen. Wenn die Anleger ängstlich sind und den erwarteten Cashflow einer Anlege niedrig einschätzen, resultieren daraus höhere Renditen. Wieso steigen dadurch die Renditen? Weil dann, wenn die Bewertung einer Anlageklasse unterdurchschnittlich ist und die Anleger pessimistisch sind, die Wahrscheinlichkeit höher ist, dass einzelne im Korb enthaltene Papiere nach oben überraschen. Die Anlageklasse hat das Potenzial für künftige positive Überraschungen. Im Gegenzug ist die Wahrscheinlichkeit negativer Überraschungen höher, wenn man einen perfekt bepreisten Korb hoch bewerteter Wertpapiere kauft.

Wenn man die Mathematik und die Emotionen rund um eine Anlageklasse zu einem bestimmten Zeitpunkt kennt, ist das so, als wäre man der Meteorologe, der an jenem Sommertag, als meine Stadt in Idaho überschwemmt wurde, wusste, dass die Bedingungen für ein Gewitter reif waren – auch wenn er nicht genau wusste, wo das Gewitter ausbrechen würde. Die Mathematik und die Emotionen einer Anlageklasse zu kennen – ich spreche von den Investmentbedingungen – heißt an der vordersten Front der Gegenwart zu investieren. Ein entscheidender Aspekt ist dabei natürlich, dass wir unsere Emotionen im Griff haben. Wir dürfen uns nicht von dem Hype und der Angst mitreißen lassen, die andere Anleger in einen Rausch oder in eine Panik treiben.

EIN INVESTMENT-RAHMEN

Wenn man zum ersten Mal mit einer neuen Anlagechance konfrontiert ist, kann man die Frage „Was ist es?" häufig nicht beantworten. Dann muss man anhand der restlichen neun Fragen, die ich in diesem Buch bespreche, herausfinden, was es ist. Diese Fragen helfen uns, die Mathematik und die Emotionen der konkreten Anlagechance zu ermitteln. Dadurch erfahren wir, wie die Renditen generiert werden, wie sich die Emotionen der Anleger auf die Erwartungsrenditen auswirken, welche Verluste drohen, wie hoch die Gebühren sind, was das Anlagevehikel ist, wie die steuerlichen Konsequenzen aussehen und was mit dem Anlagevehikel passieren muss, damit die Anlage ein Erfolg wird. Zudem hilft uns die Beantwortung dieser Fragen, die Grenze unseres Verständnisses zu erkennen – dass es vieles gibt, was wir nicht wissen. Das Nichtwissen hilft uns, nicht zu selbstbewusst zu werden und keine großen Anlagefehler zu begehen. Zusammengenommen führen diese Fragen zu einem disziplinierten Anlagekonzept, das uns im Angesicht der Ungewissheit Selbstvertrauen beschert.

ZUSAMMENFASSUNG

- Wenn man eine neue Anlage in Betracht zieht, sollte man zunächst fragen: „Was ist es?" Man sollte in einfachen Worten erklären können, wohin das Geld fließt, wer uns die Anlage verkauft und wie das Geld eingesetzt wird, um eine positive Rendite zu erzielen.
- Wenn man keine besonderen Erkenntnisse darüber hat, ob eine bestimmte Aktie korrekt bewertet ist oder nicht, dann ist es besser, mithilfe gemischter Anlagevehikel wie Index-Investmentfonds oder ETFs einen Korb mit Hunderten oder gar Tausenden Aktien zu kaufen.
- Der Akt, dass man versucht, eine Anlage zu erklären, macht demütig und hilft uns zu erkennen, was wir nicht wissen und was man nicht wissen kann.
- Wenn man ein Investment einem Angehörigen oder einem Bekannten nicht so erklären kann, dass die Person es versteht, sollte man es nicht tätigen.

- Das Wissen um die Mathematik und die Emotionen im Zusammenhang mit einer Geldanlage hilft einem, das Richtige zum richtigen Zeitpunkt zu tun und dabei Fehler zu vermeiden.
- Zur Mathematik der Geldanlage gehört es, zu verstehen, wie ein bestimmtes Wertpapier oder eine Anlageklasse Cashflow generiert. Die Emotionen der Geldanlage drehen sich darum, zu verstehen, wie die Anleger die Cashflows der Anlage bewerten.

2

Ist es Geldanlage, Spekulation oder Glücksspiel?

Ein einfacher Filter für die Aufteilung des Anlage-Universums

DIE ZEHN FRAGEN

1. Was ist es?
2. **Ist es Geldanlage, Spekulation oder Glücksspiel?**
3. Welcher Vorteil winkt?
4. Welcher Verlust droht?
5. Wer steht auf der anderen Seite des Trades?
6. Was ist das Anlagevehikel?
7. Was braucht man, um erfolgreich zu sein?
8. Wer sahnt dabei ab?
9. Wie wirkt es sich auf Ihr Portfolio aus?
10. Sollten Sie investieren?

FRAGE 2: IST ES GELDANLAGE, SPEKULATION ODER GLÜCKSSPIEL?

Die Einteilung finanzieller Gelegenheiten danach, ob sie mit höherer Wahrscheinlichkeit profitabel oder unprofitabel sind oder ob das Ergebnis sehr ungewiss ist, vereinfacht das Anlage-Universum. Der Recherche-Aufwand reduziert sich, wenn man seine Bemühungen vor allem auf finanzielle Gelegenheiten mit positiven Erwartungsrenditen richtet.

Vor ein paar Jahren habe ich zum ersten Mal den Grand Canyon besucht. Überflogen hatte ich ihn schon oft, aber ich hatte es noch nie geschafft, hinzufahren. Meine Familie und ich hielten am Südrand des Canyons an. Da es kalt war, eilten wir in den Desert View Watchtower, der von der Architektin Mary Colter entworfen und 1932 fertiggestellt wurde. Im Hauptstockwerk hängen an den Fensterrahmen mehrere getönte, mit dicken Hölzern befestigte Spiegel. Auf einer Tafel neben einem dieser Spiegel steht, es handele sich um „Reflektoskope", besser bekannt als Claude-Gläser – benannt nach dem Maler Claude Lorrain, der im 17. Jahrhundert lebte.

Wenn man die Reflexion des Grand Canyon in einem Claude-Glas betrachtet, passieren mehrere Dinge. Der großartige Blick auf den Grand Canyon wird in verdaulichen Portionen eingerahmt. Ein Rahmen setzt Grenzen. Wenn ein Maler eine Szene wählt, die er malt, oder wenn ein Fotograf ein Motiv wählt, das er fotografiert, setzen sie einen Rahmen. Sie begrenzen den Blick auf vielleicht zehn Grad ihres Gesichtsfelds von 120 Grad. Wenn man seine materiellen Besitztümer begrenzt, setzt man ebenfalls einen Rahmen. Man setzt einen Rahmen, wenn man die Anzahl seiner Aktivitäten einschränkt, und wenn man seine Geldanlagen auf Anlageklassen beschränkt, die man in einfachen Worten erklären kann, setzt man ebenfalls einen Rahmen.

Ein Claude-Glas rahmt eine Szenerie nicht nur ein, sondern durch das getönte Glas wird die Reflexion auch „rauchig" gefiltert, sodass man die Unterschiede zwischen verschiedenen Farben und Schattierungen besser unterscheiden kann – also besser vergleichen kann.[1] Ebenso wie ein Claude-Glas Künstlern hilft, verschiedene Farben und Schattierungen zu vergleichen, wird es Ihnen der in diesem Buch erläuterte aus zehn Fragen bestehende Rahmen ermöglichen, die Welt der Geldanlagen zu vereinfachen, und es Ihnen erleichtern, verschiedene Anlagechancen zu vergleichen.

Eine Frage, die beim Vereinfachen und Vergleichen helfen kann, lautet: „Ist es Geldanlage, Spekulation oder Glücksspiel?" Die Beantwortung dieser Frage teilt das Anlage-Universum in drei Bereiche:

1. **Geldanlagen/Investments.** Gelegenheiten mit größerer Wahrscheinlichkeit, profitabel zu werden.
2. **Spekulation.** Gelegenheiten, bei denen der Ausgang sehr ungewiss ist.
3. **Glücksspiel.** Gelegenheiten mit größerer Wahrscheinlichkeit, Verlust zu bringen.

Ich begriff den Unterschied zwischen Investieren, Spekulieren und Glücksspiel schon als Kind, auch wenn ich damals noch nicht wusste, was diese Wörter bedeuten. Die katholische Kirchengemeinde in Cincinnati, deren Grundschule ich besuchte, hielt jedes Jahr eine Wohltätigkeitsveranstaltung ab. Meine Eltern gaben mir fünf Dollar, um Bons zu kaufen, die ich an den verschiedenen Ständen und Aktivitäten ausgeben konnte. An meinem Lieblingsstand gab es ein Spiel namens Postamt. Ich gab dem Betreuer meinen Bon und wählte dann eines von zehn Fenstern aus, die in eine Holzkiste eingelassen waren. Hinter jeder Glasscheibe lag ein Stapel einge-packter Preise. Das war alles. Bon vorlegen, Fenster wählen, Preis be-kommen. Das Aufregende daran war die Ungewissheit, nicht zu wis-sen, was die Wundertüte enthielt, aber für meinen fünfjährigen Verstand war der Preis stets mehr wert als das, was ich dafür bezahlt hatte. Der Ausgang war auf jeden Fall positiv.

WAS IST GELDANLAGE?

Dr. Kingsley Jones, der Gründer der Investmentfirma Jevons Global, beschrieb in einem Artikel über Finanzwissen die Geldanlage als „Wette mit voraussichtlich *positiver Rendite* bei angemessener statis-tischer Zuverlässigkeit".[2] Das beschreibt meine Erfahrung mit dem „Postamt". Es war eine Wette, die sich statistisch immer in Form ei-nes Preises auszahlte, der für mich immer mehr wert war als meine anfängliche Investition. Da es sich um eine Wohltätigkeitsveranstal-tung handelte, waren die Preise im Schnitt wahrscheinlich im Durchschnitt weniger wert als das, was ich bezahlt hatte, aber ich setzte ja das Geld meiner Eltern ein. Daher brachte das Spiel für mich immer einen positiven Lohn. Ein echtes Investment hat nicht des-halb eine positive Erwartungsrendite, weil der Anleger geschenktes Geld einsetzt, sondern wegen der Eigenschaften des Vermögens-werts an sich.

Beispielsweise kann man Aktien, Anleihen und Immobilien als In-vestments oder Geldanlagen einstufen, weil sie positive Erwartungs-renditen haben. Diese Erwartung ist statistisch zuverlässig, weil die-se Investments gewöhnlich Einnahmen in Form von Dividenden, Zinsen oder Mieten einbringen. Wenn eine Aktie keine Dividende ausschüttet, erzielt das dahinterstehende Unternehmen gewöhnlich Gewinne, die es wieder in das Unternehmen investiert, sodass das Unternehmen eines Tages wohl eine Dividende ausschütten wird.

Das heißt nicht, dass eine Geldanlage immer eine positive Rendite hat, sondern nur, dass auf lange Sicht eine vernünftige Erwartung besteht, dass es so kommen wird.

WAS IST SPEKULATION?

Die Stadt in Ohio, in der ich aufwuchs, veranstaltete außerdem einen alljährlichen Karneval, bei dem eine Schaustellerfirma Riesenräder, Rutschen und Buden aufstellte. An vielen Ständen musste man etwas umwerfen, abwerfen oder abschießen, um einen Preis zu gewinnen. Normalerweise mied ich diese Spiele, weil ich sehr ungern verlor, aber als ich etwa zehn Jahre alt war, konnte man an einem Stand Ringe werfen und dadurch unter anderem Handschellen gewinnen. Diese Handschellen wollte ich haben.

Der Karneval fand drei Tage lang auf dem Parkplatz der Highschool in der Nähe unseres Hauses statt und während dieser drei Tage haderte ich mit mir, ob ich mein Geld in der Hoffnung riskieren sollte, die Handschellen zu gewinnen. Ich ging zu dem Stand, schätzte die Entfernung zwischen dem Wurfbereich und dem Stab ab, an dem die Handschellen hingen, und stellte mir vor, ich würde den Ring werfen und den Preis gewinnen. Dann endlich, am letzten Tag des Karnevals, nahm ich ein paar Dollar aus meiner Sparbüchse und ging zu der Bude, um zu versuchen, die Handschellen zu gewinnen.

Dr. Kingsley Jones beschreibt eine Spekulation als „Wette, bei der deutliche Uneinigkeit darüber herrscht, wie hoch die Rendite sein wird", oder mit anderen Worten darüber, ob der Preis des Finanzinstruments steigen oder fallen wird.[3] Beim Ringewerfen gab es keinen doppelten Boden. Die Geschäfte der Jahrmarktsbude liefen gut, weil die meisten Spieler nicht geschickt genug waren, um zu gewinnen. Jedoch war bei jedem Spieler offen, ob er gewinnen oder verlieren würde. Ich selbst erwies mich leider als ungeschickt und nicht vom

Glück verfolgt. Ich verlor mein Geld und gewann die Handschellen nicht.

Unsicherheit bezüglich der Rendite einer Spekulation besteht deshalb, weil der Vermögenswert gewöhnlich keine Einnahmen in Form von Zinsen, Dividenden oder Mieten generiert. Der einzige Weg, mit einer Spekulation Profit zu erzielen, ist der spätere Verkauf des Vermögenswerts an jemanden, der bereit ist, dafür mehr zu bezahlen, als man selbst dafür bezahlt hat. Die große Unbekannte ist die Frage, ob die Anleger bereit sein werden, dafür mehr zu bezahlen. Beispiele für spekulative Vermögenswerte sind unter anderem Sammlerobjekte wie Kunst und Antiquitäten, Rohstoffe wie Gold und Öl-Futures, Devisen einschließlich des US-Dollar und Kryptowährungen wie der Bitcoin.

Spekulationen mit Comicheften, Tulpen und Bitcoin

Einer meiner Freunde fragt sich, ob er die Erstausgabe des Batman-Comics kaufen soll. Dabei handelt es sich um zweite Wahl, also keine perfekte Qualität, sie kostet aber trotzdem über 50.000 Dollar. Ist dieser Comic zu teuer? Das kann man nicht wissen. Er ist so viel wert, wie die Spekulanten eben dafür bezahlen wollen. Die Spekulation mit Comics unterscheidet sich nicht von der Spekulation mit Tulpenzwiebeln.

Ende des 16. Jahrhunderts wurden erstmals Tulpen in die Niederlande eingeführt, als Reisende sie aus der Türkei mitbrachten. Liebhaber handelten bald damit und verkauften einander gegenseitig Tulpenzwiebeln. Anfang des 17. Jahrhunderts fühlten sich immer mehr Menschen zum Tulpenhandel hingezogen, vor allem mit seltenen und exotischen Zwiebeln.[4] Im Jahr 1618 schrieb der niederländische Botaniker Joost van Ravelingen über die Tulpen: „In diesem Land schätzen die Menschen die leuchtenden, geflügelten, gefleckten, gezackten, ausgefransten, zerrissenen und bunten Sorten am meisten und die am höchsten bewerteten sind weder die schönsten noch die hübschesten, sondern diejenigen, die am seltensten vorkommen."[5]

Die Preise für Tulpenzwiebeln stiegen die 1620er- und 1630er-Jahre hindurch und Mitte der 1630er-Jahre gab es eine Reihe von Firmen und Gesellschaften, die mit Tulpenzwiebeln auf Auktionen und bei Privatverkäufen handelten. Und dann, im Sommer 1636, schossen die Tulpenpreise in den Himmel, um dann im Februar 1637 zusammenzubrechen. Anne Goldgar schreibt in ihrem Buch über diese Tulpenmanie: „Hinterher ist es – wie bei anderen Finanzkrisen in späteren Jahrhunderten – natürlich leicht, die Irrationalität anzuprangern, aber es war nichts grundsätzlich Verrücktes daran [...], ein Produkt zu kaufen, von dem klar war, dass man es zu einem höheren Preis verkaufen konnte. Dass der Preis nicht tragfähig sein würde, war nicht vorhersehbar, und wenn es zu einem Crash kam, so war er nicht zwingend vorhersehbar."[6]

Das, was beim Bitcoin passiert, könnte eine moderne Version der Tulpenmanie sein. Ich besitze ein paar zu Spekulationszwecken. Ich habe mich ausgiebig mit Bitcoin befasst und kann erklären, was es ist und wie es funktioniert. Meine Anlagethese besagt, dass der Bitcoin im Wert steigen wird, weil die Menge auf 21 Millionen Coins beschränkt ist. Aber das klappt nur, wenn die Teilnehmer dem Bitcoin vertrauen und ihn haben wollen. Wenn er in Ungnade fällt und sich als bloße Modeerscheinung entpuppt, werde ich mit dieser Spekulation Geld verlieren.

Im Januar 2018 erlebte der Bitcoin enorme Kursausschläge und fiel von mehr als 17.000 Dollar auf nur noch gut 10.000 Dollar, also um rund 40 Prozent. Nach einem der steilen Kursrückgänge bekam ich eine E-Mail von einem Hörer meines Podcasts, der mich fragte, was ich von dem Kurseinbruch des Bitcoin hielt. Im Laufe desselben Tages fragte mich ein Bekannter per SMS, ob er Bitcoin nachkaufen solle. Spekulation bedeutet, dass extrem ungewiss ist, ob der Preis des Vermögenswerts steigen oder fallen wird. Ein Rückgang um 40 Prozent ist keine Kursdelle. Eine Delle lässt an einen vorübergehenden Rückschlag denken, bevor der Preis seinen Anstieg fortsetzt, aber bei einer spekulativen Anlage kann man nie wissen, ob es wieder aufwärts -oder weiter abwärtsgehen wird. Einen korrekten Preis gibt es nicht, weil es keine Einnahmen gibt, anhand deren man den Preis als zu hoch oder zu niedrig ermitteln könnte.

Geldanlagen unterscheiden sich von Spekulationen, weil es bei ihnen objektive Kennzahlen gibt, anhand deren man ermitteln kann, ob der Vermögenswert über oder unter seinem historischen Durchschnitt bewertet ist. Beispielsweise kann man bei einer Aktie den Preis betrachten, den Anleger bereit sind, für einen Dollar Unternehmensgewinn zu bezahlen – man nennt das „Kurs-Gewinn-Verhältnis", abgekürzt KGV. Ein Anleger kann das derzeitige KGV einer Aktie mit ihrem historischen KGV und mit den KGVs anderer Unternehmen derselben Branche vergleichen. Somit kann der Anleger ein Urteil darüber fällen, ob die Aktie im Verhältnis zu ihrem historischen Durchschnitt oder zu ihresgleichen niedrig oder hoch bewertet ist.

Bei einer Spekulation sind historische Vergleiche schwierig, weil es keine Gewinne oder Einnahmenströme gibt, mit denen man den Preis vergleichen könnte, um herauszufinden, ob der Vermögenswert billig oder teuer ist. Alles, was man hat, sind die historischen Preise und bei manchen spekulativen Anlagen wie etwa Rohstoffen vielleicht ein paar Angaben zu Angebot und Nachfrage.

Spekulationen mit Öl

Ich kenne mehrere professionelle Rohstoffhändler, die für große institutionelle Handelsgesellschaften arbeiten. Rohstoffe sind harte Vermögenswerte wie beispielsweise landwirtschaftliche Erzeugnisse (Weizen, Mais et cetera), Metalle (Kupfer, Gold et cetera) und

Energierohstoffe (Öl, Erdgas et cetera). Diese Rohstoffhändler agieren in einem äußerst wettbewerbsintensiven Umfeld, denn sie konkurrieren mit anderen Händlern und mit Computeralgorithmen darum, Gewinn zu erzielen. Ein Ölhändler erklärte mir einmal: „Niemand kann ohne Kundenstrom mit Öl handeln." Damit wollte er sagen, dass es einem Ölhändler, wenn er keine Daten darüber hat, wie viel Öl gefördert, raffiniert, verbraucht und gelagert wird, und über die Auftragsflüsse der Spekulanten und Hedger, die Öl-Futures kaufen, äußerst schwer fällt, mit dem Ölhandel Geld zu verdienen. Sogar professionellen Händlern mit diesem Wissen fällt es inzwischen schwer, mit Öl-Futures Geld zu verdienen, weil sie zunehmend gegen Computer-Algorithmen antreten müssen.

Die U.S. Commodity Futures Trading Commission beschreibt einen Rohstoff-Terminkontrakt („Future") als „Vertrag über den Kauf oder Verkauf eines bestimmten Rohstoffs zu einem künftigen Zeitpunkt".[7] Viele Teilnehmer des Futures-Markts sind Rohstoffproduzenten wie Landwirte und Bergbaugesellschaften, die sich gegen finanzielle Verluste durch große Preisausschläge der zugrunde liegenden Rohstoffe absichern. Andere Teilnehmer des Rohstoffmarkts sind Spekulanten, die aus Preisänderungen Profit schlagen wollen. Unter diesen Spekulanten sind Privatanleger, die nur deshalb gelegentlich ein Rohöl-Investment kaufen, weil sie meinen, der Ölpreis werde steigen. Oft haben sie für diese Überzeugung keine Grundlage, bloß ein Gefühl, das sie vielleicht deshalb haben, weil der Ölpreis gefallen ist und sie erwarten, dass er zurückfedert. Sie „kaufen die Delle".

Öl ist ein Beispiel dafür, warum man in der Lage sein muss, zu erklären, was ein Investment ist. Als Privatanleger können wir nicht einfach mit Öl spekulieren, indem wir ein Fass Rohöl kaufen und es im Keller lagern, so wie wir mit Gold spekulieren können, indem wir Goldmünzen kaufen. Auch Anlagevehikel wie börsennotierte Fonds können nicht einfach Öl in Fässern kaufen und verkaufen. Stattdessen kaufen und verkaufen sie Terminkontrakte auf Öl.

Wenn Anleger Futures-Kontrakte auf Öl kaufen, versprechen sie damit, zu einem bestimmten Datum in der Zukunft eine Öllieferung in Empfang zu nehmen. In der Praxis steigen die Anleger gewöhnlich vor der Fälligkeit aus dem Kontrakt aus, sodass sie in Wirklichkeit keine Lieferung entgegennehmen; manche Öl-Futures werden auch in bar glattgestellt. Der Preis von Öl, das in der Zukunft geliefert wird, unterscheidet sich gewöhnlich von dem heutigen Preis, den man auch als Spotpreis bezeichnet. Der Spotpreis für ein Barrel leichtes Rohöl, das heute nach Cushing in Oklahoma geliefert wird, mag 60 Dollar betragen, der heutige Preis für einen Terminkontrakt über ein Barrel leichtes Rohöl, das in 30 Tagen geliefert wird, könnte dann 64 Dollar betragen. Wenn Anleger diesen Future heute kaufen, erzielen sie damit nur dann Gewinn, wenn der Spotpreis in 30 Tagen über 64 Dollar liegt. Steigt er auf 63 Dollar, ist das zwar mehr als der heutige Preis, aber trotzdem machen sie dann Verlust.

Futures-Investoren machen Gewinn, wenn der Spotpreis zur Fälligkeit höher ausfällt, als zum Zeitpunkt des Kontraktkaufs erwartet wurde. Sie machen Verlust, wenn der Spotpreis niedriger ist als vorhergesehen. Anders gesagt machen Anleger, die Geld in Öl-Futures investieren, nur dann Gewinn, wenn der Kontrakt bei einem höheren Preis fällig wird als dem, den die Anleger erwartet hatten, als der Kontrakt geschlossen wurde. Das heißt, wenn Anleger mit Öl spekulieren, spekulieren sie nicht nur darauf, dass der Preis steigen wird, sondern auch darauf, dass der Ölpreis weiter steigt, als andere Spekulanten es für die Zukunft erwarten.

Klingt verwirrend? Weil es verwirrend ist. Aber Öl-Futures veranschaulichen gut, weshalb man ein Investment verstehen muss, um erfolgreich zu investieren. Das Gefühl zu haben, dass der Preis von etwas steigen wird, ist eine ganz schlechte Grundlage für langfristige Anlageentscheidungen. Unglücklicherweise werden Spekulationen häufig aufgrund von Gefühlen eingegangen. Ich weiß das, weil ich es schon gemacht habe.

VOM VERSUCH, DAY-TRADING ZU BETREIBEN

Als Anlageberater besuchte ich einmal einen Rohstoff-Hedgefonds, der seinen Sitz in einer Villa in Connecticut hatte. Der Handelsraum war zweigeteilt. Auf der einen Seite saßen Mathegenies, die Algorithmen für den Rohstoffhandel erstellten, testeten und umsetzten, an sauberen, aufgeräumten Schreibtischen. In der anderen Hälfte saßen die diskretionären Trader. Sie handelten anhand ihres Wissens und ihres Instinkts. Sie machten einen eher lockeren Eindruck. Ihre Schreibtische waren unordentlicher und manche Trader hatten Gitarren oder andere Entspannungsgegenstände auf oder neben ihrem Schreibtisch liegen. Sie waren brillante Händler, deshalb handelten sie im Auftrag eines Hedgefonds. Sie persönlich zu sehen brachte mich auf den Gedanken, ich könnte Trader werden, wenn ich daran arbeiten würde.

Ein paar Jahre später, als ich bei meiner Investmentfirma gekündigt hatte, versuchte ich mich im Traden. Ich eröffnete ein Depot und handelte mit Öl-Futures, Edelmetallen, Zins-Futures und Devisen. Ich hatte keine Informationen über Kundenströme. Ich hatte nur Gefühle aufgrund von Preistrends und Wirtschaftsdaten. Ein paar Trades waren profitabel, aber die meisten brachten Verlust. Auch merkte ich, dass die Schwankungen von Stunde zu Stunde und von Tag zu Tag aufreibend sind. Nach einem halben Jahr beendete ich mein Experiment, allerdings erst nachdem ich bei einem Trade 20.000 Dollar verloren hatte, weil ich vergessen hatte, eine Silberposition zu schließen, deren Preis fiel, bevor ich meinen Fehler bemerkte und aus dem Trade aussteigen konnte.

Ich merkte in meiner kurzlebigen Karriere als Trader, dass ich keinen Wettbewerbsvorteil hatte, der einen beständigen Gewinn gewährleistet hätte. Ich riet, und das bringen Spekulationen oft mit sich. Etwas kaufen und hoffen, dass sein Preis steigt. Natürlich wusste ich von Anfang an, dass es sich um ein Experiment handelte, und deshalb hatte ich nur einen kleinen Teil meines Vermögens riskiert. Leider habe ich auch Menschen kennengelernt, die ihre Prognosefähigkeiten überschätzten, deshalb viel mehr bei ihren Rohstoffspekulationen riskierten und die gleichen Lektionen lernten wie ich. Nur dass sie infolgedessen horrende finanzielle Verluste erlitten. Es ist nichts verkehrt daran, zu spekulieren, aber da es unmöglich ist, den richtigen Preis für einen spekulativen Vermögenswert zu ermitteln, weil es kein Einkommen gibt, sollte man höchstens zehn Prozent seines Anlageportfolios in Spekulationen stecken. Der mit Abstand größte Teil Ihres Portfolios und Ihres Recherche-Aufwands sollte sich auf Investments mit positiver Erwartungsrendite richten. Folglich behandelt der größte Teil dieses Buches die Geldanlage, nicht die Spekulation.

WAS IST GLÜCKSSPIEL?

Bei der Wohltätigkeitsveranstaltung meiner Kirchengemeinde gab es noch ein anderes Spiel, das ich aber nur einmal spielte. Es hieß „Big Six" und war ein Glücksspiel, bei dem man auf eine bestimmte Zahl setzte. Nachdem die Spieler ihre Einsätze platziert hatten, drehte der Mann von der Bude ein hölzernes Rad mit Metallstiften, die an einem Gummizeiger entlangstriften, sodass ein lautes klapperndes Geräusch entstand, das die Halle erfüllte. Irgendwann blieb das Rad stehen und wenn der Zeiger auf der gewählten Zahl stehen blieb, hatte man gewonnen. Ich weiß nicht mehr, wie viele Zahlen auf dem Glücksrad standen. Ich erinnere mich nur noch an das klappernde Geräusch und an die krankmachende Enttäuschung, die ich empfand, wenn ich nicht gewann.

Das UNLV Center for Gaming Research zeichnete die Ergebnisse eines einzelnen Big-Six-Spiels an einem Tisch in einem Casino in Atlantic City von Januar 2007 bis Dezember 2010 auf. Bei dem Spiel gab es Quoten von bis zu 45:1, was bedeutet, dass ein Spieler mit einem Einsatz von einem Dollar 45 Dollar gewinnen konnte. Der durchschnittliche monatliche Gewinnanteil der Big-Six-Spieler betrug in den vier Jahren 42,25 Prozent. Die Spieler verloren also in fast 60 Prozent der Fälle, was das UNLV Center for Gaming Research zu der Schlussfolgerung veranlasste, Big Six sei „eine der schlechtesten Wetten für die Spieler im Casino", und zu der Aussage, es sei „ein Spiel, das man meiden sollte".[8]

Dr. Kingsley Jones beschreibt Glücksspiel als „eine Wette mit voraussichtlicher *negativer Rendite* bei angemessener statistischer Zuverlässigkeit". Wenn man über einen ausreichend langen Zeitraum spielt, macht man mit größerer Wahrscheinlichkeit Verluste und verliert am Ende seine gesamte Investition. Jones schreibt: „Kunden, die von einem Finanzprodukt nicht vernünftigerweise eine positive Rendite erwarten können, müssen wohl von dem Vergnügen begeistert sein, welches sie beim Verlust ihres Geldes verspüren."

Binäre Optionen

Binäre Optionen sind ein Beispiel für ein Finanzprodukt, das je nach Strukturierung der Kontrakte an Glücksspiel grenzen kann. Eine binäre Option ist ein Wertpapier, bei dem ein Anleger eine Prämie bezahlt und darauf wettet, ob der Vermögenswert, der dem Optionskontrakt zugrunde liegt – der Basiswert oder das Underlying –, im Preis steigen oder fallen wird. Wird die Option auch nur einen Tick zugunsten des Anlegers fällig, insofern sie über oder unter der Schwelle schließt, erhält der Anleger eine Zahlung von 100 Dollar je Kontrakt. Geschieht dies nicht, verliert er die gesamte bezahlte Prämie. Die Laufzeit binärer Optionen kann wenige Minuten, Stunden, einen Tag oder Wochen betragen.[10] Nadex, eine Börse für binäre Optionen, schreibt über diese Optionen: „Man muss nur ein kleines bisschen richtigliegen, um den maximalen Profit einzustreichen."[11] Sie erwähnt nicht, dass man nur ein kleines bisschen falschzuliegen braucht, um den maximalen Verlust zu erleiden.

Die Nadex fungiert als Börse, sodass auf jeden Gewinn-Trade ein ihm gegenüberstehender Verlust-Trade kommt. Somit hat der Handel mit binären Optionen an einer Börse mehr Ähnlichkeiten mit einer Spekulation. Manche Marktplätze für binäre Optionen sind aber keine Börsen. Die Trader interagieren direkt mit dem Börsenbetreiber, der die Kontrakte strukturiert, Kapital aufs Spiel setzt und die Gewinne aus seinen eigenen Mitteln bezahlt. Das ist eindeutig eine Glücksspielsituation, denn wenn die Erwartungsrendite des Traders positiv wäre, hätte der Optionsanbieter eine negative Erwartungsrendite. Der Börsenbetreiber würde irgendwann bankrottgehen, ebenso wie ein Casino bankrottgehen würde, wenn die einarmigen Banditen mehr auszahlen würden, als sie einnehmen. Zu wissen, mit wem man handelt und wie die Investmentgelegenheit strukturiert ist, ist von entscheidender Bedeutung, wenn man ermitteln will, ob es sich um Geldanlage, Spekulation oder Glücksspiel handelt.

Unsere Analyse von Investment, Spekulation und Glücksspiel konzentrierte sich auf die Eigenschaften des Basiswerts, aber auch wir als Individuen spielen eine Rolle bei der Frage, ob ein Vermögenswert in unserem Portfolio ein Investment oder ein Glücksspiel ist. Wenn wir uns nicht die Mühe machen, ein Investment zu verstehen, kann ein Vermögenswert, der bei den meisten Anlegern eine positive Erwartungsrendite hätte, für uns tatsächlich eine negative Erwartungsrendite haben, sodass er dem Glücksspiel näher steht als der Geldanlage. Die Disziplin, spezifische Fragen bezüglich einer Investmentgelegenheit zu beantworten, trägt dazu bei, dass man nicht aufgrund fehlenden Wissens ein Glücksspiel betreibt.

ZUSAMMENFASSUNG

- So wie ein Claude-Glas Künstlern half, Szenen zu vereinfachen und einzurahmen, hilft einem der aus zehn

Fragen bestehende Rahmen dieses Buches, die Welt der Geldanlage zu vereinfachen, und macht es leichter, verschiedene Investmentgelegenheiten miteinander zu vergleichen.

- Investments sind Vermögenswerte mit positiven Erwartungsrenditen, gewöhnlich, weil sie eine Cashflow-Komponente beinhalten. Beispiele für Investments sind Aktien, Anleihen und Immobilien.
- Spekulationen sind Vermögenswerte, deren Ausgang höchst ungewiss ist und bei denen große Uneinigkeit darüber besteht, ob ihr Preis steigen oder fallen wird. Beispiele für Spekulationen sind Sammlerobjekte wie Kunst und Antiquitäten, Rohstoffe wie Gold und Öl-Futures, Devisen einschließlich des Dollar und Kryptowährungen wie der Bitcoin.
- Investments unterscheiden sich darin von Spekulationen, dass Investments gewöhnlich Einnahmen generieren und dass es objektive Kennzahlen wie das Kurs-Gewinn-Verhältnis gibt, um herauszufinden, ob der Vermögenswert höher oder niedriger als mit seinem historischen Durchschnitt bewertet ist.
- Man sollte weniger als zehn Prozent seines Portfolios in Spekulationen investieren. Die restlichen 90 Prozent oder mehr unseres Portfolios und Researchaufwands sollten auf Investments entfallen, die eine positive Erwartungsrendite haben.
- Glücksspiele sind Wetten mit negativen Erwartungsrenditen und sollten nur zum Zweck der Unterhaltung betrieben werden.

3

Welcher Vorteil winkt?

Faustregeln zum Abschätzen
von Investmentrenditen

DIE ZEHN FRAGEN

1. Was ist es?
2. Ist es Geldanlage, Spekulation oder Glücksspiel?
3. **Welcher Vorteil winkt?**
4. Welcher Verlust droht?
5. Wer steht auf der anderen Seite des Trades?
6. Was ist das Anlagevehikel?
7. Was braucht man, um erfolgreich zu sein?
8. Wer sahnt dabei ab?
9. Wie wirkt es sich auf Ihr Portfolio aus?
10. Sollten Sie investieren?

FRAGE 3: WELCHER VORTEIL WINKT?

Wir können Faustregeln verwenden, um die Erwartungs-rendite abzuschätzen. Dadurch können wir verschiedene Gelegenheiten vergleichen und sicherstellen, dass unsere Erwartungen vernünftig sind.

Ein Hörer meines Podcasts ist in einer finanziellen Zwickmühle. Es ist eine gutartige Zwickmühle, aber er findet sie emotional anstrengend. Er arbeitet in einem Start-up-Unternehmen, das gerade einen Börsengang hinter sich hat. Das heißt, dass das Unternehmen der Anlegeröffentlichkeit zum ersten Mal Aktien verkauft hat, um Geld für seine Gründer, seine Unterstützer und für den laufenden Betrieb zu beschaffen.

Dieser Zuhörer hat aus dem Börsengang 1,5 Millionen Dollar erhalten – ein unverhoffter Geldsegen. Er schrieb mir: „Ich weiß nicht recht, wie ich damit mental zurechtkommen soll. Ich stamme aus der unteren Mittelschicht und nehme an, jetzt kann man mich als wohlhabend bezeichnen, aber je mehr ich habe, umso mehr Sorgen mache ich mir."[1] Er hatte beschlossen, den Rat eines Finanzplaners einzuholen. Der Hörer schrieb: „Im Prinzip spielten sie eine Reihe verschiedener Szenarien meines künftigen Einkommens, der Wohnsituation und so weiter durch und das brachte mich hauptsächlich zu dem Schluss, dass wir, wenn wir unsere Ausgaben etwa auf dem heutigen Niveau halten, sehr wahrscheinlich vor dem Rentenalter finanziell unabhängig werden und trotzdem noch ein beträchtliches Erbe hinterlassen können. Ich glaube, insgesamt sieht es gut aus."

EIN FEHLERHAFTER FINANZPLAN

Der Hörer schickte mir den Finanzplan. Er ist 79 Seiten lang und vergleicht seine aktuelle Situation mit fünf verschiedenen finanziellen Szenarien, und das mit zahlreichen Tabellen und Diagrammen. Er zeichnet ein für ihn, seine Frau und ihre beiden Kinder günstiges finanzielles Bild. Er kam aufgrund dieses Plans zu dem Schluss, er könne sich im Alter von 41 Jahren mit einem Vermögen von 1,8 Millionen Dollar zur Ruhe setzen und ihm würde nie das Geld ausgehen, wenn er die laut Plan erwartete Portfoliorendite von 7,6 Prozent erzielen würde.

Bei dieser Renditeschätzung stutzte ich. Eine erwartete Jahresrendite von 7,6 Prozent erschien mir hoch. Ich wühlte mich durch den Finanzplan und fand auf Seite 70 die Renditeannahmen für die Anlageklassen. Der Plan ging davon aus, dass die künftigen Renditen von Aktien und Anleihen genauso ausfallen würden wie die früheren. In den Anfangsjahren meiner Anlegerkarriere verwendete auch ich die historischen Renditen als Grundlage für meine Zukunftserwartungen. Dann verbrannte ich mir die Finger und begriff, wie gefährlich es ist, naiv anzunehmen, die historischen Renditen würden sich in Zukunft wiederholen. Diese Lektion lernte ich folgendermaßen.

Ich habe bereits erzählt, dass mir einer meiner ersten Kunden sagte, wenn er eine neue Investmentgelegenheit nicht einem anderen Ratsmitglied, das nicht dem Anlageausschuss angehört, so erklären könne, dass es sie versteht, sollte die Universität nicht in die Gelegenheit investieren. Ich traf mich einmal im Quartal mit seinem Anlageausschuss im 54. Stockwerk eines Wolkenkratzers in Indianapolis mit einer unglaublichen Aussicht auf die Stadt und auf die Maisfelder, die sich in allen Richtungen meilenweit erstreckten. Wenn ich aus dem Fenster dieses Konferenzzimmers schaute, kam es mir vor, als stünde ich auf dem höchsten Punkt der Welt. Manchmal dachte ich dabei: „Was in aller Welt mache ich eigentlich hier? Wer bin ich, dass ich diesen Ausschuss dabei berate, wie die Uni ihr Anlageportfolio aufteilen soll?" Ich fuhr mit einem weißen Toyota Tercel mit riesigen schwarzen Stoßstangen zu diesen Terminen und wieder zurück. Das Auto hatte ein 4-Gang-Schaltgetriebe und roch nach Plastik. Es wurde sogar mit einem Satz Plastik-Radkappen für den Fall geliefert, dass die Originale abfielen. Ich parkte das Auto mehrere Blocks von dem Gebäude entfernt, damit keines der Ausschussmitglieder sah, dass der Anlageberater sich kein schöneres Auto leisten konnte.

Bei der Sitzung im Januar 1998 stellte ich den Mitgliedern eine neue Anlage vor, in die die Universität bislang nicht investiert hatte. Bei dieser Anlageklasse handelte es sich um nicht mündelsichere Anleihen, auch als hochverzinsliche Anleihen, Schrottanleihen oder Junkbonds bezeichnet. Anleihen sind Schuldinstrumente, die von Regierungen und Unternehmen ausgegeben werden, um Geld für neue Projekte oder für den laufenden Betrieb zu beschaffen. Diese Körperschaften bezahlen den Anlegern Zinsen auf ihre Schulden und am Ende der Laufzeit zahlen sie den Nennwert zurück. Anleihen unterscheiden sich von Einlagezertifikaten von Banken (CD = Certificate of Deposit), insofern sie sich vor dem Ende der Laufzeit leichter verkaufen lassen als CDs. Auch kann bei Anleihen anders als bei CDs der Preis schwanken, wenn sich die Zinsen ändern.

Die Ausschussmitglieder kannten sich bereits mit Anleihen aus, weil es einen Anleihemanager gab, aber hochverzinsliche Anleihen waren ihnen neu. Hochverzinsliche Anleihen werden von riskanteren Unternehmen ausgegeben, die viele Schulden und weniger Puffer haben, was den überschüssigen Cashflow nach Zahlung der Zinsen angeht. Die meisten Anleihen werden von Ratingagenturen bezüglich der Wahrscheinlichkeit eines Zahlungsausfalls eingestuft, also des Falls, dass der Emittent eine Zins- oder Rückzahlung nicht leisten kann. Mündelsichere Anleihen sind die sichersten und haben ein sehr geringes Ausfallrisiko. Bei nicht mündelsicheren Anleihen (also hochverzinslichen Anleihen) ist das Ausfallrisiko größer, aber dafür werfen sie höhere Zinsen ab, sodass sie den Anlegern mehr Einkommen verschaffen, solange der Emittent der hochverzinslichen Anleihe nicht zahlungsunfähig wird.

Ich war auf dem Gebiet der nicht mündelsicheren Anleihen Neuling und meine Informationen über diesen Sektor stammten größtenteils von Managern hochverzinslicher Anleihen, die mir nur allzu gern die glänzenden Aussichten dieser Anlageklasse nahebrachten und gleichzeitig ihre Sachkenntnis bezüglich der Auswahl konkreter Anleihen betonten. Offenbar gelang es mir gut genug, die Ausschussmitglieder in hochverzinslichen Anleihen zu schulen, denn ich bestand die Prüfung des Ausschussvorsitzenden nach dem Motto „Kann ich das jemand anderem erklären?" Die Ausschussmitglieder beschlossen, fünf Prozent des Portfolios in diese Anlageklasse zu investieren. Beim nächsten Quartalstermin wählte der Ausschuss einen Manager für hochverzinsliche Anleihen, der die Allokation überwachen sollte.

Als ich wieder in meinem Büro war, fühlte ich mich gut, weil es mir so gut gelungen war, diesen Kunden zu beraten – da kam Fred, der Gründer der Anlageberatung, für die ich arbeitete, herein und fragte mich, wie es mit diesem Kunden laufe. Stolz erzählte ich ihm, dass die Universität gerade in Hochzinsanleihen investiert hatte.

„Warum in aller Welt empfiehlst du so etwas?", fragte er mich.

Von seinem kritischen Ton irritiert, antwortete ich mit dem Standardgrund, den jeder gute Berater anführt, um eine Anlageentscheidung zu rechtfertigen: „Diversifizierung". Wäre ein Anlageportfolio ein Topf Suppe, dann würde Diversifizierung bedeuten, dass man weitere Zutaten hinzufügt, damit die Suppe besser schmeckt. Im Falle eines Portfolios bedeutet „besser", dass entweder die Erwartungsrendite höher oder die erwartete Volatilität geringer ist. Wir werden uns in Kapitel 9 ausführlicher damit beschäftigen, aber vorläufig brauchen Sie nur zu wissen, dass ich es für einen klugen und geschmackvollen Schachzug hielt, die Anlagesuppe der Universität mit ein paar hochverzinslichen Anleihen zu würzen.

Fred zählte eine Reihe von Gründen auf, weshalb es ein sehr schlechter Zeitpunkt für Investitionen in hochverzinsliche Anleihen sei. Es flössen zu viele Anlegergelder in den Sektor, dies drücke die Zinsen und senke die Erwartungsrendite. Auch gäben die Unternehmen zu viele Anleihen aus, um die Telekommunikations-Infrastruktur für das wachsende Internet aufzubauen, was zu Überkapazitäten und künftig zu mehr Zahlungsausfällen auf Anleihen führen und außerdem die Renditen senken könne. Freds sämtliche Gründe bezogen sich auf die Zukunft, während alle meine Rechtfertigungen, diesem Kunden hochverzinsliche Anleihen empfohlen zu haben, zurückblickten. In den fünf Jahren davor hatten hochverzinsliche Anleihen eine unglaublich gute Performance gebracht und ich rechnete damit, dass sie das weiterhin täten.

Es stellte sich heraus, dass Fred recht hatte. Etwa ein Jahr lang lief es für den Manager der hochverzinslichen Anleihen gut, aber als klar wurde, dass es zu viele Telekommunikations-Kapazitäten gab, stiegen die Ausfallquoten von hochverzinslichen Anleihen. Die Performance dieser Allokation blieb weit hinter der des konservativeren Anleihemanagers zurück. Mehrere Jahre lang musste ich bei jeder Quartalssitzung nach dieser schlecht getimten hochverzinslichen Allokation dasitzen und den Ausschussmitgliedern erklären, weshalb die hochverzinslichen Anleihen so schlecht liefen. Dabei fühlte ich mich schrecklich und ich vergaß nie das Gefühl, eine Anlageklasse mit derart schlechter Performance empfohlen zu haben. Diese Investition machte zwar keinen Verlust, aber sie senkte die Gesamtrendite des Portfolios und hinkte der des konservativeren Anleihemanagers hinterher.

Ein klassischer Anlagefehler

Mein Fehler bei diesem Kunden war, dass ich mich in die historische Performance hochverzinslicher Anleihen verliebt hatte. Ich unterließ es, mir die hauptsächlichen Triebkräfte dieser historischen Renditen anzusehen, als wir investierten, um herauszufinden, was passieren müsste, damit sich die historischen Renditen in der Zukunft wiederholen.

An diesem Punkt sagen Sie sich vielleicht: „Ich habe weder die Zeit noch die Fähigkeit, über Anleihen oder Aktien so zu recherchieren, dass ich weiß, welche Renditen sie in Zukunft haben werden." Es stellt sich jedoch heraus, dass das gar nicht so schwer ist, wie Sie meinen. Man braucht nicht über jedes einzelne Investment alles zu wissen. Man braucht nur genug zu wissen, um effektive Entscheidungen zu treffen. Lassen Sie mich das erklären.

Vor ein paar Jahren verbrachten meine Frau LaPriel und ich einen Teil des Winters im Süden Mexikos, wo wir für einen Monat ein Auto mieteten. Das erinnerte mich an den läppischen Toyota Tercel, mit dem ich zu meinen Anlagesitzungen fuhr und den ich vor meinen Kunden verborgen hielt. Der Mietwagen war ein VW Gol, ein in Brasilien gebauter Wagen mit 1,6-Liter-Motor und 101 PS. Er hatte ein 4-Gang-Schaltgetriebe und kostete neu 9.200 Dollar. Das wusste ich deshalb, weil die Niederlassung von Budget Rental Car in Playa del Carmen diesen Betrag meiner American-Express-Karte als Kaution belastete, nachdem ich den „optionalen" Versicherungsvertrag abgelehnt hatte, weil ich durch meine Karte bereits versichert war.

Als wir schon ein paar Wochen unterwegs gewesen waren, fuhren wir in Campoche am Fuße eines Hügels eine Straße hinauf, die wohl zu den steilsten Nordamerikas gehören muss. Ich zögerte kurz, aber dann beschloss ich, es zu wagen. Als wir etwa die Hälfte des Hügels erklommen hatten, war die Drehzahl hoch genug, um in den zweiten Gang zu schalten. Das tat ich auch, aber das war ein Fehler – nach fünf Sekunden wurde die Steigung noch steiler und das Auto schaffte es im zweiten Gang nicht mehr. Der VW blieb stehen, bevor ich in den ersten Gang zurückschalten konnte. Da saßen wir nun: Meine Füße traten auf Bremse und Kupplung, wir wurden in die Sitzlehnen gedrückt und schauten gen Himmel. Das Erste, was mir in den Sinn kam, war ein Video, das in Moab im Bundesstaat Utah aufgenommen worden war: Ein außer Kontrolle geratener Jeep rauschte rückwärts ein steiles Gefälle hinab und baute dann einen Unfall. Als Zweites fiel mir die Kaution von 9.200 Dollar ein.

Lisa Randall, Physikerin in Harvard, schrieb einmal: „Wir alle arbeiten mit effektiven Theorien. Wir finden Beschreibungen, die zu dem passen, was wir tatsächlich sehen, mit dem wir interagieren und das wir messen. Die Tatsache, dass dem, was wir beobachten, eine grundlegendere Beschreibung zugrunde liegen kann, ist so lange mehr oder weniger irrelevant, bis wir Zugang zu Wirkungen haben, die von dieser Beschreibung abweichen."[2] Sie weist darauf hin, dass sich Newtons Gesetze gut eignen, um eine Brücke zu bauen, die nicht einstürzt, oder um einen Satelliten ins All zu schießen. Oder, in meinem Fall, um zu beschreiben, was geschehen würde, wenn ich die Bremse des VW Gol lösen würde, während ich an einem Hang stand, und es mir nicht gelingen würde, die Kupplung schnell genug kommen zu lassen. Aber Randall weist auf Folgendes hin: „Newtons Gesetze sind Näherungen, die bei relativ geringen Geschwindigkeiten und bei großen makroskopischen Gegenständen funktionieren."[3] Die Quantenmechanik und die Relativitätstheorie sind Theorien, die tiefer reichen und Newtons Gesetzen zugrunde liegen. Die Quantenmechanik brauchte ich allerdings nicht zu kennen, um aus meinem Dilemma am Hügel herauszukommen, ich brauchte nur etwas über Schwerkraft zu wissen. Ich führte eine schnelle Analyse durch und entschied, dass die Peinlichkeit, den Wagen rückwärts den Hügel hinabrollen zu lassen, ein Preis war, den zu zahlen ich bereit war, um die potenziellen Kosten und den persönlichen Unfallschaden zu vermeiden, der eintreten könnte, wenn ich versuchen würde, vorwärts zu fahren, und ich es nicht schaffen würde, rechtzeitig die Kupplung kommen zu lassen.

Wir gehen an alle Bereiche unseres Lebens mit effektiven Theorien heran. Es gibt zu viele Informationen, als dass man zu jedem Thema jedes Detail kennen könnte. Randall schreibt: „Wir verwenden eine Landkarte in dem Maßstab, den wir brauchen. Es ist sinnlos, alle kleinen Straßen der Umgebung zu kennen, wenn man über eine Autobahn rast."[4] Unter anderem tun wir das mithilfe von Faustregeln.

FAUSTREGELN

Faustregeln sind einfache Muster, an die wir uns halten können und die von zugrunde liegenden Prinzipien abgeleitet sind. Sie sind Abkürzungen zur Anwendung effektiver Theorien, um bestimmte Probleme zu lösen. Wenn man viel reist, merkt man bald, dass eine der kleinen Herausforderungen beim Übernachten an vielen verschiedenen Orten darin besteht, herauszufinden, wie die Dusche funktioniert. Es ist erstaunlich, wie viele verschiedene Arten von Mischbatterien es gibt.

Die drei Faustregeln für die Bedienung einer Dusche sind:

1. Wasserhahn aufdrehen
2. Wassertemperatur regeln
3. Den Mechanismus betätigen, der von Baden auf Duschen umschaltet

Um eine Dusche zu bedienen, braucht man kein Installateur zu sein, der genau weiß, wie eine Mischbatterie im Inneren funktioniert. Man braucht bloß die Faustregeln anzuwenden. Jede Dusche, auf die man trifft, mag ein bisschen anders sein, aber die Grundprinzipien einer funktionierenden Dusche bleiben gleich: Wasser aufdrehen, Temperatur regeln, Wasser in den Duschkopf leiten.

Ebenso gibt es Prinzipien, die die langfristige Rendite einer Anleiheklasse wie Aktien, Anleihen und Mietobjekte bestimmen und die wir nutzen können, um Faustregeln für die Einschätzung der künftigen

Renditen zu entwickeln. Die drei bestimmenden Faktoren für die Performance von Anlageklassen sind:

1. **Cashflow.** Die Einnahmen aus Zinsen, Dividenden oder Mieten, die an den Eigentümer des Vermögenswerts ausgeschüttet werden. Um die Rendite einzuschätzen, werden diese Einnahmen als Anteil am Marktwert des Vermögenswerts angegeben, zum Beispiel als Dividendenrendite oder Anleiherendite.

2. **Cashflow-Wachstum.** Wie der Einnahmenstrom oder Cashflow im Laufe der Zeit wächst. Es wird gewöhnlich als jährliche prozentuale Wachstumsrate der Dividende oder des Gewinns pro Aktie angegeben.

3. **Bewertungsänderung.** Was Anleger jetzt im Unterschied zu einem späteren Zeitpunkt für den Zahlungsstrom zu zahlen bereit sind. Diese Neubewertung wird gewöhnlich als jährliche prozentuale Änderung eines Vermögenswerts aufgrund der Änderung einer Bewertungskennzahl ausgedrückt, die sich auf die Einnahmen oder Gewinne bezieht, bei Aktien beispielsweise des Kurs-Gewinn-Verhältnisses oder des Kurs-Dividenden-Verhältnisses.[5]

Die beiden ersten Faktoren, aus denen diese Faustregeln bestehen, spiegeln den mathematischen Aspekt der Geldanlage im Hinblick auf Entstehung und Wachstum eines Cashflows wider. Bei Anleihen werden die Renditen vor allem von den Zinsen zum Zeitpunkt der Investition bestimmt. Bei den meisten Anleihen bleiben die Zinszahlungen, die man erhält, von Periode zu Periode gleich, sodass der Cashflow nicht wächst. Eine Ausnahme sind „Floater", also variabel verzinste Anleihen, bei denen sich der Zinszahlungsstrom von einer Periode zur nächsten ändern kann, wenn sich die herrschenden Zinsen ändern. Der dritte Faktor spiegelt die Emotionen der Geldanlage in Form des Betrags wider, den Anleger für den Zahlungsstrom zu bezahlen bereit sind. Bei der Investition in Unternehmensanleihen äußern sich diese Emotionen in Schwankungen der über die Rendite relativ risikoloser US-Schatzanleihen hinausgehenden zusätzlichen Zinsrendite, die die Anleger verlangen, um für das potenzielle Ausfallrisiko entschädigt zu werden.

Inmitten der US-Rezession des Jahres 1990 verlangten die Anleger einen hohen Zinsaufschlag – auch Spread oder Risikoprämie – als Schutz gegen den Ausfall hochverzinslicher Anleihen.[6] Die Anleger waren ängstlich und deshalb warfen hochverzinsliche Anleihen zwölf Prozentpunkte mehr ab als zehnjährige US-Schatzanweisungen. Als ich acht Jahre später meinem Universitätskunden eine Allokation in nicht mündelsicheren Anleihen empfahl, war die Zinsspanne zwischen hochverzinslichen Anleihen und US-Schatzpapieren auf nur noch drei Prozent gesunken. Diese Verengung des Spreads wurde dadurch verursacht, dass Investmentfonds, die in hochverzinsliche Anleihen investierten, hohe Mittelzuflüsse seitens eifriger Anleger verzeichneten, die hinter den hohen Renditen her waren, die der Sektor zuvor erfahren hatte. Bis Dezember 2000, also fast drei Jahre, nachdem die Universität ihre Investition getätigt hatte, standen die Risikoprämien hochverzinslicher Anleihen wieder bei neun Prozent, was bedeutet, dass der Wert der Anleihen fiel, während ihre Renditen stiegen und die Zahlungsausfälle zunahmen.

Als ich diese Anlageempfehlung gab, hätte ich mehr auf die Emotionen bei der Anlage in Anleihen achten sollen. Es wäre besser gewesen, dann in hochverzinsliche Anleihen zu investieren, als die Spreads groß und die Anleger ängstlich waren, zum Beispiel im Jahr 2000, als die Zinsspanne neun Prozent betrug, nicht drei wie zu dem Zeitpunkt, zu dem wir die Investition eingingen. Obwohl die Zahlungsausfälle im Zuge einer Rezession zunahmen, hätte uns die weiter über die Rendite von Schatzanleihen hinausgehende Rendite für die Ausfälle mehr als entschädigt.

Als im Jahr 2008 die globale Finanzkrise einsetzte, verstand ich die Mathematik und die Emotionen der Investition in Anleihen viel besser. Anfang 2009 warfen hochverzinsliche Anleihen 17 Prozentpunkte mehr ab als zehnjährige Schatzanweisungen. Als in diesem Umfeld klar wurde, dass nicht das gesamte Finanzsystem zusammenbrechen würde, stockten wir die hochverzinsliche Allokation unseres Kunden auf und ich stockte auch die Allokation in meinem privaten Portfolio auf. Diesmal lief es für meine Kunden äußerst gut: Sie verdienten mit ihren Investitionen in Anleihen zweistellige Renditen.

DIE EINSCHÄTZUNG VON ANLEIHERENDITEN

Der nun folgende Abschnitt über Anleihen mag etwas schwierig erscheinen. Vielleicht wollen Sie ihn mehrmals lesen. Doch sobald Sie die Grundlagen der Anleihen verstanden haben, wird Ihnen eine ganze Anlageklasse weniger bedrohlich vorkommen, denn dann haben Sie eine effektive Theorie – Faustregeln – für die Geldanlage mit Anleihen.

Um die Rendite einer einzelnen Anleihe, eines Anleihefonds oder eines Anleihe-ETFs einzuschätzen, braucht man als erste Information die Rückzahlungsrendite der Anleihe oder des Fonds. Dabei handelt es sich um eine Einschätzung der Jahresrendite einer Anleihe oder der in einem Fonds enthaltenen Anleihen, wenn sie bis zur Fälligkeit gehalten werden. Die Fälligkeit oder Laufzeit gibt an, wann der Nennwert einer Anleihe zurückgezahlt und ihre Zinszahlungen eingestellt werden. Manchmal kann man Anleihen vorzeitig kündigen. Es gibt noch eine weitere Berechnung namens „Yield-to-Worst", die sich auf die Rendite einer Anleihe oder eines Anleihefonds bezieht, wenn man sie entweder bis zum Ende der Laufzeit hält oder vorzeitig kündigt, je nachdem, was wahrscheinlicher ist. Ich weiß nicht recht, weshalb man von der „Rendite im schlimmsten Fall" spricht – so die Bedeutung von „Yield-to-Worst" –, außer vielleicht, dass Anleiheanleger es nicht mögen, wenn ihre Anleihen vorzeitig gekündigt werden, weil sie dann eine andere Anleihe zum Anlegen finden müssen. [Eigentlich erklärt sich der Begriff von selbst – der Anleger möchte wissen, welche Mindestrendite die Anleihe oder der Fonds im „schlimmsten Fall" noch bringt, also wo die Grenze zwischen Anlage und Spekulation liegt. Der Denkfehler des Autors liegt in der unzutreffenden Formulierung „je nachdem, was wahrscheinlicher ist". Es müsste heißen „je nachdem, was geringer ausfällt". Anm. d. Ü.]

In den Vereinigten Staaten ist jeder Anleihe-Investmentfonds und jeder Anleihe-ETF verpflichtet, seine „SEC-Rendite" zu veröffentlichen: die Yield-to-Worst abzüglich der Betriebskosten, unter anderem der Verwaltungsgebühr, die der Investmentfonds oder ETF verlangt. Nehmen wir beispielsweise an, die SEC-Rendite des Vanguard Total Bond Market Index Funds betrage 3,0 Prozent. Wenn ein Anleger diesen Fonds mindestens sieben Jahre lang hält, erhält er eine Jahresrendite von ungefähr 3,0 Prozent. Hält er ihn über einen kürzeren Zeitraum, kann sie höher oder niedriger ausfallen, je nachdem ob die Zinsen steigen oder fallen. So funktioniert die Anleihemathematik. Wo die Mindesthalteperiode von sieben Jahren herkommt, erkläre ich im Laufe dieses Kapitels noch.

Es gibt natürlich dicke Wälzer wie das von Frank J. Fabozzi herausgegebene 1.840-seitige „Handbook of Fixed Income Securities", die unerträglich detailliert auf die Anleihemathematik und die Anlage mit festverzinslichen Wertpapieren eingehen, aber als Privatanleger brauchen wir keine Anleiheexperten zu sein. Wir brauchen die Quantenmechanik der Anleihen nicht zu kennen. Wir müssen lediglich die Grundlagen der Anleiheschwerkraft kennen – die Faustregeln, die es uns ermöglichen, effektiv zu investieren. Und die grundlegende Faustregel für die Investition in Anleihefonds und Anleihe-ETFs besagt, dass die beste Schätzung ihrer künftigen Rendite bei Haltezeiten von sieben Jahren oder mehr ihre aktuelle SEC-Rendite,

Rückzahlungsrendite oder Yield-to-Worst ist. Diese Renditekenn-zahlen stellen die Cashflow-Komponente dar, die dem Anleiheinha-ber zufließt, ausgedrückt in den Faustregeln zur Einschätzung der Renditen von Anlageklassen, die ich bereits präsentiert habe.

Als der Finanzplan meines Hörers im August 2017 erstellt wurde, betrug die Rückzahlungsrendite US-amerikanischer Anleihen 2,2 Prozent. Jedoch ging der Planer davon aus, dass die Anleihen 4,8 Pro-zent im Jahr abwerfen würden, weil sie das in den 15 Jahren davor getan hatten. Bei einer Anfangsrendite von 2,2 Prozent ist es mathe-matisch unmöglich, dass Anleihen über einen Zeitraum von mehr als sieben Jahren 4,8 Prozent Rendite abwerfen.

Der historische Zeitraum von 15 Jahren, den der Planer für seine Renditeschätzung ansetzte, reichte vom 30. September 2001 bis zum 30. September 2016. Was brachten 10-jährige US-Schatzanweisun-gen im September 2001 ein? 4,6 Prozent. Anders gesagt kam die his-torische Jahresrendite der Anleihen von 4,8 Prozent wie erwartet der Anfangsrendite sehr nahe. Ganz genau traf sie nicht, weil der vom Finanzplaner verwendete Anleihindex einige Unternehmensanlei-hen beinhaltete, die, wie wir gesehen haben, mehr abwerfen als Staatsanleihen, um die Anleger für das potenzielle Ausfallrisiko zu entschädigen.

Anleihen und Zinsen

Eines der wenigen Dinge, an die ich mich aus meinem Einführungs-kurs in Finanzwesen an der Uni erinnere, ist Professor Barngrover, der vor dem Kurs steht und rhythmisch in die Hände klatscht, wäh-rend er immer und immer wieder wiederholt: „Wenn die Zinsen stei-gen, sinkt der Wert von Anleihen." Ebenso wiederholte er das Man-tra: „Wenn die Zinsen fallen, steigt der Wert von Anleihen."[7]

Warum fallen die Anleihepreise, wenn die Zinsen steigen, und steigen, wenn die Zinsen fallen? Nehmen wir einen Anleger, der eine neu ausgegebene 30-jährige US-Schatzanleihe gekauft hat, die mit drei Prozent verzinst ist. Die Anleihe schüttet also je 1.000 Dollar Nennwert jährlich 30 Dollar Zinsen aus. Der Nennwert ist der Preis der Anleihe, anhand dessen die Zinszahlungen berechnet werden. Wenn die Zinsen auf vier Prozent steigen, erhält ein Anleger, der eine frisch ausgegebene 30-jährige Anleihe kauft, jährliche Zinsen in Höhe von 40 Dollar.

Wenn man sieht, dass jetzt ein Anleger eine neue Anleihe kaufen kann, die 40 Dollar Zinsen abwirft, während die alte Anleihe nur 30 Dollar bringt, muss der Preis der alten Anleihe auf ein Niveau fallen, auf dem es einem Anleger ökonomisch gesehen egal ist, in welche der beiden Anleihen er investiert. Anders gesagt muss der Preis der alten Anleihe so weit fallen, dass Anleger aus dem Besitz der alten Anleihe den gleichen Geldbetrag beziehen wie aus dem Besitz der neuen Anleihe.

Die Duration einer Anleihe

Wie sehr der Preis einer Anleihe schwankt, wenn die Zinsen schwanken, hängt davon ab, wann die Anleihe fällig wird, von ihrer Rendite und von anderen Merkmalen. Die Sensitivität des Preises einer Anleihe oder eines Anleiheportfolios gegenüber Zinsänderungen bezeichnet man als Duration. Sie wird berechnet, indem man die gewichtete durchschnittliche Laufzeit der Zahlungsströme einer Anleihe oder eines Anleiheportfolios in Form von Zinsen und Rückzahlungen hernimmt. Anleihen haben Laufzeiten von weniger als einem Monat bis zu mehr als 30 Jahren. Je länger die Laufzeit einer Anleihe oder eines Anleihefonds ist, desto höher ist ihre oder seine Duration. Auf eine 30-jährige Anleihe entfallen drei Jahrzehnte lang Barzahlungen in Form von Zinsen, auf eine fünfjährige Anleihe hingegen nur fünf Jahre lang. Folglich ist die Duration oder die gewichtete durchschnittliche Laufzeit der Zahlungsströme einer 30-jährigen

Anleihe viel größer als bei einer fünfjährigen Anleihe. Je größer (also länger) die Duration einer Anleihe oder eines Anleihefonds ist, umso mehr ändert sich ihr oder sein Preis, wenn sich die Zinsen ändern. Genauer gesagt verursacht ein Anstieg oder Rückgang der Zinsen bei einer einzelnen Anleihe oder bei einem Anleihe-Investmentfonds beziehungsweise einem Anleihe-ETF einen Rückgang oder Anstieg des Preises ungefähr in Höhe ihrer oder seiner Duration. Nehmen wir beispielsweise an, ein Anleihefonds hat eine Duration von sechs Jahren, ein anderer eine Duration von zwei Jahren. Würden die Zinsen um ein Prozent steigen, würde der Preis des Anleihefonds mit sechs Jahren Duration um rund sechs Prozent fallen und der Preis des Anleihefonds mit zwei Jahren Duration um rund zwei Prozent.

Weiter oben habe ich geschrieben, man könne die SEC-Rendite eines Anleihefonds verwenden, um seine Jahresrendite über eine Haltezeit von sieben Jahren oder länger einzuschätzen. Für kürzere Haltedauern gilt dies allerdings nicht. Über kürzere Zeiträume wirkt sich die Duration des Fonds auf seine Rendite aus, weil sein Preis steigen oder fallen kann, wenn sich die Zinsen ändern. Aber über längere Zeiträume wird der Preisrückgang des Anleihefonds bei steigenden Zinsen durch die höheren Zinszahlungen ausgeglichen, die der Anleihefonds erhält, wenn er die Zins- und Rückzahlungen in höher verzinste Anleihen investiert. Infolgedessen können sich Anleger die heutige SEC-Rendite eines Fonds oder ETFs ansehen und recht zuversichtlich sein, dass dies eine vernünftige Schätzung der Jahresrendite des Fonds ist, wenn man ihn sieben Jahre oder länger hält. Das lässt genügend Zeit, damit die vom Fonds vereinnahmten Zinszahlungen etwaige Preisschwankungen aufgrund von Zinsänderungen ausgleichen können.

Zahlungsausfälle auf Anleihen

Bei dieser Analyse der Erwartungsrendite von Anleihen gibt es jedoch einen Vorbehalt. Sie geht ja davon aus, dass der Fonds oder ETF keine Anleihen hält, deren Zahlungen ausfallen. Bei den meisten Anleihefonds ist diese Annahme vernünftig, weil sie überwiegend Staatsanleihen halten, durch Hypotheken besicherte Anleihen und mündelsichere Unternehmensanleihen. Wenn der Fonds hingegen in nicht mündelsichere Anleihen investiert, muss man die SEC-Rendite um einen geschätzten jährlichen Verlust durch Zahlungsausfälle vermindern.

Die langfristige durchschnittliche jährliche Ausfallquote hochverzinslicher Anleihen aus den Vereinigten Staaten liegt bei rund 4,2 Prozent.[8] Wenn die Zahlung auf eine Anleihe ausfällt, verlieren die Anleger in der Regel nicht ihr ganzes Geld. Gewöhnlich handeln die Anleiheinhaber mit der zahlungsunfähigen Körperschaft eine gewisse Rückerstattung aus. Die durchschnittliche Rückerstattung auf ausgefallene hochverzinsliche Anleihen beträgt circa 39 Prozent.[9] Das entspricht einem Verlust von 61 Prozent. Deshalb erscheint es vernünftig, bei hochverzinslichen Anleihen die aus der SEC-Rendite abgeleitete geschätzte Jahresrendite um 2,6 Prozent zu vermindern. Das wäre die jährliche Ausfallquote von 4,2 Prozent nach der Bereinigung um Rückerstattungen (4,2 Prozent Ausfälle mal 61 Prozent Verlust = 2,6 Prozent).

Gehen wir beispielsweise davon aus, die SEC-Rendite des SPDR Bloomberg Barclay High Yield Bond ETF betrage 6,0 Prozent. Nehmen wir gleichzeitig an, die Rendite einer zehnjährigen Schatzanweisung betrage 3,0 Prozent. Dann kann man den Spread der Hochverzinslichen berechnen, indem man die Schatzanweisungsrendite von 3,0 Prozent von der SEC-Rendite des Anleihe-ETFs in Höhe von 6,0 Prozent abzieht. Das ergibt einen Spread von 3,0 Prozent vor Berücksichtigung von Zahlungsausfällen. Vermindert man die SEC-Rendite von 6,0 Prozent um 2,6 Prozent zur Berücksichtigung der potenziellen Ausfälle, errechnet sich eine Jahresrendite hochverzinslicher Anleihen über Haltedauern von sieben bis zehn Jahren in Höhe von 3,4 Prozent. Im Vergleich zu der Rendite zehnjähriger Schatzanweisungen von 3,0 Prozent ist das nicht sehr viel. Das deutet in diesem Szenario darauf hin, dass die Anleger bezüglich der Aussichten hochverzinslicher Anleihen übertrieben zuversichtlich sind, denn sie verlangen keinen sehr hohen Zinsaufschlag oder Spread, um sie zu halten (nur 3,0 Prozent). Die langfristige Überrendite beziehungsweise der Spread hochverzinslicher Anleihen im Verhältnis zu US-Schatzanleihen beträgt fünf Prozent.[10] Sind die Spreads niedriger, sind die Anleger überdurchschnittlich auf nicht mündelsichere Anleihen aus und die Renditen fallen niedriger aus. Wenn die Spreads über fünf Prozent liegen – wie beispielsweise die 15 Prozent oder mehr, die die Anleger im Jahr 2009 am Ende der globalen Finanzkrise bekamen –, sind die Anleger furchtsam und die künftigen Renditen wahrscheinlich höher als der Durchschnitt, sogar nach Berücksichtigung der höheren Ausfallquote.

Was die Zinsen bestimmt

Wir haben gesehen, dass die beste Schätzung der Rendite einer Anleihe für Haltezeiten von sieben Jahren oder mehr die derzeitige SEC-Rendite, die Rückzahlungsrendite oder die Yield-to-Worst ist. Im Falle hochverzinslicher Anleihen sollte man die SEC-Rendite um mindestens 2,6 Prozent reduzieren, um potenzielle Zahlungsausfälle zu berücksichtigen. Das ist die grundsätzliche Mathematik der Geldanlage in Anleihen.

Aber warum sind die Zinsen zu manchen Zeiten hoch, zu anderen niedrig? Mitte der 1970er-Jahre wurde meine damals alleinerziehende Mutter Immobilienmaklerin – als Hypothekendarlehen über 30 Jahre in den Vereinigten Staaten mit neun Prozent verzinst waren. Als sie ihre erfolglose Maklerlaufbahn im Jahr 1981 beendete, hatten die Zinsen auf Hypothekendarlehen einen Spitzenwert von 18 Prozent erreicht. 31 Jahre später, im Jahr 2012, durchschritten die 30-jährigen Hypothekenzinsen bei 3,3 Prozent eine Talsohle.

Wie kann es sein, dass die 30-jährigen Hypothekenzinsen im Jahr 1981 bei mehr als 18 Prozent standen, im Jahr 2012 aber bei rund drei Prozent? Das beruht auf Mathematik und Emotionen. Die herrschenden Zinsen basieren auf den Erwartungen der Anleger und darauf, wie viel zusätzlichen Lohn sie für die Unsicherheit dieser Erwartungen verlangen. Die nominale Rendite einer Anleihe, sagen wir einer zehnjährigen US-Schatzanweisung, lässt sich aufteilen in die Inflationserwartungen der Anleger und in die sogenannte reale Rendite, also die Rendite nach Inflation. Die Inflation ist ein Maß für den Anstieg der Preise im Laufe der Zeit. Wenn die Anleger glauben, die Inflation werde hoch sein, dann sind auch die Zinsen hoch. Im Jahr 1981 erwarteten die Anleger eine extrem hohe Inflation.

Man kann die Inflationserwartungen der Anleger beobachten, indem man die Rendite von Staatsanleihen mit der Rendite inflationsindexierter Staatsanleihen vergleicht, die in den Vereinigten Staaten Treasury Inflation-Protected Securities heißen, abgekürzt TIPS. Wenn beispielsweise die Rendite einer zehnjährigen US-Schatzanweisung drei Prozent beträgt und die Rendite zehnjähriger TIPS ein Prozent, dann beläuft sich die Inflationserwartung des Marktes auf zwei Prozent, die Differenz zwischen der nominalen Rendite für zehnjährige Anleihen und der TIPS-Rendite zehnjähriger Anleihen. Die TIPS-Rendite wird auch als reale Rendite bezeichnet.

Was bestimmt die reale Anleiherendite? Wie gesagt, sie basiert auf den Erwartungen der Anleger, konkret gesagt auf ihrer Erwartung, wie hoch die Realzinsen in Zukunft sein werden, zuzüglich einer Laufzeitprämie. Die Laufzeitprämie ist die zusätzliche Rendite, die die Anleger für die Ungewissheit verlangen, ob die Inflation oder die Realzinsen höher als erwartet sein werden. Wenn die Anleger ängstlich bezüglich des künftigen Zinsverlaufs oder einer höher als erwarteten Inflation sind, ist die Laufzeitprämie hoch. In der Zeit der hohen Inflation und der großen Ungewissheit in den Vereinigten Staaten Anfang der 1980er-Jahre lag die Laufzeitprämie über drei

Prozent und leistete ihren Beitrag zu den Renditen zehnjähriger Schatzanweisungen, die deutlich über zehn Prozent lagen.

Zu anderen, ruhigeren Zeiten, in denen die Anleger auf den künftigen Zinsverlauf und auf die Inflation vertrauen, verlangen sie eine geringe Laufzeitprämie, wie sie es beispielsweise 2012 taten, als die Zinsen extrem niedrig waren.

Anleihechancen vergleichen

Wenn man verschiedene Anleihe-Anlagechancen miteinander vergleicht, muss man Folgendes kennen:

1. Die SEC-Rendite, die Rückzahlungsrendite
   oder die Yield-to-Worst
2. Die Duration
3. Die durchschnittliche Bonität

Die SEC-Rendite, die Rückzahlungsrendite oder die Yield-to-Worst findet man auf der Website des Fonds oder des ETFs, bei Morningstar.com oder für einzelne Anleihen auf der Website des Brokers. Diese Renditekennzahlen sind die beste Schätzung für die Erwartungsrendite der Gelegenheit über eine Haltedauer von sieben bis zehn Jahren. Die Duration gibt an, wie empfindlich die Gelegenheit auf kurz- bis mittelfristige Zinsschwankungen reagiert. Je höher die Duration, desto größer der Kursverlust bei steigenden Zinsen. Die durchschnittliche Bonität gibt einem ein Gefühl dafür, wie viel von der Rendite auf dem höheren Risiko nicht mündelsicherer Anleihen basiert. Fonds oder Anleihen, die mit BB, B oder C eingestuft sind, sind nicht mündelsicher und haben ein höheres Ausfallrisiko. Beachten Sie, dass dies die Ratings von S&P sind. Andere Anbieter wie etwa Moody's haben zwar ähnliche Kategorien, aber ihre Buchstabenbezeichnungen sind ein bisschen anders.

Da Anleihen mit längerer/höherer Duration normalerweise höhere Renditen haben, muss man als Anleger entscheiden, ob einem die zusätzliche Rendite die potenzielle Volatilität eines zinssensitiveren Anleihevehikels wert ist. Zum Beispiel kann man den Unterschied zwischen einem äußerst kurzfristigen Anleihefonds mit einer SEC-Rendite von 2,0 Prozent und einer Duration von 0,6 Jahren und einem mittelfristigen Anleihefonds mit einer SEC-Rendite von 3,5 Prozent und einer Duration von 6,0 Jahren gegeneinander abwägen. Ist die zusätzliche Rendite von 1,5 Prozent die zusätzliche Volatilität eines Fonds wert, dessen Duration zehnmal höher ist als die eines kurzfristigen Fonds? Wahrscheinlich nicht, außer man glaubt, dass die Zinsen fallen werden, sodass der Preis des längerfristigen Anleihefonds stärker steigen wird.

Tabelle 3.1: Beispiele für Anleihen

Art der Anleihen	SEC-Rendite	Duration	Rendite nach geschätzten Zahlungs-ausfällen	Über 2 % Inflation hinausgehendes Wachstum
ETF mit ultra-kurzfristigen Anleihen	2,0%	0,6 Jahre	–	0,0%
ETF mit mittelfristigen Anleihen	3,5%	6,0 Jahre	–	1,5%
ETF mit hoch-verzinslichen Anleihen	6,0%	4,0 Jahre	3,4%	1,4%

Gleichzeitig halten beide Fonds bei diesen niedrigen nominalen Renditen kaum mit einer erwarteten Inflation von beispielsweise zwei Prozent Schritt, die sich aus der Subtraktion der TIPS-Rendite von der Rendite regulärer Staatsanleihen ergibt. Diese niedrigen Renditen bedeuten, dass die Anleger ziemlich darauf vertrauen, dass die Zinsen niedrig bleiben werden und die Inflation nicht höher als zwei Prozent sein wird. Dies äußert sich in ihrer Bereitschaft, eine sehr niedrige Laufzeitprämie als Schutz gegen diese Risiken zu akzeptieren.

Bei derart niedrigen Renditen zieht man vielleicht einen hochverzinslichen Anleihefonds oder ETF als Alternative in Betracht. Auch hier schaut man sich wieder die SEC-Rendite an, die in unserem Beispiel 6,0 Prozent betragen soll, und vermindert sie um 2,6 Prozent, um potenzielle Ausfälle zu berücksichtigen, sodass die Jahresrendite über sieben bis zehn Jahre 3,4 Prozent beträgt. Der Fonds hat eine Duration von vier Jahren. Lohnt er sich? Wahrscheinlich nicht, wenn man davon ausgeht, dass die Rendite zehnjähriger Schatzanleihen bei drei Prozent liegt. Das bedeutet, dass die Zusatzrendite beziehungsweise der Spread hochverzinslicher Anleihen im Vergleich zur Rendite zehnjähriger Schatzanleihen (vor Berücksichtigung etwaiger Zahlungsausfälle) nur drei Prozent beträgt, also weniger als der historische Spread von fünf Prozent.

Zurück zum Finanzplan

Der Finanzplaner meines Hörers ging von einer Anleihe-Allokation von 29 Prozent aus. Das heißt, wenn man die Erwartungsrendite der Anleihen von 4,8 Prozent auf 2,2 Prozent senkt (die Anleiherendite zum Zeitpunkt der Erstellung des Plans), sinkt die Erwartungsrendite des gesamten Portfolios von 7,6 auf 6,9 Prozent. Diese Renditeerwartung ist schon ein bisschen vernünftiger, aber immer noch fehlerhaft, weil der Planer auch bei der Einschätzung der künftigen Aktienrenditen historische Renditen verwendete. Er nahm für den Plan als durchschnittliche Aktienrendite 9,8 Prozent an. Ist eine Aktienrendite von fast zehn Prozent eine vernünftige Annahme? Um dies zu beantworten, müssen wir die Faustregeln des Cashflows, des Cashflow-Wachstums und der Cashflow-Änderung anwenden, um die Erwartungsrendite von Aktien zu ermitteln.

DIE EINSCHÄTZUNG VON AKTIENRENDITEN

Schauen wir uns an, wie die drei Renditefaktoren, die unsere Faustregeln darstellen, die historischen Aktienrenditen beeinflusst haben. Von Januar 1871 bis Juli 2017 brachten US-amerikanische Aktien eine durchschnittliche Jahresrendite von 8,9 Prozent. Diese Rendite von 8,9 Prozent lässt sich in drei Komponenten oder Performance-Faktoren aufteilen. Die größte Komponente stammte mit 4,5 Prozent von der Dividendenrendite, also dem Cashflow je Aktie in Form der im Laufe der Zeit an die Aktionäre ausgeschütteten Dividenden. Das ist der erste Renditefaktor.

Die nächstkleinere Komponente stammte mit 3,6 Prozent vom Wachstum der Dividenden je Aktie, das wiedergibt, wie der Zahlungsstrom beziehungsweise die Dividende im Laufe der Zeit gestiegen ist. Ein Unternehmen kann seine Dividenden nur dann erhöhen, wenn seine Gewinne steigen.

Die kleinste Komponente stammte mit 0,8 Prozent von einem Anstieg des Kurs-Gewinn-Verhältnisses, das angibt, wie viel die Anleger für einen Dollar Gewinn zu zahlen bereit waren. Das ist der dritte Renditefaktor und er stellt eine Veränderung der Bewertung dar. Da Dividenden aus dem Unternehmensgewinn bezahlt werden, bedeutet ein Anstieg des KGVs von Aktien auch, dass die Anleger bereit sind, für den Dividenden-Einnahmenstrom mehr zu bezahlen.

Im Jahr 1871 betrug das durchschnittliche KGV von US-Aktien 10, also waren die Anleger bereit, für jeden Dollar Gewinn zehn Dollar zu bezahlen. Im Juli 2017 betrug das Aktien-KGV 23. Die Anleger bezahlten für Gewinne mehr und das bedeutet, dass die Aktienbewertung gestiegen war. Wären die Anleger im Jahr 2017 nur bereit gewesen, für Gewinne so viel zu bezahlen wie 1871, hätte die durchschnittliche Jahresrendite von US-Aktien im Zeitraum von 1871 bis 2017 nur rund 8,1 statt 8,9 Prozent betragen, also nur die Summe aus der Dividenden- und der Gewinnkomponente.[11]

Das Dividenden- und das Gewinnwachstum repräsentieren die Mathematik der Aktienanlage, während die Bewertungsänderung die Emotionen widerspiegelt. Manchmal sind die Anleger optimistisch und bereit, für Aktien mehr zu bezahlen. Zu anderen Zeiten sind sie pessimistisch und ängstlich und daher weniger zu zahlen bereit. Die Aufteilung der historischen Performance von Aktien ist nur eine Näherung, aber die Beziehung ist eng genug, um den Löwenanteil der historischen Entwicklung zu erklären. Infolgedessen kann man diese Renditefaktoren auch verwenden, um die künftigen Renditen von Aktien einzuschätzen.

Ein genauerer Blick auf eine Aktie

Um die Mathematik dieses Konzepts zu verstehen, wollen wir nun eine Aktie untersuchen. Womöglich müssen Sie dieses Beispiel mehrmals durchlesen, um es zu verstehen. Sie können sich auch die Tabellen 3.2 und 3.3 ansehen.

Tabelle 3.2: Einfacher Fall

	Jahr 0	Jahr 1	Jahr 2	Jahr 3
Kurs = KGV x Gewinn pro Aktie	$40,00	$44,00	$48,40	$53,24
Gewinn pro Aktie	$4,00	$4,40	$4,84	$5,32
Gewinnwachstum	10,0%	10,0%	10,0%	10,0%
KGV	10	10	10	10
Dividende = Ausschüttungsquote x Gewinn	$1,00	$1,10	$1,21	$1,33
Ausschüttungsquote = Dividende/Gewinn pro Aktie	25,0%	25,0%	25,0%	25,0%
Dividendenrendite = Dividende/Kurs	2,5%	2,5%	2,5%	2,5%

Gewinnwachstum + Dividendenrendite	12,5%	12,5%	12,5%	12,5%
Jahresrendite = [(neuer Preis + Dividende)/alter Preis] - 1		12,75%	12,75%	12,75%
Jahresrendite über 3 Jahre				12,75%
3-Jahres-Durchschnitt von Gewinnwachstum + Dividendenrendite				12,50%

Tabelle 3.3: Bei steigendem Kurs-Gewinn-Verhältnis

	Jahr 0	Jahr 1	Jahr 2	Jahr 3
Kurs = KGV x Gewinn pro Aktie	$40,00	$44,00	$48,40	$63,84
Gewinn pro Aktie	$4,00	$4,40	$4,84	$5,32
Gewinnwachstum	10,0%	10,0%	10,0%	10,0%
KGV	10	10	10	12
Dividende = Ausschüttungsquote x Gewinn	$1,00	$1,10	$1,21	$1,33
Ausschüttungsquote = Dividende/Gewinn pro Aktie	25,0%	25,0%	25,0%	25,0%
Dividendenrendite = Dividende/Kurs	2,5%	2,5%	2,5%	2,1%
Gewinnwachstum + Dividendenrendite	12,5%	12,5%	12,5%	12,1%
Jahresrendite = [(neuer Preis + Dividende)/alter Preis] - 1		12,80%	12,80%	34,80%
Jahresrendite über 3 Jahre				19,65%
3-Jahres-Durchschnitt von Gewinnwachstum + Dividendenrendite				12,36%

Nehmen wir an, eine Aktie kostet 40,00 Dollar und der Gewinn pro Aktie beträgt 4,00 Dollar. Dann beträgt das Kurs-Gewinn-Verhältnis 10 – den Kurs von 40,00 Dollar geteilt durch den Gewinn von 4,00 Dollar. Nehmen wir weiter an, das Unternehmen zahlt 25 Prozent seines Gewinns als Dividende aus, sodass die anfängliche Jahresdividende 1,00 Dollar beträgt (25 Prozent von 4,00 Dollar Gewinn ergibt 1,00 Dollar Dividende). Die 25 Prozent bezeichnet man als Ausschüttungsquote. Die Dividendenrendite ergibt sich aus der ausgeschütteten Dividende geteilt durch den Aktienkurs, also beläuft sich die anfängliche Dividendenrendite auf 2,5 Prozent (1,00 Dollar Dividende geteilt durch den Aktienkurs von 40,00 Dollar ergibt eine Dividendenrendite von 2,5 Prozent).

Wenn man davon ausgeht, dass der Gewinn jährlich um zehn Prozent wächst und dass das KGV bei 10 bleibt, besteht eine vernünftige Schätzung für die künftige Rendite der Aktie in der Summe der beiden ersten Renditefaktoren: Die Dividendenrendite von 2,5 Prozent plus die 10 Prozent Gewinnwachstum pro Jahr ergeben eine Jahresrendite von 12,5 Prozent.

Wenn der Gewinn tatsächlich jährlich um zehn Prozent wächst, ist der Gewinn je Aktie nach drei Jahren von 4,00 auf 5,32 Dollar gestiegen. Wenn nun das Kurs-Gewinn-Verhältnis immer noch 10 beträgt, ist der Aktienkurs auf 53,25 Dollar gestiegen (also auf das Zehnfache des Gewinns von 5,32 Dollar). Das Unternehmen schüttet jedes Jahr 25 Prozent des Gewinns in Form von Dividenden aus, was bedeutet, dass auch die Dividenden jährlich um zehn Prozent steigen und im dritten Jahr eine Dividende von 1,33 Dollar ausgezahlt wird.

Die durchschnittliche Jahresrendite über drei Jahre beträgt bei einer Aktie, die von 40,00 auf 53,25 Dollar steigt, einschließlich der erhaltenen Dividenden 12,8 Prozent. Das kommt unserer Renditeschätzung von 12,5 Prozent sehr nahe, die wir berechnet haben, indem wir die anfängliche Dividendenrendite von 2,5 Prozent zu dem erwarteten Gewinnwachstum in Höhe von zehn Prozent addiert haben. Die kleine Differenz zwischen den beiden Renditen ergibt sich aus den Zeitpunkten der Dividendenausschüttungen (siehe Tabelle 3.2).

Wandeln wir nun das Beispiel leicht ab. Nehmen wir an, alle Annahmen bleiben gleich, aber am Ende der drei Jahre sind die Anleger bereit, für die Gewinne mehr zu bezahlen, sodass das KGV auf 12 steigt. In diesem Szenario steigt der Aktienkurs auf 63,89 Dollar (das Zwölffache der 5,32 Dollar Gewinn pro Aktie). Dann beträgt die durchschnittliche Jahresrendite über drei Jahre 19,7 Prozent statt 12,7 Prozent. Die Bereitschaft der Anleger, für den Gewinn mehr zu bezahlen, wirkt sich also wesentlich auf die Gesamtrendite aus.

Der Einfluss der Anlegererwartungen

An diesem Punkt ist Ihnen vielleicht ein möglicher Widerspruch aufgefallen. Weiter oben habe ich den meines Erachtens wichtigsten Grundsatz der Geldanlage in Aktien erwähnt: Der hauptsächliche Grund, eine einzelne Aktie zu kaufen, ist die Überzeugung, ihr aktueller Kurs sei zu niedrig, weil die Anleger das künftige Gewinn- und Dividendenwachstum des Unternehmens unterschätzen. Ich schrieb, der Kurs einer Aktie steige nur dann, wenn das Unternehmen besser läuft als von der Allgemeinheit erwartet, wenn es also positiv überrascht. Jedoch sehen wir an dem Beispiel deutlich, dass der Aktienkurs gestiegen ist, weil die Dividenden und der Gewinn gestiegen sind – obwohl die Anleger für diese Gewinne nur das gleiche Vielfache zu zahlen bereit waren. Die Aktie ist ohne jeglichen Bezug auf die Anlegererwartungen gestiegen. Sie ist aufgrund der Mathematik gestiegen.

Als die Anleger bereit waren, pro Dollar Gewinn zwölf statt zehn Dollar zu bezahlen, stieg die Jahresrendite über drei Jahre von 12,8 auf 19,7 Prozent. Warum sollten aber die Anleger bereit sein, pro Dollar Gewinn der Aktie mehr zu bezahlen? Laut der konventionellen Finanztheorie könnten sie dazu bereit sein, weil sie glauben, Dividenden und Gewinne würden in Zukunft schneller wachsen. Erinnern

Sie sich daran, dass der heutige Preis einer Aktie dem Gegenwartswert (also dem Wert in heutigen Dollar) aller künftigen Dividenden entsprechen sollte. Wenn die Anleger zu dem Schluss kommen, dass die Dividenden schneller wachsen werden, sind sie vielleicht bereit, für die Aktie mehr zu bezahlen. Sie bezahlen ein höheres Vielfaches des heutigen Gewinns, sodass das KGV steigt. Ein scharfsinniger Anleger ist vielleicht schon zuvor zu dem Schluss gekommen, die Wachstumsaussichten des Unternehmens seien besser als die in den Aktienkurs eingepreisten, und hat dieses Wissen genutzt, indem er Aktien nachgekauft hat, bevor das KGV gestiegen ist. Wenn hingegen das Unternehmen enttäuscht und weniger Gewinn erzielt hat als erwartet oder wenn es Anzeichen dafür gab, dass das Gewinnwachstum nachlässt, dann fällt der Aktienkurs, weil ein geringeres Dividendenwachstum erwartet wird. Dann bezahlen die Anleger pro Dollar aktuellem Gewinn weniger und das Kurs-Gewinn-Verhältnis sinkt.

Letztlich dreht sich alles um Erwartungen. Ende 2017 kostete die Aktie von Amazon 1.169 Dollar. Ihr Kurs-Gewinn-Verhältnis betrug bezogen auf die 6,15 Dollar Gewinn pro Aktie der vorangegangenen zwölf Monate 190.[12] Amazon schüttet keine Dividende aus. Von dieser Aktie wird Großes erwartet. Hätte ich Anfang 2018 ein paar Aktien von Amazon gekauft und würde sie fünf Jahre lang halten, dann würde meine Gesamtrendite zwar auch davon abhängen, ob die Gewinne des Unternehmens steigen, aber noch mehr davon, ob die Gewinne schneller oder langsamer steigen, als es die Anleger vorhersehen. Wachsen die Gewinne langsamer, sinkt das Kurs-Gewinn-Verhältnis und ich könnte mit meinem Investment einen Verlust erleiden. Wachsen die Gewinne schneller als erwartet, mache ich mit meinem Investment mit höherer Wahrscheinlichkeit Gewinn. Wachsen die Gewinne schnell genug, kann ich selbst dann mit meiner Anlage einen Gewinn erzielen, wenn das KGV sinkt.

Zum Beispiel betrug der Jahresgewinn 2017 von Amazon 6,15 Dollar pro Aktie. Nehmen wir an, Amazon steigert seinen Gewinn in den nächsten fünf Jahren jährlich um 14 Prozent, sodass er sich im Jahr 2022 auf 11,84 Dollar beläuft. Wenn die Anleger in fünf Jahren bereit sind, das 100-Fache dieses Gewinns zu bezahlen, steht die Amazon-Aktie in fünf Jahren bei 1.184 Dollar (100 x 11,84 Dollar). Das wäre nicht weit weg von den 1.169 Dollar von Ende 2017. Sind die Anleger in fünf Jahren bereit, mehr als das Hundertfache des Gewinns zu bezahlen, mache ich Gewinn, wenn sie weniger zu zahlen bereit sind, mache ich Verlust.

Niemand kann wissen, ob Amazon besser oder schlechter laufen wird als erwartet, aber wenn man einen aus 100 Papieren bestehenden Aktienkorb mit einem durchschnittlichen KGV von 10 mit einem Aktienkorb mit einem durchschnittlichen KGV von 190 vergleicht, stehen die Chancen gut, dass der Korb mit den billigen Aktien eine bessere Performance bringt als der mit den teuren Aktien, ganz einfach deshalb, weil die Erwartungen an den billigeren Korb so gering sind und er die Anleger wahrscheinlich dadurch überraschen wird, dass die Gewinne höher ausfallen als erwartet.

In unserem Beispiel ist der Gewinn von Amazon im Jahr 2018 um mehr als 220 Prozent auf 20,14 Dollar in die Höhe geschnellt. Der Aktienkurs ist zum Jahresende 2018 auf 1.478 Dollar gestiegen, also um 26 Prozent. Da der Gewinn viel schneller gestiegen ist als der Aktienkurs, betrug das KGV von Amazon Ende 2018 nur noch 73, nachdem es Anfang des Jahres noch bei 190 gelegen hatte (siehe Tabelle 3.4).

Tabelle 3.4: Die Amazon-Aktie

	2017	2023
Kurs = KGV x Gewinn pro Aktie	$1.169,00	$1.184,13
Gewinn pro Aktie	$6,15	$11,84
Wachstum des Gewinns je Aktie	14,0%	14,0%
KGV	190	100

Wieso ein Kammerjäger 80 Prozent Rendite erzielen kann

In der Einführung zu diesem Buch habe ich erzählt, dass ein Kammerjäger dachte, 80 Prozent seien eine vernünftige Aktienrendite. Was müsste hinsichtlich der drei Renditefaktoren mit Aktien passieren, damit sie eine derartige Performance bringen? Entweder müsste der Gewinn pro Aktie unglaublich schnell wachsen oder die Anleger müssten bereit sein, für Aktien viel mehr zu bezahlen als heute. Anders gesagt wäre ein hohes Cashflow-Wachstum oder eine starke Veränderung des KGVs nötig. Wie wir am Beispiel Amazon gesehen haben, kann dies zwar bei einzelnen Aktien passieren, aber für die Gesamtheit der Aktien ist es unwahrscheinlich, denn auf lange Sicht kann das aggregierte Gewinnwachstum der Aktien nicht größer sein als das gesamt Wirtschaftswachstum. Der Wirtschaftsnobelpreisträger Milton Friedman schrieb dazu: „Wenn die Gewinne außerordentlich hoch sind, rauschen sie nicht einfach weiter nach oben. Sie können nicht der ökonomischen Schwerkraft entfliehen."[14] Gehen wir der Frage nach, was er mit ökonomischer Schwerkraft meint.

Vom Zusammenhang der Unternehmensgewinne mit dem Wirtschaftswachstum

Das Wirtschaftswachstum gibt an, wie sich der Wert der von einer Volkswirtschaft produzierten Waren und Dienstleistungen von einem Zeitraum zum nächsten verändert. Diese Wirtschaftsleistung wird als Bruttoinlandsprodukt oder kurz als BIP bezeichnet. Die Statistikbehörden berechnen das BIP anhand des Geldes, das die Privathaushalte, die Unternehmen und der Staat in einer Periode ausgeben, oder sie analysieren die Einkünfte, die die Haushalte, die Unternehmen und der Staat bezogen haben.

Anders gesagt gehen die Einkünfte der Wirtschaftsbetriebe – was nichts anderes ist als die Unternehmensgewinne – in die Berechnung des BIP-Wachstums ein. Daher wächst die Wirtschaft umso schneller, je schneller die Unternehmensgewinne wachsen. Indes können die Unternehmensgewinne nur dann wachsen, wenn die Unternehmen mehr Waren und Dienstleistungen verkaufen oder wenn sie ihre Ausgaben senken, denn der Gewinn ist gleich Einnahmen minus Ausgaben. Die Ausgaben der Unternehmen bestehen aus den Mitarbeitergehältern und den Kosten für Waren und Dienstleistungen, die sie anderen Unternehmen abkaufen. In der Gesamtheit ist das Maß, in dem die Unternehmen ihre Gewinne durch Ausgabensenkungen steigern können, begrenzt, denn irgendwann würden die Lohnsenkungen dazu führen, dass die Haushalte weniger Geld haben, um den Unternehmen Dinge abzukaufen; das würde das Umsatzwachstum und letztlich auch die Unternehmensgewinne hemmen.

Ähnlich ist es, wenn das erhöhte Gewinnwachstum auf zunehmendem Absatz beruht, denn dann müssen ja die Haushalte und die Unternehmen die ganzen zusätzlichen Waren und Dienstleistungen kaufen. Stammt der gesteigerte Umsatz von anderen Unternehmen, haben die Unternehmen, die etwas kaufen, höhere Ausgaben, sodass ihr Gewinn sinkt. Somit werden die steigenden Gewinne gewisser Unternehmen durch die sinkenden Gewinne anderer Unternehmen ausgeglichen. Damit die Haushalte die zusätzlichen Waren und Dienstleistungen kaufen können, brauchen sie mehr Einkommen, das sie von ihren Arbeitgebern in Form höherer Löhne und Gehälter beziehen – was wiederum nachteilig auf die Profitabilität der Unternehmen wirkt, weil dadurch ihre Ausgaben steigen.

Diese Zusammenhänge zwischen Einnahmen und Ausgaben der Unternehmen und der Haushalte sind der Grund, weshalb Friedman schrieb, die Unternehmensgewinne könnten „nicht der ökonomischen Schwerkraft entfliehen".[15]

Die Auswirkungen von Aktienemissionen und Aktienrückkäufen

Man kann bei der Einschätzung der Aktienrenditen vernünftigerweise davon ausgehen, dass die Gesamtheit der Umsätze und Gewinne der Unternehmen genauso schnell wächst wie die Volkswirtschaft. Die Sache hat aber einen Haken. Es mag sein, dass die Gesamtheit der Unternehmensgewinne genauso schnell wächst wie die Wirtschaft, aber das relevante Maß, um die künftigen Renditen von Aktien anhand unserer drei Renditefaktoren einzuschätzen, ist ja nicht das gesamte Gewinnwachstum, sondern das Gewinnwachstum pro Aktie. Die obigen Aktienbeispiele bezogen sich jeweils auf eine Aktie. Aber was passiert, wenn Unternehmen zusätzliche Aktien ausgeben oder wenn neue Unternehmen gegründet werden, die Aktien ausgeben? Das bedeutet, dass der aggregierte Gewinn der Unternehmen sich auf mehr Aktien verteilt. Wächst der aggregierte Gewinn der Unternehmen so schnell wie die Volkswirtschaft, bewirkt die laufende Emission von Aktien durch bestehende und neue Unternehmen, dass insgesamt der Gewinn pro Aktie langsamer wächst als durch das nominale BIP-Wachstum angezeigt.

Und so ist es tatsächlich. Auf lange Sicht hinkt das Wachstum der Gewinne je Aktie dem Wirtschaftswachstum hinterher, denn die Anzahl der umlaufenden Aktien steigt, weil bestehende und neue Unternehmen neue Aktien ausgeben. Mit langer Sicht meine ich hier Jahrzehnte. Von einem Jahr zum anderen können die Gewinne pro Aktie sehr unterschiedlich ausfallen.

Ed Easterling, der Gründer von Crestmont Research, hat gezeigt, dass Jahrzehnt für Jahrzehnt eine positive Beziehung zwischen dem nominalen BIP-Wachstum und dem Wachstum der Unternehmensgewinne besteht. Doch auch wenn in allen Jahrzehnten von 1960 bis 2010 das Wachstums der Gewinne pro Aktie mit dem nominalen BIP-Wachstum korreliert war, so hinkte es ihm trotzdem hinterher. Beispielsweise wuchs das BIP in den Vereinigten Staaten in den 1960er-Jahren um durchschnittlich 5,9 Prozent jährlich, der durchschnittliche Gewinn je Aktie hingegen nur um 4,4 Prozent. Von 2000 bis 2010 betrug das durchschnittliche nominale BIP-Wachstum 5,2 Prozent und das durchschnittliche Wachstum der Gewinne je Aktie 4,4 Prozent.[16]

Das Jahrzehnt, das 2010 begonnen hat, ist eine große Ausnahme von diesem Muster. Von 2010 bis 2017 wuchs das BIP der Vereinigten Staaten im Schnitt um 3,5 Prozent pro Jahr, der durchschnittliche Gewinn je Aktie hingegen um 6,5 Prozent. Das sieht durchaus danach aus, als würden die Unternehmensgewinne der ökonomischen Schwerkraft entfliehen. Was ist geschehen? Die Unternehmen sind profitabler geworden. Der Gewinn, den sie mit einem Dollar Umsatz erwirtschaften, ist gestiegen. Das heißt, dass ihre Gewinnspannen/ Ertragsmargen gewachsen sind.[17]

Normalerweise müsste zunehmender Wettbewerb dazu führen, dass die überdurchschnittliche Profitabilität wieder auf üblichere Niveaus zurückkehrt. Das war in diesem Jahrzehnt allerdings nicht der Fall. Jeremy Grantham, Mitgründer der Investmentfirma GMO, schreibt diesen Anstieg der Profitabilität amerikanischer börsennotierter Unternehmen einer Kombination aus niedrigen Zinsen, höherer Verschuldung, mehr Markenmacht, mehr politischer Macht und mehr Monopolmacht zu.[18]

Eine weitere Änderung in diesem Jahrzehnt besteht darin, dass die Anzahl der Unternehmen, die ihre Aktien an der Börse zurückkaufen, signifikant gestiegen ist. Dies vermindert die Anzahl der umlaufenden Aktien, was selbst dann zu einem Anstieg des Gewinns je Aktie führt, wenn der gesamte Gewinn des Unternehmens gleich bleibt. Wenn die aggregierten Gewinne genauso schnell wachsen wie die Wirtschaft, aber die Anzahl der Aktien sinkt, wächst der Gewinn pro Aktie schneller als die Wirtschaft.[19]

Die Gründe der überdurchschnittlichen Profitabilität sind weiterhin Gegenstand von Debatten. Die wichtigste Erkenntnis ist, dass dann, wenn die Unternehmensgewinne weiterhin schneller wachsen sollten als die Wirtschaft, auch die Ertragsmargen weiter wachsen müssen. Anders gesagt werden die Unternehmen den Betrag steigern müssen, den sie pro eingenommenem Dollar als Gewinn behalten können. Alternativ könnte der Gewinn je Aktie auch dann weiterhin schneller wachsen als die Wirtschaft, wenn das Aufkommen an Aktienrückkäufen weiterhin so hoch bleiben würde. Wenn jedoch die Ertragsmargen nicht steigen, aber auf überdurchschnittlichem Niveau bleiben, und wenn wieder das historische Muster einkehrt, dass die Gesamtzahl der Aktien steigt, dann wird das Wachstum der Gewinne je Aktie wieder hinter dem nominalen BIP-Wachstum zurückbleiben, weil neue Unternehmen gegründet werden und bestehende Unternehmen neue Aktien ausgeben. Wenn außerdem noch die Ertragsmargen auf die historischen Niveaus zurückkehren, wird das Gewinnwachstum in der Übergangsphase sogar erheblich hinter dem nominalen BIP-Wachstum zurückbleiben.[20]

Da der Gewinn je Aktie normalerweise langsamer wächst als das BIP, ist es vernünftiger, den Anstieg der Aktienkurse unter der Annahme einzuschätzen, dass das Wachstum der Gewinne je Aktie im Gleichschritt mit dem Pro-Kopf-BIP verlaufen wird. Das Wachstum des Pro-Kopf-BIPs gibt das um das Bevölkerungswachstum bereinigte BIP-Wachstum an. Die pro Person produzierten Waren und Dienstleistungen liegen normalerweise aufgrund des Bevölkerungswachstums hinter dem gesamtwirtschaftlichen Wachstum zurück. Wissenschaftler und Praktiker wie Rob Arnott von Research Affiliates haben eine enge Beziehung zwischen dem Gewinn- und Dividendenwachstum einerseits und dem Wachstum des Pro-Kopf-BIPs andererseits festgestellt.[21]

WIE MAN DIE RENDITEN
IN SEINEM PORTFOLIO BEURTEILT

Eines unserer Ziele bei der Beantwortung der Frage „Was ist es?" besteht darin, die Vorteile einzuschätzen, die bei einem Investment winken – seine erwartete Rendite. Selbstverständlich können wir nicht mit Sicherheit wissen, wie hoch diese Rendite sein wird, aber wenn wir uns auf die drei Performance-Faktoren konzentrieren – auf unsere Faustregeln –, dann können wir unsere Erwartungen in der Realität verankern, sodass wir uns nicht wie mein Kammerjäger von Fantasien täuschen lassen, wir könnten 80 Prozent im Jahr erwirtschaften.

Nehmen wir als Beispiel an, die US-amerikanischen Anleihe-ETFs hätten eine SEC-Rendite von 3,5 Prozent und die US-amerikanischen Aktien-ETFs hätten eine Dividendenrendite von 2,0 Prozent. Nehmen wir des Weiteren an, die US-amerikanischen Immobilientrust-ETFs (REIT-ETFs), bei denen es sich um börsennotierte Gesellschaften handelt, die Immobilien einschließlich Bürogebäuden, Lagerhäusern und Einzelhandelsflächen besitzen, hätten eine Rendite von 4,0 Prozent. Wenn sich sonst nichts ändert, entsprechen diese Renditen dem, was diese Investments im nächsten Jahr einbringen werden. Bei diesen Beispielen verwenden wir Wertpapierkörbe in Form von ETFs, sodass sich die Dividendenrenditen tendenziell nur nach und nach ändern. Bei einer einzelnen Aktie oder einem einzelnen REIT kann sich die Dividendenrendite hingegen drastisch ändern, wenn das Unternehmen die Dividende kürzt oder streicht (siehe Tabelle 3.5).

Sehen wir uns nun unseren zweiten Renditefaktor an. Wird der aus Dividenden, Zinsen oder Mieten bestehende Cashflow im Laufe der Zeit steigen? Im Falle des US-Anleihe-ETFs könnte der Cashflow steigen, wenn die Zinsen steigen, weil der Anleihemanager dann in höher verzinste Anleihen reinvestiert, allerdings werden diese höheren Einnahmen durch den Preisrückgang aufgrund der steigenden Zinsen wieder ausgeglichen.

Tabelle 3.5: Geschätzte Renditebeispiele

Anlage	Rendite/ Dividende	Cashflow	Erwartungs- rendite
US-Anleihen	3,5%	–	3,5%
US-Aktien	2,0%	4,5%	6,5%
US-REITs (Real Estate Investment Trusts)	4,0%	4,5%	8,5%

Bei Aktien steigt der Cashflow im Laufe der Zeit, wenn die Gewinne pro Aktie steigen. Nehmen wir an, bei den US-Aktien und den US-REITs wachsen die Gewinne und die Cashflows um 4,5 Prozent jährlich. Wenn die Anleger in ein paar Jahren bereit sind, für Aktien und REITs das Gleiche zu bezahlen wie heute, ist unter diesen Annahmen die Erwartung vernünftig, dass die Aktien eine Rendite von 6,5 Prozent haben werden (2,0 Prozent Dividendenrendite plus 4,5 Prozent Gewinnwachstum). Bei den REITs beträgt die Erwartungsrendite unter diesen Annahmen 8,5 Prozent (4,0 Prozent Dividendenrendite plus 4,5 Prozent Wachstum des Cashflows pro Anteil).

Der größte Joker ist die Frage, ob die Anleger bereit sein werden, für diesen Cashflow in ein paar Jahren das Gleiche zu bezahlen wie heute. Sind sie das nicht, fällt die Gesamtrendite niedriger oder höher aus als diese Beispielschätzungen für US-Aktien und US-REITs. Wenn sie bereit sind, für den Cashflow mehr zu bezahlen, fallen die Renditen höher aus als diese Schätzungen.

Es kann zugegebenermaßen zeitraubend sein, anhand dieser Faustregeln Annahmen zu den Erwartungsrenditen von Aktien und anderen Anlageklassen zu entwickeln. Während die Dividendenrenditen und das KGV des gesamten Aktienmarkts problemlos bei Indexanbietern wie etwa MSCI zugänglich sind, ist die Ermittlung des Wachstums der Gewinne je Aktie eine größere Herausforderung. Die Weltbank bietet historische Daten wie das reale Pro-Kopf-BIP an, zu dessen Wachstum man eine angenommene Inflationsrate addieren und so eine Näherung für das durchschnittliche Wachstum des Gewinns pro Aktie erhalten kann. In welchem Maße fortgesetzte Aktienrückkäufe aber dazu führen werden, dass die Gewinne pro Aktie schneller wachsen als das nominale Pro-Kopf-BIP, ist ungewiss.[22]

Anstatt die Annahmen zur Erwartungsrendite selbst zu berechnen, kann man sie auch von einer Reihe von Investmentfirmen wie etwa Research Affiliates[23] und GMO[24] beziehen, die ihre Annahmen zur Asset Allocation der Allgemeinheit zugänglich machen. Diese Firmen verwenden für die Entwicklung ihrer Renditeannahmen eine ähnliche Methode wie die in diesem Kapitel dargestellte.

EIN VERNÜNFTIGERER FINANZPLAN

Der Finanzplaner meines Hörers kam zu dem Schluss, dieser könne sich heute zur Ruhe setzen, wenn es ihm gelingen würde, mit seinem aktuellen Vermögen eine Jahresrendite von 7,6 Prozent zu erzielen, aber er hatte diese Renditeschätzung aus historischer Performance abgeleitet. Machen wir nun eine realistischere Annahme der künftigen Renditen – 6,5 Prozent für Aktien und 2,2 Prozent für Anleihen –, die auf den Bedingungen zu dem Zeitpunkt basiert, zu dem er den Plan erstellte. Wenn das Vermögen zu 71 Prozent in Aktien und zu 29 Prozent in Anleihen investiert wird, ergibt sich eine revidierte langfristige Jahresrendite von 5,3 Prozent. Das sind solidere Zahlen, auf die man einen Finanzplan gründen kann. Außerdem bedeuten sie, dass mein Hörer wahrscheinlich noch zehn Jahre oder länger wird arbeiten müssen und sich nicht mit 41 Jahren zur Ruhe setzen kann.

Nun, wo Sie über Faustregeln für die Einschätzung der Vorteile einer Geldanlage verfügen, besitzen Sie eine Grundlage zur Beurteilung der Investment-Annahmen von Finanzplanern oder anderen Praktikern. Sie können einhaken und fragen, wie jemand, der außerordentlich hohe Renditen verspricht, zu diesen Annahmen gekommen ist. Es ist zu hoffen, dass Sie genug Entschlossenheit und Selbstvertrauen besitzen, um nicht blind der Masse zu folgen und sich an der neuesten Anlagemode zu beteiligen, sondern Ihre Renditeerwartungen an vernünftigen Niveaus festmachen, indem Sie verschiedene Anlagemöglichkeiten miteinander vergleichen.

ZUSAMMENFASSUNG

- Es ist gefährlich, historische Renditen als Grundlage für die Einschätzung der Vorteile oder der Erwartungsrendite einer Anlageklasse zu verwenden, denn die Bedingungen, die zu diesen historischen Renditen geführt haben, sind in der Zukunft möglicherweise nicht gegeben.

- Faustregeln sind einfache, aus zugrunde liegenden Prinzipien abgeleitete Muster, an die man sich halten kann, ohne Fachmann sein zu müssen.

- Die Faustregeln für die Ermittlung der Erwartungsrendite einer Geldanlage beruhen auf drei Performance-Faktoren: Cashflow, Cashflow-Wachstum und mögliche Änderung dessen, was die Anleger in Zukunft für den Cashflow zu zahlen bereit sind.

- Die beste Schätzung für die Erwartungsrendite eines Anleihefonds oder eines Anleihe-ETFs über eine Halteperiode von sieben Jahren oder länger ist die derzeitige SEC-Rendite oder Rückzahlungsrendite. Im Falle hochverzinslicher Anleihen sollte man die SEC-Rendite um mindestens 2,6 Prozent reduzieren, um etwaige Zahlungsausfälle zu berücksichtigen.

- Die Duration gibt an, wie empfindlich eine Anleihechance kurz- bis mittelfristig auf Zinsschwankungen reagiert. Je höher die Duration, umso stärker sinkt der Kurs, wenn die Zinsen steigen.

- Die herrschenden Zinsen basieren auf den Erwartungen der Anleger bezüglich der Inflation, der künftigen kurzfristigen Zinsen und auf der zusätzlichen Entschädigung, die Anleger für die Unsicherheit bezüglich dieser Erwartungen verlangen.

- Wenn eine einzelne Aktie eine extrem hohe Rendite generiert, liegt das entweder daran, dass der Cashflow gewaltig gestiegen ist, oder daran, dass die Anleger bereit sind, für den bestehenden Cashflow sehr viel mehr zu bezahlen.

- Die Rendite eines diversifizierten Aktienkorbs, der beispielsweise in Form eines breit angelegten ETFs erhältlich ist, fällt auf lange Sicht selten zweistellig aus, weil der Cashflow nicht schneller wachsen kann als die Gesamtwirtschaft.

- Die Verwendung der Faustregeln, um eine Anlagerendite zu schätzen, trägt dazu bei, dass wir auf dem Teppich bleiben und uns nicht von der neuesten Anlagemode mitreißen lassen, die schnellen Reichtum verspricht.

4

Welcher Verlust droht?

Faustregeln zum Abschätzen von Risiken

DIE ZEHN FRAGEN

1. Was ist es?
2. Ist es Geldanlage, Spekulation oder Glücksspiel?
3. Welcher Vorteil winkt?
4. **Welcher Verlust droht?**
5. Wer steht auf der anderen Seite des Trades?
6. Was ist das Anlagevehikel?
7. Was braucht man, um erfolgreich zu sein?
8. Wer sahnt dabei ab?
9. Wie wirkt es sich auf Ihr Portfolio aus?
10. Sollten Sie investieren?

FRAGE 4: WELCHER VERLUST DROHT?

Der potenzielle Nachteil einer Geldanlage ist der maximal mögliche Verlust und der persönliche finanzielle Schaden, der daraus entsteht. Wenn man die möglichen Verluste einer Anlage untersucht, ist das Ziel die Vermeidung irreparabler finanzieller Schäden, nicht die völlige Vermeidung von Verlusten. Wenn man bei der Geldanlage jegliche Verlustmöglichkeit ausschaltet, senkt man das Risiko wahrscheinlich zu sehr, und dann hält das Portfolio womöglich nicht mit der Inflation Schritt.

Nach der Highschool arbeitete ich ein Jahr lang im Netherland Plaza Hotel in der Innenstadt von Cincinnati. Das Hotel hatte gerade nach einer größeren Sanierung wiedereröffnet, die seine frühere Art-déco-Pracht wiederhergestellt hatte. Ich reihte mich unter Hunderte weitere Bewerber ein und nach mehreren Vorstellungsgesprächen wurde mir eine Stelle als Oberkellner angeboten. Nachdem ich diese angetreten hatte, lernte ich, dass Oberkellner in Hotels Geschirr spülen und Küchenböden wischen.

Im Rahmen meines Spüldienstes bediente ich eine große Geschirrspülmaschine in der Küche des Hauptrestaurants des Hotels. Meine Aufgabe war es, die mit schmutzigem Geschirr vollgestapelten Tabletts so schnell wie möglich abzuräumen, die Teller und Gläser in Körbe zu stellen und diese dann in die Maschine zu schieben. Wenn ich nicht schnell genug war, wurde der Tisch, auf dem die Bedienhilfen ihre vollen Tabletts abstellten, voll und die Abläufe des Restaurants gerieten ins Stocken. Ich lernte, Restflüssigkeiten schnell aus den Gläsern zu schütten und diese in die Kunststoffkörbe zu stellen. Schnell merkte ich, dass Sektgläser mit ihren dünnen Stielen und empfindlichen Rändern auf Schnelligkeit nicht gut reagieren. Ich zerbrach mindestens ein halbes Dutzend Sektgläser, bevor ich lernte, mich zu bremsen, wenn ich sie in den Korb stellte. Sektgläser brauchen Stabilität. Je sprunghafter die Bewegungen, desto wahrscheinlicher ist es, dass die Gläser zerbrechen.

Bei der Geldanlage gibt die Volatilität – die „Sprunghaftigkeit" – an, wie sehr ein Wertpapier oder eine Anlageklasse von seiner/ihrer Erwartungsrendite abweicht. Bargeld ist kaum volatil, denn sein Preis ändert sich von Tag zu Tag so gut wie nicht. Aktien sind viel volatiler – schwankungsfreudiger oder wechselhafter –, weil sie große Preisschwankungen aufweisen können.

Im vorigen Kapitel haben wir gesehen, dass man, wenn man die Attraktivität einer Investmentgelegenheit beurteilt, ihre Erwartungsrendite (also ihren Gewinn) verstehen muss, der auf drei Faktoren beruht: Cashflow, Cashflow-Wachstum und die potenzielle Änderung dessen, was die Anleger in Zukunft für den Cashflow bezahlen werden. Die Preise von Investments steigen und fallen, wenn die Anleger das künftige Cashflow-Wachstum oder den Preis, den sie für den Cashflow zu zahlen bereit sind, neu beurteilen. Diese ständige Neubewertung führt zu Schwankungen. Man hat als Anleger nichts gegen Schwankungen – Volatilität – einzuwenden, wenn die Neubewertung seitens der Anleger zu überdurchschnittlichen Renditen führt. Was wir fürchten, ist hingegen die abwärts gerichtete Volatilität. Bevor man irgendeine Investition tätigt, muss man die Frage beantworten: „Welcher Verlust droht?" Wie viel würde man verlieren, wenn die Dinge nicht laufen wie geplant? Wir werden in diesem Kapitel sehen, dass der Nachteil einer Geldanlage nicht nur vom potenziellen Verlust, sondern auch von dem persönlichen Schaden abhängt, den der Verlust verursacht.

DURCH DIE GLOBALE FINANZKRISE 2008

Wie viele von Ihnen werde auch ich niemals die sechs Monate von September 2008 bis März 2009 vergessen, als es so aussah, als würden das Finanzsystem und die Weltwirtschaft vollständig zusammenbrechen. In jener Zeit wurden wir daran erinnert, wie schwerwiegend die Verluste riskanter Wertpapiere wie beispielsweise Aktien und hochverzinslicher Anleihen sein können. Ich arbeitete damals als institutioneller Anlageberater und Vermögensverwalter. Meine Kunden hatten Angst, meine Partner waren besorgt und ich war wochenlang fassungslos.

Am 15. September 2008 meldete die Investmentbank Lehman Brothers Insolvenz an – der größte Bankrott der Geschichte. Ich war wegen eines Kundentermins in San Diego und erfuhr die Neuigkeit zufällig in der Präsidentensuite des Hotels The Westin San Diego. Dort sah ich mir – zwischen einem Konzertflügel, einem großen Konferenztisch sowie zahllosen Sofas und Sesseln – das finanzielle Gemetzel im Fernsehen an. An diesem Tag fiel der US-Aktienmarkt um fast fünf Prozent.

„Schmeißt eure Geschichtsbücher aus dem Fenster, das hier lässt sich mit nichts vergleichen", sagte Jim Dunigan, der Chief Investment Officer von PNC Advisors. Er fuhr fort: „Jede Spekulation, in welcher Runde wir uns befinden, wird schwierig, denn jeder Schritt des Weges scheint einen neuen Absacker zu bringen."[1]

Art Hogan, der leitende Marktstratege von Jefferies & Co., sagte: „So etwas haben wir noch nie erlebt. Dafür gibt es keinen Fahrplan."[2]

Ein befreundeter Kollege rief mich im Hotel an und fragte mich, wie das enden würde. Ich sagte ihm das Gleiche, was ich am nächsten Tag den Mitgliedern des Finanzausschusses meines Kunden – einer juristischen Fakultät – sagte: Irgendwann würden die Wirtschaft und die Märkte wieder auf die Beine kommen. Einen Monat später, im Oktober, wiederholte ich das im Marktkommentar meiner

Firma zum dritten Quartal 2008: „Wir sind überzeugt, dass diese Baisse enden wird, so wie alle Baissen irgendwann enden. Auch sind wir überzeugt, dass in Anlageklassen, die in Zeiten großer Angst gekauft werden, mehr positive als negative Überraschungen stecken."

Warum war ich dieser Überzeugung? Was konnte der Katalysator für eine Rückkehr zur Normalität sein? Ich fuhr fort: „Wenn man ein Portfolio hält, das aus Tausenden Wertpapieren besteht, und wenn man bei Vermögensverwaltungen investiert, die jeweils Hunderte Anleihen oder Aktien halten, ist der Katalysator der Kapitalismus an sich und die Widerstandsfähigkeit unserer freien Marktwirtschaft. Der Katalysator ist die Neigung des Menschen, von Gier in Angst und dann wieder in Gier zu verfallen. Wir erwarten, dass das Wirtschaftswachstum zurückkehrt, dass die Angst abflaut und dass die Anleger den Wert unterbewerteter Anlageklassen wieder nach oben treiben werden, so wie sie es schon immer getan haben." Im Hinblick auf unsere Investment-Faustregeln rechneten wir damit, dass das Cashflow-Wachstum wieder anziehen würde und dass die Anleger für die Zahlungsströme wieder vernünftige Bewertungen bezahlen würden.

Davon war ich zwar überzeugt, aber ich konnte nicht wissen, wann es geschehen würde. Gegen Ende Oktober schrieb ich in mein Tagebuch: „Auf das Jahr gesehen stehen die Aktienmärkte 50 Prozent im Minus und das [Anlage-]Produkt, das ich manage, steht 30 Prozent im Minus. Ich hatte eigentlich vor, das Unternehmen Ende 2010 mit einer beträchtlichen Menge Kapital zu verlassen. Jetzt befürchte ich, dass das Ding implodiert, weil wir Kunden verlieren. Noch sind keine weggelaufen und wir werden sehen, aber wir machen uns auf das Schlimmste gefasst."

Was für mich beim Finanzkollaps so schlecht ins Bild passte, war die Tatsache, dass alles aussah wie immer. Nach wie vor bewegten sich Autos und Menschen hektisch auf der Straße unterhalb meines Hotelzimmers in San Diego. Später in diesem Herbst ging ich an einem Tag, an dem ein besonders gravierender Kursrutsch stattfand, durch den Flughafen von Houston. Ich betrachtete meine Mitreisenden und dachte mir: „Sie verhalten sich nicht anders. Alles scheint völlig normal zu sein."

Die Finanzmärkte waren hingegen alles andere als normal. Vom Börsenhoch am 31. Oktober 2007 bis zum Tief am 9. März 2009 fiel der MSCI All Country World Index um 58 Prozent, wobei der größte Teil der Verluste von September 2008 bis März 2009 eintrat.[3] Der MSCI Emerging Markets Stocks Index fiel vom 29. Oktober 2007 bis zum 27. Oktober 2008 um 65 Prozent.[4] Die US-amerikanischen Aktien fielen im Laufe der Baisse um 55 Prozent. Die hochverzinslichen Anleihen fielen um 30 Prozent, während die Spreads im Verhältnis zu US-Staatsanleihen dramatisch wuchsen.[6]

Zwei Anlageklassen, die während dieser Marktturbulenzen Sicherheit boten, waren Bargeld und US-Staatsanleihen. Sie brachten positive Renditen, weil die Anleger in diese sicheren Häfen strömten.

WAS IST RISIKO?

Die traditionelle Finanztheorie setzt das Risiko mit der Volatilität gleich, konkret gesagt mit dem Ausmaß der Schwankungen oder Bewegungen um eine durchschnittliche oder eine erwartete Rendite. Elroy Dimson, emeritierter Finanzprofessor der London Business School, hat eine breitere Risikodefinition, die mir gefällt: „Es kann mehr passieren, als wirklich passiert."[7] Die Liste der guten und schlechten Dinge, die möglicherweise passieren werden, ist viel länger als die Liste der Dinge, die tatsächlich passieren werden. Wir Menschen sehen uns das breite Spektrum der möglichen Ausgänge an, geben zu, dass es auch Ausgänge gibt, die wir nicht in Betracht gezogen haben (also Überraschungen), und handeln dann anhand des Geschehens, das wir erwarten.

Der Wirtschaftshistoriker Peter L. Bernstein hat einmal geschrieben, Risikomanagement „sollte ein Prozess sein, der sich mit den Folgen von Irrtümern [in unseren Erwartungen] befasst".[8] Risikomanagement richtet sich insbesondere darauf, den Schaden und das Leiden zu minimieren, die durch negative Ausgänge hervorgerufen werden. Ein Investment oder ein anderes Unterfangen, das man ins Auge fasst, ist riskanter, wenn ein breites Spektrum potenzieller Ausgänge vorliegt und der Schaden, der durch falsche Erwartungen verursacht wird, groß ist. Etwas ist weniger riskant, wenn ein schmales Spektrum potenzieller Ausgänge vorliegt und der Schaden, der durch falsche Erwartungen verursacht wird, klein ist.[9]

Beispielsweise sind kurzfristige US-Schatzanleihen weniger riskant als Aktien, weil bei kurzfristigen Anleihen ein schmaleres Spektrum potenzieller Ausgänge vorliegt, denn ihr Ausfallrisiko ist äußerst gering und sie reagieren weniger empfindlich auf Zinsänderungen. Aktien hingegen können im Zuge eines Abschwungs um mehr als 50 Prozent fallen – so geschehen während der globalen Finanzkrise der Jahre 2008 und 2009.

Es besteht ein Zusammenhang zwischen Volatilität und Verlusten. Volatilere Anlagen haben ein breiteres Spektrum potenzieller Ausgänge und das bedeutet eine höhere Wahrscheinlichkeit, dass manche Renditen negativ ausfallen und zu Verlusten führen. Risiko ist aber mehr als nur der absolute Verlust. Es ist der persönliche Schaden, den der Verlust verursacht. Für jemanden, der vorhatte, mit dem angelegten Geld die Anzahlung für ein Haus zu leisten oder sich damit zum Ende des Jahres zur Ruhe zu setzen, ist ein Kursrückgang der Aktien um 50 Prozent verheerend. Gehören die Aktien hingegen zu den noch mageren Rentenersparnissen eines jungen Anlegers, ist der Schaden durch einen Rückgang um 50 Prozent geringer.

Wie schon gesagt, der Nachteil einer Geldanlage hängt von ihrem potenziellen Verlust und von dem persönlichen Schaden ab, den der Verlust bewirkt. Für die meisten Menschen sind Investmentergebnisse asymmetrisch: Der durch einen Verlust bewirkte Schaden ist verheerender, als ein Gewinn vergleichbarer Höhe positiv wirkt. Vergleichen Sie beispielsweise einmal die Auswirkungen, die es auf Ihren Lebensstil hätte, wenn Ihr Gehalt um 20 Prozent gekürzt würde, mit denen, die eine Gehaltserhöhung um 20 Prozent hätte. Bei den meisten Menschen wäre der Schaden durch eine Gehaltskürzung um 20 Prozent größer als der Nutzen einer Gehaltserhöhung um 20 Prozent. Zudem wächst der Schaden nicht linear: Wenn das Gehalt um 40 Prozent gekürzt wird, ist das nicht etwa doppelt so schlimm wie bei 20 Prozent, sondern noch schlimmer. Der Schaden verläuft deshalb nicht linear, weil man ab diesem Punkt womöglich wichtige Rechnungen nicht mehr bezahlen kann und vielleicht sogar zur Privatinsolvenz gezwungen ist. In dieser Hinsicht sind viele von uns wie die Sektgläser, die ich als Spülmaschineneinräumer zerbrach. Eine starke Zunahme der abwärts gerichteten Volatilität kann uns genauso finanziell zerbrechen, wie ruckartige Bewegungen empfindliche Gläser zerbrechen können.

Risikotoleranz

Wenn die Verluste größer werden, wächst nicht nur der finanzielle Schaden exponentiell, sondern auch unser persönliches Verhalten ändert sich. Ich kenne Anleger, die nach der Finanzkrise 2008 nicht mehr an die Börse zurückgekehrt sind. Ein Finanzberater würde sagen, dass diese Anleger eine geringe finanzielle Risikotoleranz haben. Sie mögen die Unsicherheit nicht, die es mit sich bringt, wenn man in volatilere Anlageklassen investiert. John Grable, Professor für Finanzplanung an der University of Georgia, definiert Risikotoleranz als „Bereitschaft, sich auf riskantes Verhalten einzulassen, bei dem mögliche Ausgänge negativ sein können".[10]

Es ist üblich, dass Finanzplaner ihre Kunden bitten, einen Fragebogen auszufüllen, damit sie deren finanzielle Risikotoleranz besser einschätzen können. Anhand dieser Fragebögen wird ermittelt, wie hoch der Anteil volatilerer Anlageklassen wie beispielsweise Aktien sein soll. Diese Standardfragebögen zum Risiko sind allerdings mit mehreren Problemen behaftet.

Carrie H. Pan und Meir Statman haben in ihrer Forschungsarbeit auf einige dieser Probleme hingewiesen.[11] Sie merken an, dass sich die Risikotoleranz entsprechend den Umständen, den Marktbedingungen, den Erfahrungen der jüngeren Vergangenheit und sogar entsprechend den beurteilten Anlagen ändert. Zeiten mit hohen Aktienrenditen bringen manche Anleger zu der Überzeugung, Aktien seien eine Anlageklasse mit hohen Renditen und geringen Risiken, und darum äußern diese Anleger nach solchen Perioden die Bereitschaft, höhere Risiken in Kauf zu nehmen. Dagegen sind nach Börsencrashs wie dem im Jahr 2008 manche Anleger ängstlich und äußern eine geringe Risikotoleranz, weil sie meinen, Aktien seien eine Anlageklasse mit geringen Renditen und hohem Risiko. Womöglich haben manche dieser Anleger vor dem Crash noch angegeben, sie hätten eine hohe Risikotoleranz.[12]

Ein weiteres Problem an Fragebögen zur Risikotoleranz ist die Tatsache, dass wir dazu neigen, unsere Anlagen anhand unterschiedlicher Ziele in Segmente aufzuteilen. Infolgedessen kann unsere Risikotoleranz je nach dem infrage stehenden Investment unterschiedlich ausfallen. Die Risikotoleranz eines Anlegers kann bei einem Sparfonds für das Studium anders aussehen als bei einem Fonds, dessen Ziel es ist, kräftig abzusahnen, wenn ein aggressives Investment aufgeht.[13]

Und schließlich kann sich unsere Risikotoleranz aufgrund unserer persönlichen Erfahrungen ändern und uns veranlassen, unsere Portfolioaufteilung anzupassen. Im Laufe der Zeit sammeln wir Erfahrungen mit Geldanlagen und unsere finanziellen Umstände ändern sich. Womöglich machen uns diese Erfahrungen risikotoleranter oder weniger risikotolerant. Das hängt von unseren Anlageentscheidungen und von dem Muster der Marktrenditen ab. Haben wir unser Geld in einer längeren Phase überdurchschnittlicher Aktienrenditen angelegt oder befanden sich die Aktien in einem ausgedehnten Abwärtstrend, der von einzelnen schweren Verlusten geprägt war?

Verhaltenstendenzen bei Anlageentscheidungen

Es ist äußerst schwierig, eine Anlage oder ein Portfolio dadurch aus-zuwählen, dass man seine derzeitige oder zukünftige Risikotoleranz abschätzt, denn unser Risikoappetit ändert sich aufgrund unserer Er-fahrungen, unserer aktuellen Umstände und des mentalen Kontos, zu dem die Anlage gehört. Kurz gesagt: Unsere Risikoeinschätzung und unsere Risikoaversion sind veränderlich und verzerrt. Die Psy-chologen Daniel Kahneman und Amos Tversky bekamen den Nobel-preis für ihre bahnbrechenden Forschungen darüber, wie Menschen Entscheidungen treffen. Sie schrieben: „Wenn Menschen Vorhersa-gen und Urteile unter Ungewissheit fällen, [...] greifen sie auf eine begrenzte Anzahl von Heuristiken zurück, die manchmal vernünfti-ge Urteile liefern und manchmal zu schweren systematischen Feh-lern führen."[14] Ihre Untersuchungen ergaben, dass Menschen die Eintrittswahrscheinlichkeit eines Ereignisses beurteilen, indem sie das, was sie gerade beurteilen, mit einem Modell vergleichen, das sie im Kopf haben. Sind die derzeitigen Umstände repräsentativ für das Modell? Passen sie zu einem bestehenden Muster? Wir machen das unbewusst und wenn wir eine Entsprechung finden, stellt sich ein Bauchgefühl ein, dass etwas wahrscheinlich geschehen oder sich auf eine bestimmte Art und Weise abspielen wird.[15] Und sobald wir in-nerlich entschieden haben, dass etwas wahrscheinlich geschehen wird, ist es oft schwierig, diese Festlegung auszuhebeln.[16]

Die mentalen Modelle, die wir zu Vergleichszwecken heraufbe-schwören, beruhen häufig eher auf etwas, das wir erst kürzlich erlebt haben, als auf etwas, das eine breitere Stichprobe widerspiegelt.[17] Nachdem Anleger und Experten die globale Finanzkrise 2008 durch-litten hatten, war es in den Jahren danach nicht unüblich, dass sie vom Bauchgefühl her überzeugt waren, die eingehenden Finanz- und Wirtschaftsdaten würden anzeigen, dass eine Rezession oder eine Baisse unmittelbar bevorstehe. Manchmal findet der Verstand bei solchen mentalen Vergleichen keine passende Entsprechung. In anderen Fällen findet er sie nur allzu leicht und schließt daraus, ein Ereignis sei sehr wahrscheinlich, obwohl er das nicht tun sollte, weil die aktuellen Umstände einzigartig und/oder völlig zufällig sind. Und schließlich leiden wir bei der Entscheidungsfindung unter dem Rückschaufehler. Sobald etwas passiert ist, schreiben wir dem Ereignis eine viel höhere Wahrscheinlichkeit zu und vergessen, welch geringe Wahrscheinlichkeit wir ihm vorher zugeschrieben hatten.[18]

Der in diesem Buch dargelegte aus zehn Fragen bestehende Rahmen kann uns helfen, unsere uns innewohnenden Verhaltenstendenzen beim Fällen von Anlageentscheidungen zu überwinden oder zumindest zu erkennen. Anstatt uns auf den Bauch zu verlassen, können wir unsere positiven und negativen Renditeerwartungen auf objektivere Kriterien gründen, zum Beispiel auf den Zahlungsstrom, auf eine vernünftige Cashflow-Wachstumsrate, die an die ökonomische Schwerkraft gebunden ist, und an den Preis, den die Anleger derzeit für diesen Cashflow bezahlen.

MAXIMALE DRAWDOWNS UND ERHOLUNGEN

Wenn es um die potenziellen Nachteile einer Anlage geht, sollte man sich nicht auf irgendein Szenario versteifen, das der Verstand aufgrund von Erfahrungen der jüngeren Vergangenheit heraufbeschwört. Stattdessen sollte man im Rahmen eines objektiveren Vorgehens den stärksten historischen Preisrückgang eines Investments analysieren – den sogenannten maximalen Drawdown – und dann berechnen, wie viele Monate oder Jahre es gedauert hat, bis die Anlage diese Verluste wieder hereingeholt hat, also die Dauer der Erholung. Dann kann man einschätzen, welchen finanziellen Schaden man bei einer bestimmten Positionsgröße erleiden würde, wenn dieses Worst-Case-Szenario einträte. Zum finanziellen Schaden gehört auch, dass wir unseren Lebensstil, unser Ausgabeverhalten oder unsere Zukunftspläne ändern müssten.

Bei Aktieninvestitionen mittels eines Index-Investmentfonds oder eines ETFs kann man vernünftigerweise von einem maximalen Drawdown von 60 Prozent und einer Erholungsdauer von vier Jahren ausgehen. Das besagt die historische Erfahrung, wobei stets zu bedenken ist, dass jedes schlimmste jemals eingetretene Ereignis per Definition schlimmer war als der vorherige schlimmste Fall.

Tabelle 4.1 zeigt Schätzungen für maximale Drawdowns und Erholungsdauern der in diesem Buch besprochenen Anlageklassen.

Tabelle 4.1: Maximaler Drawdown
und Erholungsdauer nach Anlageklasse

Anlageklasse	Maximaler Drawdown	Erholungsdauer in Monaten
US-Aktien und andere Aktien	-60%	48
REITs	-60%	43
Mündelsichere US-Anleihen	-5%	12
Hochverzinsliche US-Anleihen	-36%	18
Bargeld	0%	0

Vielleicht ist Ihnen aufgefallen, dass diese Tabelle keine spekulativen Vermögenswerte wie beispielsweise Rohstoffe oder Kryptowährungen enthält. Bei Spekulationen, die keinen Einnahmenstrom haben und bei denen die Anleger uneins sind, ob ihre Rendite positiv oder negativ sein wird, gehe ich von dem schlimmsten Fall aus, dass ich mein ganzes Geld verlieren werde (also von einem maximalen

Drawdown von 100 Prozent), sodass es keine Erholungsdauer gibt. Wenn ich in das Start-up eines Familienangehörigen investiere, betrachte ich das Geld als verloren. Natürlich kann es als Investment strukturiert sein, aber ich betrachte es als Geschenk. Genauso sind meine Spekulationen mit Kryptowährungen wie Bitcoin so bemessen, dass ich keinen Schaden erleiden würde und den Verlust in Kauf nehmen könnte, wenn sie auf null fallen und als wertlos gelten würden. Bei Spekulationen einen potenziellen Verlust von 100 Prozent anzunehmen mag extrem erscheinen. Diese stoische Methode bereitet einen aber mental auf die Katastrophe vor und hilft einem dabei, nicht zu viel von seinem Kapital in Spekulationen zu stecken. Der römische Philosoph Seneca schrieb im vierten Brief an seinen Freund Lucilius: „Kein Gut macht seinen Besitzer glücklich, es sei denn, sein Geist wäre mit der Möglichkeit seines Verlustes versöhnt; doch nichts verliert man leichtherziger als etwas, das man, wenn es verloren ward, nicht vermisst. Drum fasse Mut und stähle deinen Geist gegen die Unglücksfälle, die selbst die Mächtigsten heimsuchen."[19]

DIE MÖGLICHERWEISE VERHEERENDEN FOLGEN GROSSER PORTFOLIOVERLUSTE

Ein großer Portfolioverlust und eine lange Erholungsdauer können Rentnern erheblichen finanziellen Schaden zufügen, was die Zeitspanne angeht, für die ihr Rentenvermögen reichen wird. Beispielsweise kann ein Rentner, der im ersten Jahr seines Ruhestands vier Prozent seines Portfolios verbraucht und danach die jährlichen Ausgaben an die Inflationsrate anpasst, damit rechnen, dass sein Portfolio für mindestens 44 Jahre reicht, wenn man von 5,5 Prozent Portfoliorendite und einer jährlichen Inflationsrate von 2,5 Prozent ausgeht. Wenn allerdings das Portfolio im zehnten Jahr einen Einbruch um 40 Prozent erleidet und es vier Jahre dauert, bis es sich von diesem

Verlust erholt hat, hält das Portfolio nur noch 30 statt 44 Jahre, wenn der jährlich dem Portfolio entnommene Betrag nicht gesenkt wird. Das liegt daran, dass der jährlich abgehobene prozentuale Anteil des Portfolios durch dessen nach dem Verlust geringere Größe von 4,5 auf 8,1 Prozent steigt. Man versteht dieses Konzept leichter, wenn man es sich in einer Tabellenkalkulation ansieht. Dafür können Sie meine Tabelle der Ausgaben im Ruhestand herunterladen und sich dazu ein Video anschauen, in dem erklärt wird, wie man sie benutzt. Beides finden Sie unter https://moneyfortherestofus.com/tools.

WARUM DER PREIS VON VERMÖGENSWERTEN FÄLLT

Die Preise von Investments fallen, weil die Anleger meinen, das künftige Cashflow-Wachstum werde niedriger ausfallen, oder weil sie für den künftigen Cashflow nicht mehr so viel bezahlen wollen. Was veranlasst Anleger, ihre Einschätzung der Anlageklassen ständig anzupassen und so für Volatilität zu sorgen? Eine Einflussgröße sind die Zinsen, die sich verändern. Die Finanztheorie besagt, dass der korrekte Preis einer Aktie der Gegenwartswert ihrer künftigen Dividenden ist. Der Gegenwartswert ist der Preis eines künftigen Zahlungsstroms in heutigen Dollar. Eine andere Art, den Gegenwartswert zu beschreiben, besagt, dass er der Wert ist, bei dem es einem Anleger egal ist, ob er Bargeld heute oder in Zukunft erhält.

Was würde dazu führen, dass es einem Anleger egal wäre, ob er Bargeld heute oder in Zukunft bekommt? Das wäre einem Anleger dann gleichgültig, wenn das Geld, das er in einem Jahr bekommt, eine Rendite einbringen würde, die der Mindestanforderung des Anlegers an die Rendite entspricht. Beispielsweise wäre es einem Anleger, der von einer Anlage eine Rendite von sechs Prozent verlangt, egal, ob er heute 100 Dollar oder in einem Jahr 106 Dollar bekäme, denn sechs Prozent Rendite auf 100 Dollar ergeben sechs

Dollar. In diesem Beispiel beträgt der Gegenwartswert von 106 Dollar, die man in einem Jahr bekommt, 100 Dollar. Nehmen wir nun an, die Rendite relativ risikoloser US-Staatsanleihen würde von zwei auf drei Prozent steigen. In diesem Fall könnte ein Anleger dafür, dass er ein Risikopapier ein Jahr lang hält, eine Rendite von sieben statt sechs Prozent verlangen. Verlangt man eine Rendite von sieben Prozent, beläuft sich der Gegenwartswert von 106 Dollar, die man in einem Jahr bekommt, nur noch auf 99,07 Dollar. Der Gegenwartswert oder Preis in heutigen Dollar ist also dadurch um knapp einen Dollar gesunken, dass die vom Anleger verlangte Rendite von sechs auf sieben Prozent gestiegen ist.

Die von den Anlegern erwarteten Renditen schwanken zusammen mit den Zinsschwankungen, weil die Anleger dann, wenn die Zinsen steigen und sie mit risikolosen kurzfristigen Staatsanleihen ein Prozent mehr verdienen können, auch von riskanten Investments eine höhere Rendite verlangen. Und das kann dazu führen, dass die Preise solcher Investments sinken, weil die höhere verlangte Rendite zu einem niedrigeren Gegenwartswert der künftigen Zahlungsströme führt. Im vorigen Kapitel haben wir gesehen, dass die Zinsen schwanken, wenn die Inflationserwartung steigt oder fällt, wenn sich die erwartete Entwicklung der kurzfristigen Zinsen ändert oder wenn sich die Laufzeitprämie ändert, die Anleger als Ausgleich für unvorhergesehene Inflation oder für künftige höhere Zinsen verlangen.

Die Anlagepreise ändern sich aber nicht nur, wenn sich die Zinsen ändern, sondern auch je nachdem, wie die Anleger die Auswirkung der gesamtwirtschaftlichen Entwicklung auf die künftigen Cashflows beurteilen. Eine schrumpfende Wirtschaft kann die Unternehmensgewinne beeinträchtigen, weil Absatz und Umsatz sinken. Geringere Gewinne können zu niedrigeren Dividendenausschüttungen an die Anleger führen, was einen geringeren Gegenwartswert der Dividenden und somit einen sinkenden Aktienkurs bewirkt. Zehn der zwölf stärksten Drawdowns, die es in den Vereinigten

Staaten seit 2016 gegeben hat, fanden im Laufe von Rezessionen statt und brachten laut Daten von Ned Davis Research einen durchschnittlichen Kursrückgang von 47 Prozent mit sich.[20] Mervyn King, ehemaliger Direktor der Bank of England, schreibt: „Die Aktienkurse schwanken, weil die Anleger versuchen, mit einer Zukunft zurechtzukommen, die man nicht kennen kann. Ihre Beurteilungen der künftigen Gewinne können höchst instabil sein. Diese Instabilität ist eine Grundlage der kapitalistischen Wirtschaft."[21]

Niedrigere Unternehmensgewinne machen es den Unternehmen außerdem schwerer, Zins und Tilgung auf ausstehende Schulden zu bezahlen. Dies erhöht das Ausfallrisiko, sodass die Anleger von den Unternehmen, die bei ihnen Kredite aufnehmen, einen zusätzlichen Ausgleich für das Risiko in Form höherer Renditen (also Spreads) verlangen. Daraus ergeben sich niedrigere Anleihepreise.

Das bedeutet, dass die Schwankungen von Aktien und Anleihen häufig dann ihren Höhepunkt erreichen, wenn die Konjunktur schwächelt. Es kommt zu einem Ballungseffekt, weil auf Zeiten relativer Ruhe an den Finanzmärkten turbulentere Phasen folgen, genauso wie auf ein Luftloch, das man mit einem Flugzeug durchfliegt, gewöhnlich ein weiteres folgt. Die Volatilität steigt, wenn die Anleger die Aussichten ihrer Anlagen im Licht der sich verändernden Konjunktur neu beurteilen.

Die stetige Neubeurteilung der Renditeanforderungen und der ökonomischen Komponenten, die diese Renditen bestimmen, wirkt sich auch auf das Verhalten der Unternehmen aus, beispielsweise im Hinblick auf die Verfolgung von Kapitalvorhaben und anderer Initiativen. Mihir Desai, Finanzprofessor in Harvard, schreibt: „Die Antwort der Finanzwissenschaft auf die Frage, wo der Wert herkommt, ist einfach – das Kapital, das einem anvertraut wurde, hat seinen Preis, weil die Menschen, die es einem gegeben haben, Erwartungen an seine Rendite haben. [...] Deren Erwartungsrenditen sind Ihre Kapitalkosten. Sie sind Hüter ihres Kapitals und die [Grundvoraussetzung] für

Wertschöpfung ist, dass Sie die Erwartungen und die Kapitalkosten *übertreffen* müssen, wenn Sie Wert schöpfen wollen."[22]

Wenn ein Unternehmen wie zum Beispiel eine Fluggesellschaft ein Projekt wie beispielsweise ein neues Flugzeug oder den Eintritt in einen neuen Markt beurteilt, strebt es an, mit dem Vorhaben einen Ertrag zu erzielen, der über die Kapitalkosten hinausgeht – also über den gewichteten Durchschnitt der Zinsen auf seine Schulden und die geschätzte Renditeerwartung der Aktionäre. Wenn das Unternehmen ständig Projekte umsetzt, die über seine Kapitalkosten hinausgehen, steigt die Marktbewertung, die sich in seinem Aktienkurs äußert. Solche Unternehmen schöpfen Werte. Sie geben mehr zurück, als sie nehmen. Firmen, die Investmentprojekte betreiben, deren Erträge geringer ausfallen als ihre Finanzierung, vernichten Werte. Wenn die Anleger von Aktien und Anleihen höhere Renditen erwarten, steigt natürlich auch der Schwellenwert, den Unternehmensprojekte hinsichtlich der Kapitalkosten überschreiten müssen. Das bedeutet, dass manche Unternehmensprojekte vielleicht nicht finanziert werden, weil die Kapitalkosten steigen und die Projekte wirtschaftlich weniger tragfähig werden.

WIE MAN DAS RISIKO IN SEINEM PORTFOLIO MANAGT

Der Nachteil eines Investments hängt vom potenziellen Verlust und von dem persönlichen Schaden ab, den der Verlust verursacht. Wenn man den Nachteil eines Investments beurteilt, besteht das Ziel eher darin, irreparablen finanziellen Schaden zu vermeiden, als darin, jeglichen Verlust zu vermeiden. Ben Bernanke, ehemaliger Vorsitzender der Federal Reserve, erzählt gern, was zwei seiner Mentoren immer sagten: „Wenn man nie ein Flugzeug verpasst, verbringt man zu viel Zeit auf Flughäfen."[23] Bernanke legte das folgedermaßen aus: „Wenn man die Möglichkeit jeglicher Art von Finanzkrise vollständig ausschließt, senkt man wahrscheinlich das Risiko im Hinblick auf Wachstum und Innovation in der Wirtschaft zu sehr."[24] Aus Anlegersicht bedeutet die Flugzeugmetapher, dass man dann, wenn man bei seiner Geldanlage die Möglichkeit jeglichen Verlusts völlig ausschließt, wahrscheinlich das Risiko zu sehr senkt, sodass das Portfolio vielleicht nicht einmal mit der Inflation schritthalten kann. Das heißt, dass das Portfolio zwar einen sicheren Eindruck macht, aber in Wirklichkeit real – also inflationsbereinigt – Verlust macht.

Wir haben als Anleger angeborene Verhaltenstendenzen, die es erschweren, unsere Risikotoleranz und das Risiko einer Anlage zu beurteilen. Folglich muss eine objektive Methode zur Ermittlung des Nachteils einer Anlage deren maximalen Drawdown (also den größten historischen Verlust) und ihre Erholungsperiode (also wie lange es dauert, die Verluste wieder aufzuholen) analysieren – und dann muss man noch den finanziellen Schaden beurteilen, den einem ein Verlust bei einer bestimmten Positionsgröße zufügen würde. Bei Spekulationen wie Kryptowährungen, wo es keinen Einnahmenstrom gibt, besteht eine kluge Vorgehensweise darin, von einem maximalen Drawdown von 100 Prozent ohne Erholung auszugehen. Für Rentner können große Portfolioverluste besonders verheerend sein. Sie können die Auswirkungen von Verlusten sehen, wenn Sie meine Tabelle der Ausgaben im Ruhestand herunterladen und ein Video anschauen, das erklärt, wie man sie benutzt. Beides finden Sie unter https://moneyfortherestofus.com/tools.

Bei Anlegern, die noch Jahrzehnte vom Ruhestand entfernt sind, ist es unwahrscheinlich, dass sie irreparablen finanziellen Schaden erleiden, selbst wenn Aktien um 60 Prozent fallen. Die Aktien haben nämlich noch genug Zeit, sich zu erholen, bevor das Geld benötigt wird. Folglich können diese Investoren die Volatilität aushalten, die daraus resultiert, dass ein größerer Teil ihrer Portfolios in Aktien investiert ist. Damit profitieren sie von einer Anlageklasse, die langfristig die Inflation übertroffen hat.

ZUSAMMENFASSUNG

- Die Volatilität gibt an, wie sehr ein Wertpapier oder eine Anlageklasse von seiner oder ihrer Erwartungs- oder Durchschnittsrendite abweicht. Je höher die Volatilität einer Anlage, umso größer die Wahrscheinlichkeit, dass sie irgendwann Verluste erleidet.
- Die Volatilität neigt dazu, sich zu ballen, weil auf Zeiten relativer Ruhe an den Finanzmärkten turbulentere Zeiten folgen.
- Der potenzielle Nachteil einer Anlage hängt von ihrem potenziellen Verlust und von dem persönlichen Schaden ab, den dieser Verlust hervorruft. Wenn man den Nachteil einer Anlage analysiert, besteht das Ziel darin, irreparablen Schaden zu vermeiden, nicht darin, Verluste zu vermeiden.
- Eine objektive Methode, den potenziellen Nachteil einer Anlage zu ermitteln, besteht darin, ihren maximalen Drawdown (also den schwersten historischen Verlust) und ihre Erholungsdauer (also wie lange es dauerte, die Verluste wieder aufzuholen) zu analysieren und dann den finanziellen Schaden einzuschätzen, die einem ein Verlust bei einer bestimmten Positionsgröße zufügen würde.
- Die Preise von Investments sinken, weil die Anleger glauben, das künftige Cashflow-Wachstum würde niedriger ausfallen, oder weil sie nicht mehr bereit sind, so viel für den künftigen Cashflow zu bezahlen. Änderungen der Zinsen und der Aussichten auf Wirtschaftswachstum tragen zur Volatilität des Marktes bei.

5

Wer steht auf der anderen Seite des Trades?

Einschätzen, was der Verkäufer
über ein Investment weiß

DIE ZEHN FRAGEN

1. Was ist es?
2. Ist es Geldanlage, Spekulation oder Glücksspiel?
3. Welcher Vorteil winkt?
4. Welcher Verlust droht?
5. **Wer steht auf der anderen Seite des Trades?**
6. Was ist das Anlagevehikel?
7. Was braucht man, um erfolgreich zu sein?
8. Wer sahnt dabei ab?
9. Wie wirkt es sich auf Ihr Portfolio aus?
10. Sollten Sie investieren?

FRAGE 5: WER STEHT AUF DER ANDEREN SEITE DES TRADES?

Zu wissen, wer einem ein Investment verkauft, hilft einem, Finanzinstrumente zu meiden, deren Erfolg davon abhängt, ob man die Zukunft kennt und/oder schlauer ist als andere Anleger.

Geldanlage ist nichts, was man alleine macht. Damit man ein neues Investment eingehen kann, muss jemand es einem verkaufen. Der Verkäufer kann ein anderer Anleger sein oder der Investmentträger, wenn es sich um ein Angebot handelt, das von einem professionellen Vermögensverwalter gemanagt wird. In diesem Kapitel geht es darum, was bei der Interaktion mit anderen Anlegern zu beachten ist, und insbesondere darum, was der Verkäufer weiß und der Anleger möglicherweise nicht.

Bevor ich begann, als Anlageberater zu arbeiten, verbrachte ich drei Jahre als Finanzanalyst bei einer Leasingfirma in Dayton im US-Bundesstaat Ohio. Nach circa 18 Monaten in dieser Firma dachte ich, ich wüsste genug über die mathematischen Aspekte des Leasings, um ein Auto zu leasen. Wir hatten gerade unser erstes Haus gekauft, das Geld war knapp und ich hatte es satt, den alten Pick-up reparieren zu lassen, mit dem ich täglich zur Arbeit fuhr. Als ich zu dem Toyota-Händler in der Straße ging, wo auch mein Büro war, wollte ich einen Neuwagen mit möglichst niedriger monatlicher Rate und möglichst niedriger Anzahlung finden und leasen. Mich interessierte weder das Modell noch seine Farbe oder seine Ausstattung. Alles, was mich interessierte, war, meine Rate niedrig zu halten. Ich wollte einen Neuwagen mit Garantie, damit ich für Reparaturen nichts zu bezahlen brauchte.

Als ich ein Auto gefunden hatte, verhandelten der Finanzmanager des Händlers und ich hin und her, wobei zunächst der Verkäufer vermittelte, bis mich der Manager schließlich in sein Büro bat. Nachdem er gemerkt hatte, dass ich mich mit den wirtschaftlichen Aspekten des Leasings auskannte, drehte er den Computerbildschirm zu mir, damit ich die Einzelheiten des Deals sehen konnte, auch die Kosten des Händlers, seinen Gewinn, die Zinsen und den geschätzten Restwert nach drei Jahren. An diesem Punkt entschied ich mich, den Wagen zu leasen. Der Händler machte mit der Transaktion nicht einmal 300 Dollar Gewinn und selbst wenn er irgendwann von Toyota noch eine Bonuszahlung erhalten würde, überzeugte mich die Transparenz des Managers, der mich auf den Bildschirm schauen ließ, davon, den Leasingvertrag zu unterschreiben. Ich fuhr mit einem weißen Toyota Tercel mit großen schwarzen Stoßstangen vom Hof des Händlers. Dies war das Auto, das ich später vor meinen Anlageberatungskunden verheimlichte, um nicht zu offenbaren, wie wenig Geld ich hatte. Wir nannten den Wagen „das kleine Auto". Ich bezahlte dafür eine monatliche Leasingrate von nicht einmal 200 Dollar.

Mit diesem Leasinggeschäft fühlte ich mich wohl, weil ich das Gefühl hatte, genügend Informationen zu besitzen, um eine fundierte Entscheidung zu treffen. Ich wusste, mit wem ich es zu tun hatte, ich vertraute der Marke Toyota, ich hatte transparenten Einblick in die Einzelheiten des Geschäfts und ich hatte eine Garantie, die mich schützte, falls es mit dem Auto technische Probleme geben sollte.

Vergleichen wir dieses Neuwagengeschäft einmal mit meiner Erfahrung als „Rohstoffhändler", von der ich in Kapitel 2 berichtet habe. Wenn ich einen Öl-Terminkontrakt einging, wurde die Order von meinem Broker an die Rohstoffbörse weitergeleitet und diese fungierte als Kontrahent sowohl des Käufers (ich) als auch des Verkäufers des Futures. Ich brauchte nicht zu befürchten, dass die Transaktion nicht klappen würde, denn sie war durch die Finanzmittel der CME Group – der Eigentümerin der Rohstoffbörse – abgesichert. Bei den meisten Transaktionen, bei denen börsengehandelte Wertpapiere im Spiel sind, zum Beispiel Aktien, ETFs oder Anleihen, braucht man nicht zu befürchten, dass die Transaktion misslingt. Normalerweise ist das Geschäft sowohl durch die Finanzmittel des Brokers und der Börse als auch durch irgendeine Art von Versicherungsfonds abgesichert, der die Anleger in dem Fall schützt, dass der Broker bankrottgeht. Wenn man eine Aktie verkauft, kann man darauf vertrauen, dass die Transaktion funktioniert und man sein Geld bekommt.

Bei privaten Geschäften ist das nicht der Fall. Was den Toyota-Händler angeht, so vertraute ich darauf, dass die Besitzer mir das Fahrzeug liefern würden, wenn ich einen Leasingvertrag abschloss. Der Leasingvertrag schützte mich. Als ich das Auto am Ende der Leasing-Laufzeit jedoch an einen privaten Käufer verkaufte, ließ ich mich bar bezahlen, damit ich nicht zu befürchten brauchte, dass ein Scheck platzen und ich mein Geld nicht bekommen würde.

Anders als beim künftigen Ölpreis war ich bezüglich der Entwicklung des künftigen Preises des Autos sehr zuversichtlich. Er würde zwar definitiv fallen, weil der Wert des Autos sank, aber mein Nachteil war begrenzt. Ich konnte das Auto am Ende der Laufzeit an Toyota zurückgeben, wenn es weniger wert war als den im Leasingvertrag angenommenen Restwert. Oder ich konnte es, falls es mehr wert war, zum Restwert kaufen und dann einem Dritten mit ein bisschen Gewinn verkaufen – und das tat ich am Ende auch. Beim Öl-Terminkontrakt hatte ich keinen Einblick, wie das Öl gefördert, raffiniert, gelagert oder verbraucht wurde. Ich kannte das Volumen der Kauf- und Verkaufsorders nicht und wusste nicht, wie viele Orders auf Ausführung warteten. Im Endeffekt riet ich nur, dass der Preis steigen würde. Deshalb war es eine Spekulation.

MIT WEM HANDELT MAN?

Wenn man als Anleger über eine neue Anlage nachdenkt, muss man die Frage beantworten, wer auf der anderen Seite des Trades steht. Dieses Wissen über die Transaktion hat zwei Aspekte. Erstens das Wissen über die Gegenpartei. Wie sehr vertraut man darauf, dass die Transaktion durchgehen wird, und welcher Schutz besteht, wenn etwas schiefgeht?

Zum Beispiel gibt es eine Reihe von Crowdfunding-Websites für Immobilien, auf denen Anleger angeblich Kreditnehmern Geld leihen können, damit diese ein Haus renovieren können, das sie verkaufen wollen, oder eine Wohnung, die sie vermieten wollen. Manchen Anlegern ist vielleicht nicht klar, dass sie das Geld nicht wirklich dem Kreditnehmer leihen und somit der zugrunde liegende Besitz nicht als Sicherheit fungiert, falls der Kreditnehmer nicht zahlen kann. Die Crowdfunding-Plattform ist die juristische Person, die dem Kreditnehmer das Darlehen gibt und eine Sicherheitsbeteiligung an dem Besitz genießt. In Wirklichkeit investiert der Anleger nämlich in eine auf eine Hypothek bezogene Schuldverschreibung, die von der Plattform ausgegeben wurde. Die Plattform ist verpflichtet, die darauf anfallenden Zahlungen zu leisten, wenn sie vom Kreditnehmer Zins- und Tilgungszahlungen erhält. Aber wenn die Crowdfunding-Plattform Insolvenz beantragt, halten die Inhaber der auf die Hypothek bezogenen Schuldverschreibung eine ungesicherte Verbindlichkeit der Plattform. Sie befinden sich zusammen mit anderen nicht abgesicherten Gläubigern in der Warteschlange und sind dabei nachrangig gegenüber allen etwaigen vorrangigen Schulden, die die Plattform noch hat. Folglich besteht bei Crowdfunding-Plattformen ein größeres Kontrahentenrisiko, als vielen Anlegern klar ist.

Das zweite Wissenselement betrifft die Frage, was der Verkäufer möglicherweise über den künftigen Preis des Investments weiß, was Sie und ich womöglich nicht wissen. Ein klassisches Beispiel für einen Informationsvorsprung bezüglich des künftigen Preises war ein Gedankenexperiment des römischen Philosophen Cicero. In „De Officiis" schrieb er im Jahr 44 v. Chr.: „Nehmen wir an, auf Rhodos herrschen Dürre und Hungersnot, Nahrungsmittel sind sagenhaft teuer; und nehmen wir an, ein Ehrenmann hat eine große Ladung Getreide aus Alexandria eingeführt und weiß mit Gewissheit, dass noch mehrere andere Importeure von Alexandria aus losgesegelt sind; er hat auf seiner Fahrt ihre mit Getreide beladenen Schiffe auf dem Weg nach Rhodos gesehen; soll er diese Tatsache den Bewohnern von Rhodos mitteilen oder soll er sie für sich behalten und seine Vorräte zum höchstmöglichen Preis verkaufen?"

Cicero betont dabei, dass es sich um einen tugendhaften, aufrechten Mann handelt. „Ich stelle die Frage, wie ein Mann nachdenken und überlegen würde, der die Tatsachen nicht vor den Bewohnern von Rhodos verbergen würde, wenn er der Meinung wäre, das sei unmoralisch, der jedoch im Zweifel sein mag, ob ein solches Schweigen überhaupt unmoralisch wäre."[1] Der Händler hat Erkenntnisse und Informationen über das Handelsvolumen. Er weiß, dass das Angebot rasant in die Höhe schnellen wird, sobald die anderen Handelsschiffe einlaufen. Dann berichtet Cicero von einem Streitgespräch zwischen Diogenes von Babylonien und seinem Schüler Antipater, die unterschiedlicher Auffassung darüber sind, ob der Händler diese Information offenlegen sollte, die sich mit Sicherheit auf den künftigen Getreidepreis auswirken wird.[2] Das ist zwar nur ein Gedankenexperiment, aber es ist interessant, dass der Händler Tage oder Wochen Zeit hat, um zu entscheiden, was er mit seinem Informationsvorsprung anfangen soll, weil sich das Wissen, das sich auf die Preise auswirken könnte, ja in Gestalt der mit Getreide beladenen Schiffe nur langsam bewegt.

DIE FINANZMÄRKTE WERDEN
IMMER WETTBEWERBSINTENSIVER

Heutzutage bewegen sich Informationen, die sich auf Marktpreise auswirken, viel schneller – nicht in Wochen oder Tagen, sondern in Millisekunden. Ich habe ja schon erwähnt, dass ich mit meinem Versuch, Rohstoff-Futures zu handeln, keinen Erfolg hatte, weil ich keinen Einblick in Angebot und Nachfrage der zugrunde liegenden Rohstoffe und weil ich keine Informationen über das Handelsvolumen hatte. Vor zehn oder 20 Jahren gab es Hunderte von Rohstoff-Hedgefonds, die solche Informationen besaßen und sie zu ihrem Vorteil einsetzen konnten. Inzwischen schrumpft die Zahl der Hedgefonds, die anhand fundamentaler Informationen handeln, weil der Handel mit Rohstoff-Terminkontrakten von Computern beherrscht wird, auf denen quantitative Handelsalgorithmen laufen, die sich dank künstlicher Intelligenz stetig weiterentwickeln. Aus den Daten der Commodity Futures Trading Association geht hervor, dass der automatisierte Handel für 80 Prozent der Devisen-Futures, 70 Prozent der Aktien-Futures und über 50 Prozent der Futures im Energiebereich verantwortlich ist.[3]

Marwan Younes, Chief Investment Officer des Rohstoff-Hedgefonds Massar Capital Management, sagt dazu: „Wenn man vor 20 Jahren mit einem Rohstoffmanager sprach und man ihn fragte, weshalb man bei ihm investieren sollte, lautete die typische Antwort: ‚Ich habe Verbindungen zu allen möglichen Leuten und kann sie anrufen, um alle Informationen einzuholen, die ich brauche.' Heute ist der Hinweis, man habe durch eigene Informationen einen Vorsprung, wirklich fragwürdig."[4]

Jonathan Goldberg, Gründer des Hedgefonds BBL Commodities mit Schwerpunkt Energie, sagt: „Ausschließlich anhand von Informationen zu handeln, zu denen jeder Zugang hat, beispielsweise offiziellen Statistiken und Bestandsberichten, ist vergebene Liebesmüh.

‚Man schafft es nicht, schneller zu klicken als eine Maschine – das ist, als würde man sagen, man könne ein Päckchen schneller ausliefern als Amazon. [...] Das konnte man vielleicht vor zehn Jahren, aber heute nicht mehr.'"[5]

Und doch versuchen manche Privatanleger immer noch, mit den institutionellen Händlern zu konkurrieren. Ich habe einmal einen Möbelverkäufer getroffen, der vom Handel mit Rohstoff-Futures und Devisen mehr begeistert war als davon, Möbel zu verkaufen. Er war 65 Jahre alt und arbeitete seit 14 Jahren für das Möbelhaus. Die Arbeitgeberbeiträge hatte er nie genutzt, mit denen er ja im Endeffekt eine sofortige Rendite von 100 Prozent hätte erzielen können, weil der Arbeitgeber auf jede seiner Beitragszahlungen den gleichen Betrag draufgelegt hätte. Er sagte, das habe er deshalb unterlassen, weil Aktien riskant seien und er mit Aktienanlagen Verlust machen könne. Nun hatte er das Ziel, sich mit 70 zur Ruhe setzen zu können, und er hatte einer Handelsakademie 23.000 Dollar dafür bezahlt, dass sie ihm beibrachte, wie man mit Terminkontrakten auf Rohstoffe und Devisen handelt. Der Mann erklärte: „Man muss in sich selbst investieren." Er berichtete, er hätte auch die Möglichkeit gehabt, 50.000 Dollar zu bezahlen und so Zugang zur „Mastermind"-Ebene der Akademie mit individueller Betreuung zu bekommen, aber er habe sich für das „weniger teure" Paket entschieden.

Ich besuchte einen vierstündigen Workshop der Handelsakademie, der dieser Möbelverkäufer beigetreten war, um besser zu verstehen, wie es der Akademie gelingen konnte, einen Mann mit wenig Anlageerfahrung dazu zu bringen, dass er eine derart hohe Summe dafür bezahlte, das Trading zu erlernen. Die Akademie gab ganz freimütig zu, dass Trader schnell ihr ganzes Kapital verlieren können, weil Optionen und Futures mit starken Hebelwirkungen versehen sind, sodass sich die Gewinne und Verluste schnell vervielfachen, weil man ja nur einen geringen Geldbetrag einsetzen muss, um einen Trade einzugehen. Die Lehrkräfte der Akademie erklärten,

man werde dadurch zum erfolgreichen Trader, dass man aus den ver-
lustbringenden Trades schnell aussteigt und die Gewinntrades laufen lässt. Sie betonten, dass Trader, deren Gewinne je Trade wesentlich höher ausfallen als ihre Verluste je Trade, nur in circa der Hälfte
der Fälle richtigliegen müssen. Wie man das macht, beschrieben sie
in dem US-Patent, das sie auf ihren Handelsprozess besaßen: „Unter
der Annahme, dass der Handel an den meisten Märkten ein Nullsummenspiel ist (die Gewinner gewinnen auf Kosten der verlieren-
den Verlierer), kommt es darauf an, die Fehler zu identifizieren, die
andere Händler an den Märkten normalerweise begehen, und sie
dann auszunutzen."[6] Das Patent stellt also klar, dass Neulinge aus-
genutzt werden und ihr Geld an institutionelle Händler verlieren.
Die meisten dieser Neulinge sind Privatanleger, die „nur nach
Bauchgefühl"[7] handeln oder „nach einem Preisanstieg"[8] kaufen, also
zu einem Zeitpunkt, zu dem das Angebot an Verkaufswilligen (gewöhnlich Institutionen und Trading-Bots) größer ist als das Angebot
an Kaufwilligen. Doch wenn mehr Verkäufer als Käufer vorhanden
sind, fällt der Preis und der Anlegerneuling verliert sein Geld.[9]

DIE UNDERPERFORMANCE AKTIVER MANAGER

Es zerreißt einem das Herz, wie viele Anlegerneulinge auf diese Weise ausgebeutet werden. Deshalb ist es so wichtig, zu wissen, wer auf
der anderen Seite des Trades steht und ob der Anlageverwalter oder
Händler auf der anderen Seite mehr als man selbst darüber weiß, was
sich auf den Preis auswirken könnte. Damit aktive Manager und Trader dauerhaft den Markt oder einander gegenseitig übertreffen,
müssen sie bei der Wertpapierauswahl besser sein als andere aktive
Manager und Trader. Privatpersonen und institutionelle Investoren,
die solchen aktiven Managern und Händlern Mittel zuteilen, haben
außerdem die einschüchternde Aufgabe, im Vorfeld herauszufinden,

welche Manager geschickt in der Wertpapierauswahl sind. Rob Arnott, Gründer der Researchfirma Research Affiliates, sagt dazu: „Wenn man einen aktiven Manager auswählt [...], sollte man eine gute Antwort auf die Frage haben, ob dieser aktive Manager ein Gewinner ist, denn auf der anderen Seite seiner Trades steht ein Verlierer, und auf die Frage, wer der Verlierer ist und weshalb er bereitwillig Verlust macht."[10] Da ich einen großen Teil meiner Anlegerkarriere mit Versuchen verbracht habe, fähige aktive Manager zu identifizieren, kann ich bezeugen, dass das keine leichte Aufgabe ist, vor allem da auch fähige Manager Zeiten der Underperformance durchmachen und unfähige Manager über längere Zeit Glück haben und eine überdurchschnittliche Performance erzielen können. S&P führt eine jährliche Erhebung zur Beständigkeit durch, aus der hervorgeht, dass sich verhältnismäßig wenige Manager mit ihrer Performance konsequent in der oberen Hälfte ihrer Peergroup halten können.[11]

Malcolm Gladwell beschreibt ein statistisches Gedankenexperiment, das vorführt, weshalb Anleger, die Glück haben, eine Performance erzielen können, die den Eindruck vermittelt, sie seien geschickt. Das Experiment beginnt mit 10.000 Vermögensverwaltern, von denen in einem bestimmten Jahr zufällig die Hälfte Gewinn erzielt und die andere Hälfte nicht. Gladwell schreibt: „Angenommen, jedes Jahr würden die Verlierer herausfallen und das Spiel begänne erneut mit denen, die übrig geblieben sind. Dann würden nach fünf Jahren noch 313 Manager übrig bleiben, die in allen fünf Jahren einen Gewinn erwirtschaftet haben, und nach zehn Jahren würden neun übrig bleiben, die Jahr für Jahr Geld verdient haben – und alles aus purem Glück."[12]

Vor 50 Jahren fiel es aktiven Managern noch leichter, Wertpapiere mit überdurchschnittlicher Performance auszuwählen, denn auf der anderen Seite des Trades standen überwiegend Privatanleger, die ihre Wertpapiere – die sich später so gut entwickelten – vorzeitig verkauften. Aber heute erwerben die meisten Privatanleger ihre Aktien und Anleihen durch Vermittlung von Investmentfonds und börsennotierten Fonds, die zum Teil passiv und zum Teil aktiv investieren. Das bedeutet, dass heutzutage die aktiven professionellen Manager untereinander darum wetteifern, wer am besten Aktien und Anleihen auswählen kann – und immer öfter werden die Wertpapiere von quantitativen Handelsalgorithmen ausgewählt.

S&P Dow Jones publiziert jedes Jahr Listen, in denen aktive Vermögensverwalter mit Börsenindizes verglichen werden, die in etwa der jeweiligen Anlagestrategie des Managers entsprechen. Diese „S&P Indices Versus Active"-Berichte (SPIVA-Berichte) zeigen regelmäßig, dass die meisten aktiven Manager der ganzen Welt nach Abzug von Gebühren eine schlechtere Performance bringen als passiv gemanagte Indizes. In den 15 Jahren bis zum 31. Dezember 2018 lagen beispielsweise 92 Prozent der US-amerikanischen Large-Cap-Fonds hinter dem S&P 500 zurück und 97 Prozent der Nebenwerte-Fonds lagen hinter dem S&P 600 Index zurück, einer Messlatte für die niedrig kapitalisierten US-amerikanischen Unternehmen.[13] Wir als Anleger können natürlich nicht direkt in einen Marktindex investieren. Wir müssen in einen Index-Investmentfonds oder in einen Index-ETF investieren. Morningstar gibt einen halbjährlichen Bericht heraus, der die Performance der aktiven Manager mit einer Mischung aus passiv gemanagten Fonds vergleicht. Die Performances sowohl der passiven als auch der aktiven Strategien werden durch Anlagekosten wie zum Beispiel Verwaltungsgebühren gesenkt. Aus dem Bericht geht hervor, dass die überwiegende Mehrzahl der aktiven Manager über Zeiträume von zehn, 15 und 20 Jahren nach Abzug der Kosten eine schlechtere Performance bringt als vergleichbare passive Strategien.[14] Noch ernüchternder an diesen langfristigen Studien von S&P und Morningstar ist, dass sie nur diejenigen aktiven Manager berücksichtigen, die nach zehn, 15 oder 20 Jahren immer noch Geld managten. Es gab ja auch viele Vermögensverwaltungen, die schlecht performten und schlossen oder fusionierten, sodass ihre Erfolgsbilanzen nicht in die Studien eingingen. Hätten sie überlebt, wäre der Anteil der Manager mit Underperformance noch größer.

Zumindest am Aktienmarkt und am Anleihemarkt erzielen über einen ausreichend langen Zeitraum alle Investoren, die aktiven und die passiven, eine positive Rendite. Das liegt daran, dass die Aktienrenditen auf den Dividenden und auf dem Dividendenwachstum beruhen, die ihrerseits mit dem Wirtschaftswachstum zusammenhängen, während die Anleiherenditen von den Zinsen abhängen. Am Rohstoff-Terminmarkt und am Devisenmarkt ist das nicht der Fall. Am Rohstoffmarkt steht jedem Händler, der einen Trade eingeht, bei dem er erwartet, dass der Ölpreis steigen wird, der Trade von jemandem gegenüber, der erwartet, dass der Ölpreis fallen wird. Da jeder Gewinntrade durch einen Verlusttrade ausgeglichen wird, ist die durchschnittliche Rendite aller Marktteilnehmer gleich null. Der einzige garantierte positive Ertrag am Rohstoffmarkt sind die Zinseinnahmen, die die Anleger auf das Geld beziehen, dass sie auf ihrem Brokerkonto vorhalten müssen, um etwaige Verluste auszugleichen, die ihnen am Terminmarkt entstehen. Diese beim Broker hinterlegten Geldmittel werden als Mindesteinschuss bezeichnet.

Auch am Devisenmarkt beträgt die Erwartungsrendite vor Gebühren null. Der Devisenmarkt ist der größte Finanzmarkt der Welt, dort finden im Schnitt täglich Transaktionen im Wert von mehr als fünf Billionen Dollar statt. Zu den größten Akteuren an den Devisenmärkten gehören Regierungen, Handelsunternehmen, Hedgefonds und Privatpersonen. Der Devisenmarkt ist ein sogenannter Freiverkehrsmarkt oder Over-the-Counter-Markt (OTC-Markt), denn die Transaktionen finden zwischen verschiedenen elektronischen Plattformen oder Banken und den Marktteilnehmern statt, nicht an einer zentralen Börse. Wenn beispielsweise ein Trader darauf spekuliert, dass der US-Dollar gegenüber dem Euro sinken wird, dann tauscht er Dollar gegen Euro ein. Gleichzeitig tauscht auf der anderen Seite jemand Euro gegen Dollar ein. Gibt der Dollar nach, erzielt der Trader einen Gewinn, sobald er die Euro wieder gegen Dollar einwechselt, aber derjenige, der zuvor Euro gegen Dollar getauscht hat, macht Verlust. Am Devisenmarkt kommt auf jeden Gewinner ein Verlierer. Die auf alle Teilnehmer verteilte Nettorendite ist gleich null. Und nach Abzug von Provisionen oder Gebühren seitens Banken oder anderer Handelsplattformen ist der Nettoertrag negativ.

In Kapitel 2 haben wir gelernt, dass der Kauf eines Vermögenswerts mit negativer Erwartungsrendite eine Form des Glücksspiels ist. Da der Rohstoff-Terminmarkt und der Devisenmarkt den Charakter von Nullsummenspielen aufweisen, ist es höchst unwahrscheinlich, dass es Ihnen oder mir gelingen wird, dort dadurch Gewinn zu erzielen, dass wir etwas wissen, das andere Anleger nicht wissen. Tatsächlich weiß ich ja schon, dass ich mit Rohstoff-Futures und Devisen nicht erfolgreich handeln könnte, denn ich habe es bereits versucht und bin damit gescheitert. Deshalb halte ich mich an Anlageklassen mit positiver Erwartungsrendite, denn dort gibt es einen Cashflow und dieser Cashflow wächst im Laufe der Zeit. Wenn man erfolgreich handeln will (im Sinne von Trading im Unterschied zum Anlegen), muss man an einem Finanzmarkt teilnehmen, an dem die Wertpapiere eine positive Erwartungsrendite haben und an dem die meisten Anleger eher Menschen als ausgefuchste Institutionen und Algorithmen sind. Der einzige mir bekannte Markt, auf den diese Beschreibung passt, ist der Markt für geschlossene Fonds – ein Anlagevehikel, mit dem wir uns im nächsten Kapitel befassen werden.

Die Berechnungen und Zahlen von Informationsdienstleistern wie SPIVA[15] und Morningstar[16] zeigen deutlich, dass es äußerst schwierig ist, den Aktienmarkt dadurch zu übertreffen, dass man fehlbewertete Aktien identifiziert. Nur Aktien, die insofern unterbewertet sind, als ihr aktueller Preis unter dem Gegenwartswert (also unter dem Preis in heutigen Dollar) ihrer künftigen Dividenden liegt, werden sich besser entwickeln als der Gesamtmarkt. Das sind die Aktien, die nach oben überraschen, indem sie besser laufen als nach übereinstimmender Ansicht der Marktteilnehmer. Im Gegenzug werden Aktien, die schlechter laufen als nach übereinstimmender Ansicht, hinter dem Markt zurückbleiben.

SIND DIE MÄRKTE EFFIZIENT?

Bedenken Sie folgende Frage: Wenn es für private und institutionelle Anleger so schwer ist, fehlbewertete Wertpapiere zu erkennen und davon zu profitieren, bedeutet das dann nicht, dass Aktien und andere Finanzanlagen jederzeit korrekt gepreist sind? Ich glaube das nicht. Die kollektive Klugheit der Marktteilnehmer kann falschliegen.

Als ich am College und an der Universität Finanzwesen studierte, wurde mir die Effizienzmarkthypothese beigebracht. Allerdings wurde sie weniger als Hypothese denn als Glaubenssatz vermittelt, den man nicht infrage stellen sollte. Die Effizienzmarkthypothese wurde von Paul A. Samuelson und von Eugene Fama entwickelt, die beide den Wirtschaftsnobelpreis bekamen. Eugene Fama schrieb 1965:

„Ein ‚effizienter' Markt ist als ein Markt definiert, an dem eine große Anzahl rationaler Gewinnmaximierer aktiv wetteifert, wobei jeder versucht, die künftigen Marktwerte einzelner Wertpapiere vorherzusagen, und an dem alle aktuellen Informationen allen Teilnehmern fast kostenlos zur Verfügung stehen.

An einem effizienten Markt führt der Wettbewerb unter den vielen intelligenten Teilnehmern zu einer Situation, in der zu jedem Zeitpunkt die tatsächlichen Preise der einzelnen Wertpapiere bereits die Auswirkungen von Informationen sowohl über Ereignisse, die bereits stattgefunden haben, als auch über Ereignisse, deren künftiges Eintreten der Markt derzeit erwartet, widerspiegeln."[17]

Anders gesagt gibt es laut der stärksten Form dieser Theorie keine fehlbewerteten Wertpapiere. Jede Aktie spiegelt ihren inneren Wert wider, den Gegenwartswert ihrer künftigen Dividendenströme. Weshalb sollte man nun Zeit mit der Auswahl einzelner Wertpapiere verbringen, wenn sich alles bereits im Preis niederschlägt? Dann könnte man, anstatt sich aktive Manager zu suchen, genauso gut in passive Indexfonds investieren.

Das wurde mir beigebracht, allerdings glaubte ich nur „irgendwie" daran. Nach dem Studium recherchierte ich immer noch und investierte in meinem Portfolio in einzelne Aktien. Manche Lektionen muss man durch Erfahrung lernen. Als ich institutioneller Anlageberater wurde, wendete ich viel Zeit dafür auf, mich ausführlich über aktive Aktien- und Anleihemanager kundig zu machen, von denen viele den Markt geschlagen hatten. In etwa im siebten Jahr meiner Investmentkarriere kam ich auf die Idee, ein Aktienportfolio aus den zehn besten Positionen unserer besten empfohlenen Aktienmanager zusammenzustellen. Es sollte ein Portfolio der Aktienpositionen mit dem höchsten Überzeugungsgrad unserer Investmentfirmen mit dem höchsten Überzeugungsgrad werden – Firmen, die den Markt geschlagen hatten und die wir unseren Kunden empfahlen. Ich verbrachte mehrere Monate mit Backtests dieser Strategie und war überzeugt, dass diese geistreiche Idee unseren Kunden Millionen einbringen (sowie meinen Partnern und mir attraktive Einkünfte bescheren) würde und dass ich meine ausgiebigen Geschäftsreisen zurückfahren und mehr Zeit mit meiner Familie verbringen könnte. Es konnte ja kaum schiefgehen – ein aus den 80 besten Aktien der Besten bestehendes Portfolio.

Es funktionierte nicht. Ich konstruierte die Portfolios mithilfe einer Risikomanagement-Software von Barra, um die Gewichtungen der einzelnen Positionen so zu optimieren, dass der Tracking Error des Portfolios möglichst gering wäre. Der Tracking Error gibt an, wie sehr ein Portfolio von einem Benchmarkindex abweicht. Als ich die

Performance des von mir zusammengestellten Portfolios mit dem Russell 3000 verglich, einem Index des US-Aktienmarkts, wiesen meine Portfolios nach Abzug der geschätzten Verwaltungsgebühr immer eine Underperformance gegenüber dem Index auf.

Wie konnte das sein? Entweder waren meine Kollegen und ich sehr schlecht in der Auswahl von Aktienmanagern oder es steckte etwas anderes dahinter. Später kam ich zu dem Schluss, die Outperformance, die ich bei den Managern erlebte, basierte nicht darauf, wie geschickt sie einzelne Aktien auswählten. Vielmehr ergaben sich ihre Überrenditen aus bestimmten Tendenzen oder Faktoren, die in ihre Portfolios eingebaut waren, beispielsweise einer höheren Dividendenrendite, einem niedrigeren Kurs-Gewinn-Verhältnis oder einem erhöhten Bonitätsrisiko. Faktoren sind breit angelegte, beständige Renditetreiber.[18] Beispielsweise können Manager festverzinslicher Wertpapiere eine Anleihebenchmark wie den Bloomberg Barclays Aggregate Bond Index dadurch übertreffen, dass sie einen größeren Anteil an höher verzinsten Unternehmensanleihen halten, unter anderem auch nicht mündelsichere. Die Überrendite hat weniger mit der Performance irgendeiner bestimmten Anleihe als vielmehr mit der zusätzlichen Rendite zu tun, die man für das höhere Ausfallrisiko erhält. Indem ich bei meinem experimentellen Portfolio den Tracking Error im Verhältnis zum Aktienmarkt senkte, beeinträchtigte oder beseitigte ich unwissentlich diejenigen Faktoren, die zu der Outperformance der einzelnen Manager geführt hatten. Indem ich die Positionen zahlreicher Manager mit verschiedenen Anlagestilen wie etwa Value, Growth und Momentum miteinander vermischte, neutralisierte ich im Endeffekt die Faktoren, sodass sich ein Portfolio ergab, das vom Stil her dem Gesamtmarkt ähnelte – allerdings mit höheren Gebühren und Handelskosten. Deshalb blieb das Portfolio hinter dem Markt zurück.

Nach dieser enttäuschenden Übung hatte ich begriffen, dass ich, anstatt aktive Manager für einen bestimmten Faktor zu bezahlen

– beispielsweise einen Value-Schwerpunkt –, ein Portfolio aus börsennotierten Fonds (ETFs) konstruieren konnte, das Tausende zugrunde liegende Wertpapiere enthalten würde, mit Schwerpunkten auf den Bereichen der Finanzmärkte mit den attraktivsten Bewertungen. Das waren die Bereiche, die zu einem gegebenen Zeitpunkt die höchsten Erwartungsrenditen hatten, zum Beispiel Emerging-Markets-Aktien oder kleine Value-Aktien, weil sie zu Preisen gehandelt wurden, die unter ihren historischen Bewertungen lagen. Das waren die Bereiche, in denen sich die Anleger weigerten, für den künftigen Cashflow mehr zu bezahlen, und das häufig deshalb, weil sie zu pessimistisch oder zu ängstlich waren. Ich unterzog diesen Ansatz einem Backtest und dann brachten ein Partner und ich das Geld auf, um eine Performance-Bilanz zu erstellen. Das Produkt wurde ein Erfolg und lockte am Ende zwei Milliarden Dollar an Kundenvermögen an, auch wenn es in Zeiten wie der Finanzkrise 2008 steinige Wege überwinden musste.

Die Auflage dieses Beratungsprodukts beruhte auf meiner persönlichen Erfahrung, dass der Aktienmarkt im Kleinen effizient zu sein scheint, insofern es aktiven Managern schwerfällt, aus Fehlbewertungen von Wertpapieren Nutzen zu ziehen, dass es aber auch Zeiten gibt, in denen er im Großen ineffizient ist, insofern die Bewertungen sich von der Realität zu lösen scheinen. Es bilden sich Blasen oder Anlageklassen werden extrem billig. Später erfuhr ich, dass dieses Konzept der Mikro-Effizienz und der Makro-Ineffizienz als „Samuelsons Diktum" bezeichnet wird, nach dem Wirtschafts-Nobelpreisträger Paul A. Samuelson, der diese Hypothese als Erster aufstellte.[19]

An diesem Punkt meiner Investmentlaufbahn hatte ich bereits den Aufstieg und den Zusammenbruch der Dotcom-Blase erlebt, eine Periode, die Ende der 1990er-Jahre begann, als Aktien, die etwas mit dem Internet zu tun hatten, stiegen und extreme Bewertungen erreichten. Ich wusste zwar, dass es aktiven Managern sehr schwerfällt, den Markt zu übertreffen, aber ich wusste auch, dass die Marktteilnehmer die Wertpapierpreise kollektiv auf Niveaus treiben können, die weit über die vernünftigen Erwartungen hinausgehen. Anders gesagt war die Kombination aus der Gier der Anleger und ihrer Angst, etwas zu verpassen, so mächtig, dass sie manchmal bereit waren, für das erwartete Cashflow-Wachstum exorbitante Summen zu bezahlen. Zu anderen Zeiten veranlasste die Angst vor Verlusten die Anleger, ihre Anlagen unterschiedslos zu verschleudern und so die Bewertungen weit unter ihre historischen Durchschnitte zu drücken. Mir wurde klar, dass sich die Anleger als Gruppe irren können und dass Wertpapiere fehlbewertet sein können, auch wenn schwer zu ermitteln ist, welche Papiere genau das betrifft.

Im März 2000, also kurz vor dem Platzen der Dotcom-Blase, veröffentlichte meine Beratungsfirma einen Artikel mit dem sinngemäßen Titel „Sollten Vermögensverwalter Wachstumsaktien in Anlageportfolios übergewichten?" Ich arbeitete mehrere Monate an diesem Artikel, verbrachte Stunden in der Bibliothek der Universität, an der ich studiert hatte, wühlte mich durch wissenschaftliche Zeitschriften und versuchte zu verstehen, ob sich die Welt der Geldanlage wirklich verändert hatte. Ich war erst seit fünf Jahren professioneller Anleger und in dieser ganzen Zeit hatte eine rauschende Hausse geherrscht. Vielleicht war es ja diesmal wirklich anders.

Aus meinen Recherchen lernte ich, dass die langfristige Performance von Aktien von den drei Performance-Faktoren bestimmt wird, die ich in diesem Buch bereits beschrieben habe: von Dividenden, Gewinnwachstum und dem, was die Anleger für die Gewinne zu bezahlen bereit sind. Jede Aktie hat eine implizite Wachstumsrate, die in ihren Preis eingebettet ist. Die Anleger sind bereit, für Aktien mit höherem erwarteten Gewinnwachstum mehr zu bezahlen als für Aktien, deren Gewinn langsamer und erratischer wächst. Aber nun kommt das Entscheidende: Eine Aktie übertrifft den Markt nur dann, wenn ihr tatsächliches Gewinnwachstum das bereits in ihren Kurs eingepreiste erwartete Gewinnwachstum übersteigt. Outperformance basiert nicht darauf, dass ein Unternehmen seine Gewinne schneller steigert als andere Unternehmen. Es kommt nur darauf an, ob das Unternehmen seine Gewinne schneller steigert, als es die Anleger erwartet hatten. Ich formulierte das in dem Artikel so:

„Sicherlich wirken sich das Aufkommen des Internets und andere technische Fortschritte der New Economy tief greifend auf die Kapitalmärkte und auf unseren Alltag aus. Zweifellos verdienen Wachstumswerte höhere Bewertungen als Value-Aktien der Old Economy, weil ihre Gewinne schneller wachsen. Jedoch muss Vermögensverwaltern, die Wachstumsaktien in ihren Portfolios übergewichten, auch klar sein, dass sie dadurch nicht darauf setzen, dass Wachstumsaktien aus dem Technologiebereich die Welt verändern werden. Diese Frage ist definitiv zu bejahen. Vermögensverwalter, die Wachstumsaktien übergewichten, setzen darauf, dass die Analysten an der Wall Street und andere Marktteilnehmer derzeit die Gewinnwachstumsraten dieser New-Economy-Aktien unterschätzen, nachdem sie das Gewinnwachstum historisch eher überschätzt haben. Wenn Anleger zu der oben erwähnten Wette bereit sind, lautet die relevante Frage […], ob der mögliche Nutzen, richtigzuliegen, die mögliche Strafe für einen Irrtum aufwiegt.“[20]

ADAPTIVE MÄRKTE

Ich schlug keine neue Theorie für das vor, was ich als Anlageberater erlebte, aber Andrew W. Lo, Finanzprofessor an der Sloan School of Management am MIT, tat es. Die Theorie, die er als Erweiterung der Effizienzmarkthypothese entwickelt hat, wird als Hypothese der adaptiven Märkte bezeichnet. Diese Theorie besagt, dass die Märkte in vielen Situationen tatsächlich insofern effizient sind, als Wertpapiere korrekt bewertet sind. Zu anderen Zeiten verändert sich die Situation so sehr, dass die Heuristiken oder Faustregeln, anhand deren die Anleger Portfolioentscheidungen treffen, suboptimal sind.[21] Lo schreibt:

„Die Klugheit der Massenpsychologie hängt davon ab, ob die Irrtümer von einzelnen Anlegern einander ausgleichen. Aber wenn wir alle bestimmte Verhaltensmuster an den Tag legen, die stets auf die gleiche Weise irrational sind, gleichen die Fehler einander manchmal nicht gegenseitig aus. Wenn man eine defekte Waage benutzt, die zu viel anzeigt, verschafft es einem keine genauere Angabe des eigenen Gewichts, wenn man den Durchschnitt aus zahlreichen Wiegevorgängen bildet […]. Durch Arbitrage und Gewinnstreben lassen sich zwar Fehlurteile ausnutzen, aber auch sie beruhen auf der Fähigkeit von Anlegern, zu erkennen, dass ein Fehler vorliegt. In vielen Fällen ist diese Erwartung schlicht unrealistisch. Die Geschichte der Märkte steckt voller ‚rationaler‘ Anleger, die sich irren, während sie sich restlos darauf verlassen, ihr Urteil sei solide, bis sie von Informationen zu Fall gebracht werden, die einfach über den Rahmen ihrer Betrachtung oder ihres Verständnisses hinausgehen."[22]

Lo behauptet, die Marktteilnehmer könnten sich kollektiv irren und daraus könne sich eine systematische Über- oder Unterbewertung von Anlageklassen oder Untersegmenten des Marktes ergeben. Die Hypothese der adaptiven Märkte bezeichnet dieses Verhalten als suboptimal, nicht als rein irrational, weil die Heuristik oder der Bezugsrahmen der Anleger nicht mehr zum Marktumfeld passt.[23] Lo führt das Beispiel eines großen weißen Hais an einem Strand an. Der Hai ist an diese neue Umgebung offenkundig nicht angepasst und das führt zu suboptimalem Verhalten.[24]

Die Marktteilnehmer können sich kollektiv irren, weil sie unter Bedingungen extremer Ungewissheit handeln. Um zur Tat schreiten zu können, konstruieren sie Narrative oder Geschichten über das, was ihrer Meinung nach geschehen wird. David Tuckett, Leiter des Centre for the Study of Decision-Making Uncertainty des University College in London, schreibt: „Die Preise von Finanzanlagen können nicht durch Fundamentaldaten festgelegt sein – denn diese sind unbekannt und werden es in der Zukunft auch sein –, sondern anhand von Geschichten über Fundamentaldaten – insbesondere von denjenigen Geschichten, die der Marktkonsens zu einem gegebenen Zeitpunkt für wahr hält. Da sich außerdem die beliebtesten Geschichten, die als wahr gelten, wesentlich schneller ändern können als die Fundamentaldaten, können sich die Bewertungen von Anlagen tatsächlich sehr schnell ändern."[25]

Tuckett weist darauf hin, dass es Zeiten gibt, zu denen die erwähnten Geschichten vollständig unrealistisch werden, so geschehen während der Dotcom-Blase und der Tulpenmanie. Die Marktteilnehmer jagen dem nach, was er „Fantasieobjekte" nennt, also sehr aufregenden Ideen, Menschen oder Dingen, die unseren tiefsten Wünschen entsprechen und verlockende Gewinne verheißen. Diese idealisierten Objekte erscheinen unserem Denken derart attraktiv, dass sie jeglichen Zweifel zurückdrängen, etwas könnte nicht wie geplant funktionieren. Sie können Anleger dazu verleiten, überzogene Risiken einzugehen, indem sie einen riesigen Teil ihres Vermögens in sehr konzentrierte Spekulationen stecken, zum Beispiel in Kryptowährungen, die sie für eine sichere Sache halten.

Unser aus zehn Fragen bestehender Rahmen hilft uns, mit den Füßen auf dem Boden zu bleiben und nicht Fantasieobjekten zum Opfer zu fallen, zu denen auch Anlageprofis und Anlagestrategien gehören, die überdimensionalen Lohn bei wenig oder gar keinem Risiko versprechen. Wenn man die Vor- und Nachteile einer bestimmten Geldanlage beurteilt und einschätzt, was passieren muss, damit das Investment aufgeht, kann man vernünftigere Narrative konstruieren, die Raum für Zweifel lassen und einen von zu großer Zuversicht abhalten. Zudem kann man bei Recherchen auf glaubwürdige Quellen zurückgreifen, die Narrative liefern, die womöglich unseren Ansichten zuwiderlaufen.

WIE MAN AKTIVE UND PASSIVE GELDANLAGE IM PORTFOLIO ABWÄGT

Die Beantwortung der Frage „Wer steht auf der anderen Seite des Trades?" hilft uns, Verluste zu vermeiden, indem wir Kontrahentenrisiken erkennen, die zu einem Scheitern des Trades führen könnten, weil eine andere Partei der Transaktion ihren Teil des Trades nicht erfüllt. Zudem hilft uns die Erwägung der Frage, wer auf der anderen Seite des Trades steht, finanzielle Situationen wie den Devisenhandel zu meiden, in denen man, um Gewinn zu erzielen, schlauer oder besser informiert sein muss als die Partei, die einem die Anlage verkauft. Kluge Anleger konzentrieren sich auf Anlagechancen mit positiven Erwartungsrenditen, die nicht davon abhängen, ob man andere Anleger überlistet. Dieser Fokus veranlasst viele Anleger, auch mich, in erster Linie passive Indexfonds oder ETFs ins Portfolio aufzunehmen. Diese passiven Instrumente streben an, die Rendite eines Teilbereichs des Marktes zu erzielen – im Gegensatz zu aktiven Instrumenten, die anstreben, ein Marktsegment durch die Auswahl von Wertpapieren zu übertreffen.

Der Einsatz passiver Indexfonds bedeutet nicht, dass man als Anleger in allen Bereichen der Geldanlage passiv sein sollte. Andrew Lo stellt – und beantwortet – in seinem Buch die provokative Frage: „Muss passive Geldanlage Risiken immer passiv in Kauf nehmen und kann sie niemals die Vorteile aktiver Geldanlage genießen? Die Antwort lautet Nein."[26] Zur Arbeit eines Portfoliomanagers gehört unter anderem, dass man Kapital aktiv denjenigen Bereichen des Marktes zuweist, die bezüglich der Erwartungsrendite und der Bewertung am attraktivsten sind, und dass man Bereiche meidet, bezüglich deren die Anleger übertrieben optimistisch sind. Das deutet nämlich darauf hin, dass die künftigen Renditen dort niedriger ausfallen werden. Das ist Risikomanagement. Risikomanagement ist keine Vorhersage der Zukunft, sondern, wie der Hedgefonds-Manager Ray Dalio es formuliert, die „jederzeit angemessene [Reaktion] auf die verfügbaren Informationen".[27] Das bedeutet nicht, dass man täglich, wöchentlich oder auch nur monatlich etwas an seinem Portfolio ändern müsste. Es heißt einfach nur, dass man sich des Marktumfelds bewusst bleiben muss, auf die Geschichten achten muss, die sich die Anleger selbst erzählen, und seine Allokationen gegebenenfalls klug anpassen muss.

ZUSAMMENFASSUNG

- Die Beantwortung der Frage „Wer steht auf der anderen Seite des Trades?" hilft uns, Kontrahentenrisiken zu erkennen, die zu Verlusten durch einen fehlgeschlagenen Trade führen können, weil eine andere Partei der Transaktion ihren Teil des Trades nicht erfüllt.
- Die Beantwortung der Frage, wer auf der anderen Seite des Trades steht, hilft uns außerdem, Investments zu vermeiden, bei denen der finanzielle Erfolg davon abhängt, ob man die Zukunft kennt und/oder ob man andere Anleger überlistet.
- Die Daten von Performance-Informationsdienstleistern zeigen, dass es äußerst schwierig ist, den Aktienmarkt dadurch zu übertreffen, dass man fehlbewertete Aktien identifiziert; die meisten aktiven Manager performen

unterdurchschnittlich und denjenigen mit überdurchschnittlicher Performance fällt es schwer, ihre Outperformance gegenüber ihresgleichen aufrechtzuerhalten.

- Es ist zwar schwierig, einzelne fehlbewertete Wertpapiere zu identifizieren, aber in ihrer Gesamtheit können sich die Anleger trotzdem irren, sodass sich eine systematische Über- oder Unterbewertung einer Anlageklasse oder von Untersegmenten des Marktes ergibt.
- Zum Portfolio- und Risikomanagement gehört es, Mittel aktiv denjenigen Bereichen des Marktes zuzuweisen, die bezüglich Erwartungsrendite und Bewertung am attraktivsten sind, und diejenigen Bereiche zu meiden, bezüglich deren die Anleger übertrieben optimistisch sind, was darauf hindeutet, dass deren Renditen niedriger ausfallen werden.

6

Was ist das Anlagevehikel?

Die Beurteilung von börsennotierten Fonds, Investmentfonds und anderen Anlagepapieren

---

DIE ZEHN FRAGEN

1. Was ist es?
2. Ist es Geldanlage, Spekulation oder Glücksspiel?
3. Welcher Vorteil winkt?
4. Welcher Verlust droht?
5. Wer steht auf der anderen Seite des Trades?
6. **Was ist das Anlagevehikel?**
7. Was braucht man, um erfolgreich zu sein?
8. Wer sahnt dabei ab?
9. Wie wirkt es sich auf Ihr Portfolio aus?
10. Sollten Sie investieren?

FRAGE 6: WAS IST DAS ANLAGEVEHIKEL?

Ein Anlagevehikel ist ein Instrument, Produkt oder Gebinde, das eine bestimmte Anlagestrategie beherbergt. Bevor man investiert, sollte man in der Lage sein, die Merkmale eines Anlagevehikels zu erklären, unter anderem die Erwartungsrendite und das Risiko in Form des maximalen Drawdowns, der Liquidität, der Gebühren, der Struktur und der Preisgestaltung.

Ein Hörer meines Podcasts fragte mich einmal nach einer Anlage, mit der er nicht vertraut war. Sein damals 97-jähriger Vater war kurz zuvor gestürzt und erholte sich gerade von einer Operation, bei der ihm eine neue Hüfte eingesetzt worden war. Der Vater hatte den Sohn gebeten, ihm bei der Steuererklärung zu helfen. In mehreren Steuerformularen waren Anlagen mit langen, verwirrenden Namen aufgelistet und der Hörer fragte seinen Broker danach. Der Broker übermittelte ihm ein paar Informationen über die Anlagen und der Hörer sandte sie mir für den Fall zu, dass ich sie in meiner Sendung besprechen wollte.

Eines dieser Investments hieß: „autocollable contingent income note linked to the worst of American Airlines Group, Inc., Delta Airlines Inc., Southwest Airlines Company, and United Continental Holdings, Inc." [Ganz offensichtlich ein an mehrere Gesellschaften gebundenes strukturiertes Knock-out-Produkt, Anm. d. Ü.] Ich verbrachte fast eine Stunde lang mit der Lektüre des 23-seitigen Prospekts und versuchte zu verstehen, worum es sich bei diesem Investment handelte. Es stellte sich heraus, dass es sich um ein strukturiertes Produkt von BNP Paribas handelte. Das Papier wirft einen monatlich ausgezahlten Jahreszins von neun Prozent ab, wenn keine der Aktien der vier genannten Fluggesellschaften weiter als 50 Prozent unter ihren Preis zum Zeitpunkt der Ausgabe des Zertifikats fällt. Bei Fälligkeit des Papiers nach drei Jahren Laufzeit bekommen die Anleger den Nennwert zurück, falls keine der Aktien um mehr als 50 Prozent gefallen ist. Ist eine der Aktien um mehr als 50 Prozent gefallen, reduziert sich die Rückzahlung des Nennwerts um den prozentualen Kursverlust der Aktie mit der schlechtesten Performance. Außerdem wird das Papier, falls alle Aktien innerhalb der ersten sechs Monate nach der Begebung gestiegen sind, vorzeitig gekündigt und es werden keine weiteren Zinsen ausgeschüttet.

DIE ANWENDUNG DES INVESTMENTRAHMENS

Bewerten wir nun dieses Zertifikat anhand der ersten fünf Fragen unseres Investmentrahmens, um zu entscheiden, ob es sich als Investition lohnt.

Die erste Frage lautet: „Was ist es?" Normalerweise fällt ein Investment, dessen Name aus 24 Wörtern besteht und dessen Prospekt 23 Seiten umfasst, bei dem Test „Kann ich es jemand anderem erklären?" durch. Aber machen wir trotzdem weiter und schauen, wie es sich bei den anderen Fragen schlägt.

Die zweite Frage lautet: „Ist es Geldanlage, Spekulation oder Glücksspiel?" Hat die „automatisch kündbare bedingte Anleihe" – so eine mögliche Teilübersetzung der Bezeichnung – eine positive Erwartungsrendite, die darauf hindeutet, dass es sich wirklich um eine Anlage handelt? Ist sie eine Spekulation, bei der Uneinigkeit herrscht, ob die Rendite positiv oder negativ sein wird? Oder ist sie ein Glücksspiel mit negativer Erwartungsrendite? Das lässt sich auf keinen Fall mit Sicherheit sagen. Das Papier ist zu komplex und die Renditen zu ungewiss, um es auch nur grob einzuordnen. Ein weiterer Grund, nicht in dieses Papier zu investieren.

Welcher Gewinn winkt? Das ist ganz klar zu beantworten. Der Gewinn ist auf neun Prozent im Jahr begrenzt. Hinzu kommt die Herausforderung, dass das Produkt nur dann einen Ertrag bringt, wenn keine der vier Airline-Aktien um mehr als 50 Prozent fällt. Wenn alle vier Aktien steigen, wird das Papier vorzeitig gekündigt und der Inhaber bekommt keine Zinsen mehr. Es kann also theoretisch passieren, dass der Inhaber nur zwei Zinszahlungen bekommt, bevor das Papier gekündigt wird. Das ergäbe eine Rendite von 4,5 Prozent, von der noch 3,5 Prozent Provision abgehen. Das bedeutet, dass der Inhaber in sechs Monaten eine Rendite von einem Prozent erzielt.

Welcher Verlust droht? Der maximale Drawdown des Produkts beträgt fast 100 Prozent, allerdings müsste dafür eine der Fluglinien oder der Emittent des Papiers bankrottgehen. Dieses Risiko ist zwar gering, aber tatsächlich gegeben. Die Vorläufergesellschaft der American Airline Group – AMR – meldete im Jahr 2011 Insolvenz an und die Aktionäre erlitten dadurch einen Verlust von annähernd 100 Prozent.[1]

Wie hoch ist die Wahrscheinlichkeit, dass eine der Aktien um die Hälfte fällt, ohne dass die Fluggesellschaft bankrottgeht, sodass sich auf das Papier ein potenzieller Verlust von mehr als 50 Prozent ergibt? Es besteht ein nennenswertes Risiko, dass dies geschieht. Alle vier Airline-Aktien fielen im Zuge der globalen Rezession 2008 um deutlich mehr als 50 Prozent, United Continental Holdings sogar um mehr als 90 Prozent.[2] Außerdem fiel die Aktie der American Airlines Group nach Abschluss des Insolvenzverfahrens vom 20. März 2015 bis zum 24. Juni 2016 um knapp über 50 Prozent und das in einer Phase des Wirtschaftswachstums.[3]

Unsere nächste Frage lautet: „Wer steht auf der anderen Seite des Trades?" Der erste Aspekt dieser Frage bezieht sich auf das Kontrahentenrisiko. Da es sich um eine private Schuldverschreibung handelt, ist BNP Paribas die Gegenpartei. Die Zahlungen hängen also von der Bonität von BNP Paribas ab. Sollte die Bank bankrottgehen, würden sich die Inhaber des Produkts mit anderen nicht abgesicherten Gläubigern in die Warteschlange einreihen und wahrscheinlich ihre gesamte Investition oder den größten Teil davon verlieren, weil die Papiere durch kein zugrunde liegendes Vermögen besichert sind.

Der zweite Aspekt der Beantwortung der Frage „Wer steht auf der anderen Seite des Trades?" ist die Erwägung folgender Frage: „Was weiß der Verkäufer BNP Paribas über den künftigen Wert und die künftige Performance dieser Wertpapiere, was der Käufer nicht weiß?" Eine ganze Menge. Es besteht kein Zweifel, dass BNP Paribas diese Zertifikate aufwendig so strukturiert hat, dass sie der Bank Profit einbringen. Das Unternehmen verfügt sicherlich über eine Schätzung, wie wahrscheinlich es ist, dass eine Airline-Aktie in den nächsten drei Jahren um 50 Prozent fallen wird. Wahrscheinlich hat sich BNP Paribas sogar so sehr gegen Risiken abgesichert, dass es auch dann Plus macht, wenn es die neun Prozent im Jahr auszahlen muss. Es könnte sein, dass BNP Paribas Kunden hat, die genau auf das Gegenteil dieses strukturierten Produkts setzen. In diesem Fall wäre es BNP Paribas gleichgültig, wie sich die Fluggesellschaften entwickeln, denn die Wetten seiner Kunden und der Käufer dieses Papiers würden einander ausgleichen. BNP würde durch die Gebühren und durch die Provision Geld verdienen.

Eine Jahresrendite von neun Prozent ist attraktiv und wenn ich nicht nachgesehen hätte, hätte ich die Wahrscheinlichkeit, dass eine der Airline-Aktien in den nächsten drei Jahren um mehr als 50 Prozent fällt, für gering gehalten, denn das sieht nach einem extremen Ereignis aus. Wer dieses Papier kauft, wettet darauf, dass die Preise der vier Aktien nicht um mehr als 50 Prozent sinken werden. BNP Paribas wettet nicht, wenn es solche Papiere verkauft. Es hat sich dahingehend abgesichert, dass es damit Gewinn erzielt.

Unser Investmentrahmen hätte uns davon abgehalten, diese automatisch kündbare bedingte Schuldverschreibung zu kaufen. Der Gewinn ist bei neun Prozent gedeckt und gleichzeitig besteht ein erhebliches Risiko des Kapitalverlusts. Bei dem 97-jährigen Mann war das leider anders. Sein Broker verkaufte ihm neun derartige Papiere und verdiente daran jeweils 3,5 Prozent Provision. Sie machten acht Prozent des Vermögens seines Kunden aus. Laut Sozialversicherung hat ein 97-jähriger Mann eine Lebenserwartung von 2,48 Jahren und die Wahrscheinlichkeit, dass er innerhalb des nächsten Jahres stirbt, beträgt 30 Prozent.[4] Anders gesagt war die Lebensdauer dieser illiquiden Papiere höher als die Lebenserwartung des Kunden. Demnach waren diese Papiere für diesen Mann völlig ungeeignet. Selbst wenn sie leicht verständlich gewesen wären und eine positive Erwartungsrendite gehabt hätten, wären sie aufgrund ihrer Illiquidität und der kurzen Lebenserwartung des Kunden ungeeignet gewesen. Der Broker hätte Anlagen empfehlen sollen, die sich leicht hätten verkaufen lassen, falls sein Kunde gestorben wäre – außer vielleicht wenn die Papiere Teil eines Erbschaftsplans gewesen wären. Drei Monate, nachdem mir der Hörer von den automatisch kündbaren Schuldverschreibungen erzählt hatte, verstarb sein Vater und hinterließ komplizierte Anlagen, die der Nachlassverwalter entwirren musste.

DIE BEURTEILUNG VON ANLAGEVEHIKELN

Die Liquidität oder die Möglichkeit, aus einem Investment auszusteigen, gehört zu den Komponenten, die man bei der Beantwortung unserer sechsten Frage „Was ist das Anlagevehikel?" berücksichtigen muss. Ein Anlagevehikel ist das Instrument, das Produkt oder das Gebinde, das eine bestimmte Anlagestrategie beinhaltet. Das Anlagevehikel kann das tatsächliche Ertrag generierende Instrument sein, beispielsweise eine Aktie, eine Anleihe, ein Wohngebäude oder eine automatisch kündbare bedingte Schuldverschreibung. Das Vehikel kann aber auch ein Gebilde wie ein Investmentfonds, ein geschlossener Fonds oder ein ETF sein, bei dem ein Anlageberater die zugrunde liegenden Aktien, Anleihen oder sonstigen Wertpapiere auswählt. Manchmal sind mehrere Anlagevehikel übereinandergeschichtet, zum Beispiel bei einem Real-Estate-Investment-Trust-ETF, der in börsennotierte Real Estate Investment Trusts (REITs) investiert, die ihrerseits Bürogebäude, Wohnungen und Einzelhandelsgeschäfte besitzen, von denen sie Miete beziehen.

Die Erwartungsrendite, die Faktoren dieser Rendite und das Risiko in Form der Volatilität und des maximalen Drawdowns sind Eigenschaften von Anlagevehikeln. Diese Themen haben wir bereits in früheren Kapiteln besprochen. Wäre ein Anlagevehikel ein Auto, hätten wir bereits den Motor, das Getriebe und die Bremsen besprochen. Jetzt wenden wir uns anderen Komponenten zu, beispielsweise der Innenausstattung des Wagens. Die vier zusätzlichen Eigenschaften, die man bei der Beurteilung von Anlagevehikeln berücksichtigen muss, sind Liquidität, Kosten, Struktur und Preisbildung.

Liquidität

Die Liquidität gibt an, wie schnell und wie leicht man ein Investment verkaufen kann, was das kostet und wann man nach dem Verkauf sein Geld bekommt. Beispielsweise verfügen Aktien und ETFs über Intraday-Liquidität, da man sie während des gesamten Handelstags einer Börse verkaufen kann. Offene Investmentfonds verfügen über eine Schlusskurs-Liquidität, da man sie nach Handelsschluss handeln kann. Tägliche Liquidität bedeutet allerdings nicht, dass man sein Geld sofort bekommt. In den Vereinigten Staaten müssen Brokerfirmen die Mittel aus dem Verkauf börsengehandelter Wertpapiere wie Aktien und ETFs ihren Kunden innerhalb von zwei Geschäftstagen zur Verfügung stellen.[5]

Die Liquiditätskonditionen privater Investments sind unterschiedlich und es ist entscheidend, diese Bedingungen zu kennen, bevor man eine Investition tätigt. Das automatisch kündbare Zertifikat, das wir analysiert haben, ist bei Fälligkeit nach einer Laufzeit von drei Jahren liquide. Es kann auch nach einer Wartezeit von sechs Monaten quartalsweise vorzeitig gekündigt werden, wenn alle vier Airline-Aktien zum selben oder zu einem höheren Preis gehandelt werden als zu dem Zeitpunkt, als das Papier begeben wurde.

Der einzige Grund, in ein Vehikel zu investieren, das über keine tägliche Liquidität verfügt, ist der, dass es eine höhere Erwartungsrendite als sein börsengehandeltes Pendant hat oder dass es ein anderes Merkmal besitzt, das die Illiquidität rechtfertigt. Die zusätzliche Rendite einer Investition in eine illiquide Anlage bezeichnet man als Illiquiditätsprämie. Wenn ein privates Investment eine höhere Rendite als ein ähnliches börsengehandeltes Wertpapier hat, ist die nächste logische Frage die nach dem Warum. Wie wird die höhere Rendite generiert?

Zum Beispiel sind Real Estate Investment Trusts Wertpapiere, die gewerbliche Immobilien wie Bürogebäude, Wohnungen, Lagerflächen, Hotels und Einzelhandelsobjekte wie etwa Einkaufszentren besitzen. Die meisten REITs werden mit täglicher Liquidität an der Börse gehandelt. Es gibt aber auch private REITs auf Crowdfunding-Plattformen für Immobilien. Die Betreiber solcher privaten REITs sagen voraus, dass sie eine höhere Rendite als der REIT-Markt der öffentlichen Börsen generieren werden. Sie behaupten, sie könnten höhere Renditen erzielen, weil sie gewerbliche Immobilien zu attraktiven Preisen kaufen könnten. Vielleicht können sie das, aber sie konkurrieren beim Kauf dieser Immobilien auch mit den öffentlichen REITs und mit anderen institutionellen Investoren. Der Hauptgrund, weshalb private REITs und private Immobilienfonds den öffentlichen REIT-Markt übertreffen können, ist die Tatsache, dass sie größere Schuldenhebel einsetzen. Die REIT-Researchorganisation Nareit berichtet, dass der durchschnittliche börsengehandelte REIT je Dollar Marktwert der Vermögenswerte, die er hält, 35 Cent Schulden hat.[6] Im Gegensatz dazu haben private Immobilienfonds einschließlich privater REITs auf jeden Dollar Vermögen 50 bis 85 Cent Schulden. Wenn alles klappt, ergeben sich aus der höheren Verschuldung höhere Renditen für die Investoren privater Immobilienfonds, weil jeder Dollar an Kapital, den die Anleger investieren, dank des Schuldenhebels für den Kauf von mehr Einnahmen generierenden Vermögensgegenständen verwendet werden kann. Höhere Schuldenanteile sind aber auch riskanter, da sinkende Mieten und Immobilienpreise es sehr schwierig machen können, die Schulden zu bedienen, was möglicherweise zum Bankrott und zu Verlusten für die REIT-Anleger führt.

Um die potenziell höheren Renditen privater Investments zu erhalten, müssen Anleger auf die tägliche Liquidität verzichten. Beispielsweise erlaubt es eine Crowdfunding-Plattform ihren Anlegern nur, ihre Anteile an privaten REITs quartalsweise zurückzugeben. Außerdem fällt in den ersten Jahren des Investments ein Rücknahmeaufschlag von zwei bis drei Prozent an, wenn man aussteigt. Diese Rücknahmegebühr ist der Preis für die Liquidität einer illiquiden Anlage. Außerdem schränkt der Manager das Aufkommen der Rücknahmen pro Quartal ein und behält sich das Recht vor, keinerlei Anteile zurückzunehmen.[7]

Kosten

Die Gebühren für Anlagevehikel können dramatisch variieren. Bei einzelnen Wertpapieren wie Aktien oder Anleihen gibt es keine Gebühren außer der Transaktionsgebühr beim Einstieg und Ausstieg und manche Investment-Apps verlangen nicht einmal dann Gebühren. Gemischte Vehikel wie Investmentfonds oder ETFs verlangen normalerweise eine Verwaltungsgebühr und haben andere Kosten, die dem Berater für die Auswahl der Wertpapiere und für den Betrieb des Fonds erstattet werden. Aber nicht alle gemischten Vehikel verlangen Gebühren. Fidelity Investments bietet mehrere Index-Investmentfonds mit einer Kostenquote von null an. Investmentanbieter, die gebührenfreie Produkte anbieten, verdienen ihr Geld auf andere Art, beispielsweise durch gebührenpflichtige Zusatzdienstleistungen.

Bei privaten Investments fallen gewöhnlich höhere Kosten als bei öffentlichen Investments an, weil hier weniger Wettbewerb besteht und die Anlagestrategien meistens komplexer sind. Die Grundgebühr mancher privaten Anlagevehikel kann zwei Prozent des Anlagevermögens betragen und es können Anreizgebühren in Höhe von 20 Prozent des Gewinns anfallen. Die Kosten für ein Anlagevehikel senken die potenzielle Rendite und deshalb müssen wir als Anleger entscheiden, ob sich die Kosten für uns lohnen. In Kapitel 8 werden wir uns ausführlich mit den Anlagekosten auseinandersetzen.

STRUKTUR

Die Struktur eines Anlagevehikels besagt, wie es organisiert ist. Wird es mit täglicher Liquidität an der Börse gehandelt oder ist es ein privates Investment, das möglicherweise jahrelang nicht liquide ist? Ist es ein gemischtes Vehikel wie ein Investmentfonds mit zahlreichen Anlegern, die die zugrunde liegenden Anteile besitzen, oder ist es als separat gemanagter Account strukturiert, bei dem der Berater einzelne Wertpapiere für das Depot des Anlegers aussucht? Bei gemischten Vehikeln sind die Gebühren und die Mindestanlagesummen gewöhnlich geringer als bei Managed Accounts, aber dafür haben die Anleger weniger Kontrolle, was die steuerliche Berücksichtigung von Gewinnen und Verlusten betrifft. Es kann sein, dass ein argloser Anleger im weiteren Jahresverlauf Anteile an einem Investmentfonds zukauft und dann überrascht ist, dass der Fonds im Dezember eine große Ausschüttung an Kapitalerträgen durchführt, die der Anleger auch dann versteuern muss, wenn er an den Gewinnen gar nicht beteiligt war. Auch kann es sein, dass diese Gewinne durch andere Investoren entstanden sind, die aus dem Fonds ausgestiegen sind und dadurch den Fondsmanager gezwungen haben, Wertpapiere zu verkaufen, um die Rücknahmen zu bezahlen. Anders gesagt können bei einem gemischten Fondsvehikel Handlungen einiger Anleger Zusatzkosten für alle Anleger verursachen. Trotzdem legen die meisten Privatpersonen und viele Institutionen ihr Geld mittels gemischter Fonds wie ETFs und Investmentfonds an, weil sie mehr Wahlmöglichkeiten sowie tägliche Liquidität bieten und ihre Gesamtkostenquote geringer ist.

Anlagevehikel haben Verkaufsprospekte, in denen die Struktur, die Bedingungen und andere Merkmale des Investments beschrieben sind. Börsennotierte Investments haben einen „offiziellen" Prospekt, während private Investments ihre eigene Form der Broschüre anbieten. Als Anleger sollte man diese Unterlagen durchlesen, bevor man eine neue Anlage tätigt. Diese Unterlagen sind die beste Möglichkeit, die Frage „Was ist es?" zu beantworten.

Preisbildung

Das letzte Merkmal, das bei der Beurteilung eines Anlagevehikels zu beachten ist, ist die Art der Preisermittlung und die Frage, ob der Preis dem Wert der Anlage entspricht. Die Preise mancher Investments wie beispielsweise Aktien werden von den Anlegern bestimmt, indem sie sie an einem Sekundärmarkt wie etwa an einer Börse kaufen und verkaufen. Die Preise anderer Investments, zum Beispiel von Anleihen, werden von Händlern festgesetzt, die einschätzen, wie hoch die Nachfrage ist und wie teuer vergleichbare Wertpapiere gehandelt werden. Und schließlich werden die Preise mancher Investments, zum Beispiel die von offenen Investmentfonds, von dem Betreiber anhand des Wertes der zugrunde liegenden Vermögenswerte im Besitz des Fonds ermittelt.

Der Preis einer Anlage spiegelt nicht immer ihren Wert wider. Wie bereits in früheren Kapiteln besprochen, ist der Gegenwartswert eines

Investments der Preis seines zukünftigen Einnahmenstroms – beispielsweise in Form von Zinsen oder Dividenden – in heutigen Dollar. Da bezüglich dieser künftigen Zahlungsströme Ungewissheit bestehen kann, ist nicht immer sicher, ob der Preis dem inneren Wert entspricht. Es gibt bei Anlagevehikeln allerdings einen Aspekt von Preis und Wert, der über den theoretischen Wert hinausgeht. Es gibt Zeiten, in denen der Preis eines Anlagevehikels nicht dem Wert der ihm zugrunde liegenden Positionen laut deren einzelnen Preisen entspricht. Es kann sein, dass das Anlagevehikel mit 100 Dollar je Anteil bewertet ist, dass aber der Wert dessen, was das Vehikel besitzt, 110 Dollar je Anteil beträgt. Das bedeutet, dass das Vehikel mit zehn Prozent Abschlag auf den Wert der zugrunde liegenden Positionen gehandelt wird.

Den Wert eines gemischten Investmentvehikels wie eines Investmentfonds, ETFs oder geschlossenen Fonds bezeichnet man als Nettoinventarwert oder kurz – aus der englischen Bezeichnung „Net Asset Value" abgeleitet – als NAV. Er wird berechnet, indem man von dem Wert aller Vermögensgegenstände des Fonds einschließlich seines Barbestands seine sämtlichen Verbindlichkeiten abzieht und diese Zahl durch die Anzahl der umlaufenden Fondsanteile teilt. Die Betreiber offener Investmentfonds berechnen den Nettoinventarwert am Ende jedes Handelstags und legen den Marktpreis je Anteil gemäß diesem NAV fest. Das bedeutet, dass Anteilseigner, die aus dem Fonds aussteigen oder in ihn einsteigen, dies zu dem Marktpreis tun, der stets dem Wert der zugrunde liegenden Positionen je Anteil (NAV je Anteil) entspricht. Offene Investmentfonds ermöglichen Käufe und Rücknahmen, indem sie Anteile neu schaffen oder streichen. Die Anzahl der umlaufenden Anteile ist an die Nachfrage der zugrunde liegenden Anleger gebunden. Die Anzahl der Anteile ist theoretisch unbegrenzt. Deshalb werden Investmentfonds, die nach diesem Prinzip vorgehen, als offene Investmentfonds bezeichnet.

GESCHLOSSENE FONDS

Geschlossene Fonds sind ebenso wie offene Fonds gemischte Fonds, die von professionellen Managern geleitet werden, die Aktien, Anleihen und andere Wertpapiere auswählen. Der Unterschied zwischen geschlossenen und offenen Fonds besteht darin, dass geschlossene Fonds eine feststehende Anzahl von Anteilen haben. Diese Anteile werden mittels einer Neuemission (IPO = Initial Public Offering) geschaffen, durch die Kapital von den Anlegern beschafft wird. Dann investiert der Manager des geschlossenen Fonds das Kapital gemäß der im Fondsprospekt dargestellten Strategie. Wenn Anleger nach dem IPO in den Fonds einsteigen oder daraus aussteigen wollen, tun sie das, indem sie die Anteile am Sekundärmarkt, also an einer Börse, kaufen oder verkaufen. Da der Preis eines geschlossenen Fonds durch den Handel der feststehenden Zahl der Anteile am Sekundärmarkt bestimmt wird, nicht vom Fondsbetreiber, entspricht der Anteilspreis häufig nicht dem Nettoinventarwert. Geschlossene Fonds werden somit meistens mit einem Auf- oder Abschlag auf den Nettoinventarwert gehandelt. Beispielsweise betrug im Oktober 2018 der durchschnittliche Abschlag auf alle geschlossenen Fonds der Vereinigten Staaten 6,73 Prozent.[8] Es gab auch ein paar geschlossene Fonds, die mit Aufschlägen von mehr als 25 Prozent gehandelt wurden, und mindestens ein Fonds mit einem Aufschlag von mehr als 50 Prozent.[9] Es ergibt wirtschaftlich kaum einen Sinn, einen geschlossenen Fonds zu kaufen, der für 50 Prozent mehr als das gehandelt wird, was seine zugrunde liegenden Positionen wert sind, und doch halten sich diese Aufschläge.

Mit 275 Milliarden Dollar ist der Gesamtwert aller geschlossenen Fonds in den Vereinigten Staaten gering im Vergleich zu den 18,7 Billionen Dollar, die in Investmentfonds angelegt sind, und zu den 3,4 Billionen Dollar in ETFs.[10] Bei geschlossenen Fonds sind die Gebühren viel höher als bei Investmentfonds und ETFs und die meisten steigern ihre Rendite durch Hebeleinsatz. Zudem sind die meisten Anleger geschlossener Fonds Privatpersonen. Das heißt, wenn man einen geschlossenen Fonds kauft oder verkauft, steht gewöhnlich eine Privatperson auf der anderen Seite des Trades. Da geschlossene Fonds an Börsen gehandelt werden, da sie sich überwiegend im Besitz natürlicher Personen befinden und da sie Hebel einsetzen, sind sie wesentlich volatiler als offene Investmentfonds, selbst wenn sie ähnliche Wertpapiere enthalten.

In Zeiten von Marktturbulenzen wachsen meistens die Abschläge auf geschlossene Fonds, weil Privatanleger ihre Positionen abstoßen. Der Kauf eines geschlossenen Fonds, der mit einem wesentlich höheren Abschlag als dem historischen gehandelt wird, kann eine attraktive Investition sein, weil man in der Zeit, in der man auf ein Schrumpfen des Abschlags wartet, Zinsen kassieren kann. Deshalb halte ich den Handel mit geschlossenen Fonds für eine verlockendere Strategie als den mit Devisen oder Rohstoffen. Bei geschlossenen Fonds tritt man nicht gegen Institutionen oder Algorithmen an, sondern gegen andere Privatanleger. Die meisten geschlossenen Fonds haben wegen des Einnahmenstroms eine positive Erwartungsrendite, was bedeutet, dass sie im Unterschied zu Devisen oder Rohstoff-Futures kein Nullsummenspiel sind, bei dem auf jeden Verlierer ein Gewinner kommt. Natürlich muss man sich, wenn man in geschlossene Fonds investiert, der viel höheren Kosten und der Hebelwirkung bewusst sein, die bei Marktrückgängen die Verluste vergrößern kann.

BÖRSENNOTIERTE FONDS

Börsennotierte Fonds sind marktfähige Wertpapiere, die anstreben, einen bestimmten Index oder ein bestimmtes Segment der Kapitalmärkte nachzubilden, beispielsweise die Aktien von Großkonzernen,

Anleihen oder REITs. Die meisten ETFs bilden passive Benchmarks nach, zum Beispiel den S&P 500 im Bereich amerikanischer Großunternehmen oder den Russell 2000 im Bereich amerikanischer Nebenwerte. Vor der Einführung des ersten ETFs im Jahr 1993 waren Anleger, die passiv in bestimmte Marktsegmente investieren wollten, auf Index-Investmentfonds angewiesen. ETFs ähneln offenen Investmentfonds insofern, als die Anzahl der umlaufenden Anteile nicht begrenzt ist, aber im Unterschied zu Investmentfonds werden ETFs während des gesamten Handelstags an einer Börse in der gleichen Weise gehandelt wie geschlossene Fonds.

Einzigartig unter den gemischten Fonds ist die Art, wie bei ETFs neue Anteile geschaffen werden. Rufen Sie sich ins Gedächtnis zurück, dass der Betreiber eines offenen Fonds am Ende eines Handelstags entsprechend der Kauf- und Verkaufsorders des Tages Anteile schafft oder zurücknimmt. ETF-Betreiber tun beides während des gesamten Handelstags sowie am Ende des Handelstags, indem sie eng mit großen Investment- und Finanzfirmen zusammenarbeiten, die man als Authorized Participants bezeichnet. Beispiele für Authorized Participants sind JPMorgan, Goldman Sachs, Citigroup und Morgan Stanley.[11] Jeden Tag veröffentlicht der ETF-Betreiber eine Liste von Wertpapieren und deren Gewichtungen, den sogenannten Creation-Wertpapierkorb, der den vom ETF gehaltenen Wertpapieren entspricht. Neue ETF-Anteile werden geschaffen, indem der ETF-Betreiber ETF-Anteile an einen Authorized Participant überträgt und im Austausch einen Wertpapierkorb erhält, der ungefähr dem Creation-Korb entspricht. In ähnlicher Weise erfolgt die Rücknahme von ETF-Anteilen, indem der ETF-Betreiber die Wertpapiere, aus denen der Creation-Korb besteht, gegen ETF-Anteile im Besitz des Authorized Participant eintauscht. Die neu geschaffenen beziehungsweise zurückgenommenen ETF-Anteile werden als Creation-Anteile bezeichnet und sie bestehen meistens aus Handelsblöcken von 25.000 bis 250.000 ETF-Anteilen.

Diese direkten – bargeldlosen – Übertragungen zwischen den Authorized Participants und den ETF-Betreibern im Laufe und am Ende des Handelstags tragen dazu bei, dass der Preis des ETFs weiterhin seinem Nettoinventarwert entspricht. Während des Handelstags veröffentlicht der ETF-Betreiber alle 15 bis 60 Sekunden den Nettoinventarwert des Fonds. Wenn eine Diskrepanz zwischen dem NAV und dem Preis des ETFs besteht, können institutionelle Investoren dadurch im Prinzip risikolose Gewinne erzielen, dass sie den ETF kaufen oder shorten und gleichzeitig die zugrunde liegenden Wertpapiere kaufen, die dem vom ETF festgelegten Creation-Korb entsprechen. Shorten oder Leerverkaufen ist eine Anlagemethode, bei der man Anlagepapiere verkauft, die man sich von einem anderen Anleger geliehen hat. Wenn der Preis des Papiers fällt, machen die Anleger Gewinn, wenn sie die Short-Position eindecken, denn dann kaufen sie ja das Papier, das sie dem ursprünglichen Besitzer zurückgeben müssen, zu einem niedrigeren Preis zurück als dem, zu dem sie die geliehenen Aktien verkauft hatten.

Nehmen wir zum Beispiel an, der ETF wird am freien Markt für 50 Dollar je Anteil verkauft, aber der Nettoinventarwert beträgt 55 Dollar. Die Authorized Participants können dann am freien Markt ETF-Anteile für 50 Dollar kaufen und sie mit den ETF-Betreibern gegen die Wertpapiere des Creation-Korbs eintauschen, die 55 Dollar je Anteil wert sind. Die unmittelbar erhaltenen Wertpapiere können dann am freien Markt verkauft werden, was dem Authorized Participant fünf Dollar Gewinn je Anteil einbringt. Innerhalb sehr kurzer Zeit würde dann die Nachfrage nach dem ETF am freien Markt, um sich diesen risikolosen Gewinn zu sichern, den ETF-Preis auf 55 Dollar hinauftreiben, was dem NAV entspräche.

Würde hingegen der ETF für 55 Dollar gehandelt und der NAV betrüge 50 Dollar, könnte der Authorized Participant den ETF shorten, indem er sich Anteile leiht und sie für 55 Dollar das Stück verkauft. Gleichzeitig könnte der Authorized Participant die Wertpapiere des

Creation-Korbs kaufen, die 50 Dollar wert sind, den Korb beim ETF-Betreiber gegen neue ETF-Anteile eintauschen und die Short-Position eindecken, indem er die neu ausgegebenen ETF-Anteile an das Depot verkauft, von dem er sich die ursprünglichen Anteile geliehen hat. So würde er einen Gewinn von fünf Dollar je Anteil erzielen, denn der Authorized Participant hätte sich am offenen Markt ETF-Anteile für 55 Dollar geliehen, es hätte ihn aber nur 50 Dollar gekostet, sich vom ETF-Betreiber neue ETF-Anteile zu beschaffen, um die Short-Position einzudecken. Und wieder würden innerhalb kürzester Zeit genügend ETF-Verkäufe durch Authorized Participants erfolgen, die sich den risikolosen Gewinn sichern wollen, sodass der ETF-Preis auf 50 Dollar je Anteil fallen würde.

Flash Crashs und andere ETF-Risiken

Die erheblich gewachsene Anzahl der ETFs bietet den Anlegern zwar bei sehr geringen Kosten Zugang zu sehr vielen verschiedenen Anlageklassen, aber diese Bequemlichkeit birgt auch Risiken. Wissenschaftliche Untersuchungen zeigen, dass die Zunahme der ETFs die Volatilität sowohl der von den ETFs nachgebildeten Indizes als auch von vielen diesen zugrunde liegenden Aktien erhöht hat, die die ETFs halten.[12] Zu einem großen Teil beruht die erhöhte Volatilität auf dem Handel der Authorized Participants, durch den sie Preisdifferenzen zwischen den ETFs und deren NAVs ausnutzen. Laut einem von S&P veröffentlichten Artikel kann diese erhöhte Handelsaktivität „die Liquidität der Wertpapiere aufzehren und dazu führen, dass ihre Preise von den durch die Fundamentaldaten gestützten Niveaus abweichen, wenn diese Aufzehrung im Verhältnis zur verfügbaren Liquidität hoch ist".[13] Anders gesagt wirkt es sich möglicherweise auf die Preise aus, wenn die Wertpapierpreise immer weiter vom inneren Wert der Papiere abweichen, weil immer mehr Handelsaktivität auf dem Versuch beruht, die Preise passiver

ETFs im Einklang mit ihren zugrunde liegenden Positionen zu halten, und nicht auf der Handelsaktivität von Anlegern mit fundamentalem Blick auf den inneren Wert der Papiere.

Die Marketmaker und die Authorized Participants brauchen aktuelle Preisinformationen und müssen mit ETFs und ihren zugrunde liegenden Wertpapieren handeln können, damit der ETF-Markt reibungslos funktioniert. In Zeiten großer Turbulenzen und Volatilität am Markt kann die Liquidität versiegen, was bei manchen Wertpapieren – auch bei ETFs – zu großen Kurslücken und Handelsunterbrechungen führt, falls ihre Preise eine bestimmte Kursbandbreite verlassen.[14] Wenn aufgrund von Handelsunterbrechungen keine korrekten Wertpapierpreise verfügbar sind, bricht der Preisbildungsmechanismus der ETFs zusammen, weil sich die Authorized Participants zurückziehen – und das führt zu schweren Preisverschiebungen.

Ein solcher „Flash Crash" ereignete sich am 24. August 2015. Er war ein Beispiel für eine Marktlawine, wie sie für komplexe adaptive Systeme typisch ist. Rufen Sie sich in Erinnerung, dass ein komplexes adaptives System aus einer großen Vielfalt miteinander zusammenhängender Eingangsgrößen und Agenten besteht, die sich mit der Zeit anpassen und lernen. Während sich das System weiterentwickelt, können komplexe Wechselwirkungen zu unerwarteten Ergebnissen führen. Am 24. August 2015 waren die globalen Aktienmärkte vor der Handelseröffnung in den Vereinigten Staaten bereits um drei bis fünf Prozent gefallen, was dazu führte, dass bei Handelseröffnung sofort eine überaus große Anzahl an Verkaufsorders ausgeführt werden musste. Die New York Stock Exchange meldete an jenem Morgen ein viermal so hohes Ordervolumen wie im Durchschnitt. Um 9:40 Uhr hatte aufgrund aktienspezifischer Handelsunterbrechungen aufgrund des „Limit Up-Limit Down Plan" (LULD) bei fast der Hälfte der an der NYSE gehandelten Papiere der übliche Handel noch nicht begonnen.[15] Handelsunterbrechungen bei einzelnen Aktien und ETFs aufgrund kurzfristiger Kursbewegungen wurden nach dem Flash Crash am 6. Mai 2010 eingeführt, als in einem Zeitraum von nur rund 36 Minuten viele Aktien und ETFs um mehr als 50 Prozent einbrachen und dann wieder zurückfederten.[16]

Die individuellen Handelsunterbrechungen bei mehr als 1.300 Wertpapieren hinderten die Authorized Participants daran, die übliche Handelsaktivität zu betreiben, die die ETF-Preise in Übereinstimmung mit ihren Nettoinventarwerten hält.[17] Infolgedessen kam es zu erheblichen Preisdiskrepanzen, wobei manche ETFs um mehr als 20 Prozent fielen, während die von ihnen nachgebildeten Indizes nur um circa fünf Prozent gefallen waren. Auch bestanden beträchtliche Kursabweichungen zwischen verschiedenen ETFs, die denselben Index nachbildeten.[18] Diese Preisdiskrepanzen führten dazu, dass bei manchen Anlegern, die Market-Orders über den Verkauf von ETF-Anteilen aufgegeben hatten, diese Orders zu wesentlich niedrigeren als den erwarteten Kursen und weit unter den Kursen ausgeführt wurden, zu denen der jeweilige ETF im weiteren Verlauf des Tages gehandelt wurde.[19]

Die erhebliche Zunahme des algorithmischen Hochfrequenzhandels könnte in Zukunft zu noch schwereren Flash Crashs führen. Charles Himmelberg, Co-Chief Markets Economist bei Goldman Sachs, schrieb in einer Mitteilung an die Kunden: „Wenn Schocks unbekannter Herkunft zu plötzlichen Preisrückgängen führen, haben HFTs (High Frequency Traders = Hochfrequenzhändler) womöglich Grund zu der Annahme, der Schock rühre von fundamentalen Nachrichten her (zum Beispiel bei einem Preisrückgang nach einer komplexen volkswirtschaftlichen Überraschung oder nach der Ankündigung einer drastischen politischen Maßnahme). Unter diesen Umständen besteht für die HFTs ein erhöhtes Risiko, ungünstigerweise von fundamental besser informierten Tradern ausgewählt zu werden, sodass ihre optimale Reaktion darin besteht, entweder dadurch Liquidität abzuziehen, dass sie ihre Preisgebote ausweiten, oder dadurch, dass sie sie vollständig zurückziehen."[20]

Dieser Liquiditätsmangel kann bei manchen Wertpapieren zu Kurseinbrüchen führen, die Handelsunterbrechungen auslösen und so die Handelsaktivitäten der Authorized Participants der ETFs unterbrechen. Daraus kann eine negative Rückkopplungsschleife entstehen: Die Hochfrequenzhändler ziehen noch mehr Liquidität ab, weil sie den Handel verweigern, dies führt zu noch größeren Kurseinbrüchen, weiteren Handelsunterbrechungen und Preisverschiebungen zwischen ETFs und den Indizes, die sie nachbilden.[21]

Wie man sich beim Aufgeben von Orders schützt

ETFs wirken zwar unkompliziert und benutzerfreundlich, aber unter ihrer Oberfläche lauert eine Menge Komplexität. Zu unseren Verantwortlichkeiten als Portfoliomanager gehört es unter anderem, dafür zu sorgen, dass wir den bestmöglichen Preis bekommen, wenn wir in unseren Depots Handelsgeschäfte eingehen. Wenn man ETFs oder andere börsennotierte Wertpapiere einschließlich geschlossener Fonds kauft oder verkauft, sollte man niemals Market-Orders aufgeben, bei denen das Papier zum aktuellen Marktpreis gekauft oder verkauft wird. Märkte können sich schnell bewegen, sodass eine Market-Order möglicherweise zu einem völlig anderen Preis als dem ausgeführt wird, der bei Aufgabe der Order am Computerbildschirm angezeigt wurde. Stattdessen sollte man den genauen Preis angeben, zu dem man das Papier kaufen oder verkaufen möchte. Man bezeichnet das als Limit-Order. In den meisten Fällen sollte man einen Kurs angeben, der zwischen dem Geld- und dem Briefkurs liegt. Der Geldkurs ist der aktuelle Preis, der einem geboten wird, wenn man Aktien verkaufen will, der Briefkurs der aktuelle Preis, der einem geboten wird, wenn man Aktien kaufen will. In einem normalen Marktumfeld dürfte der Trade zum angegebenen Limit-Preis ausgeführt werden, aber wenn es aus irgendeinem Grund zu einem weiteren Flash Crash kommen sollte, schützt man sich durch den Einsatz von Limit-Orders dagegen, dass Kauf- oder Verkaufsorders zu unvorteilhaften Preisen ausgeführt werden.

Bislang waren Flash Crashs, die ETFs betrafen, Einzelfälle und die Preisdiskrepanzen wurden innerhalb weniger Stunden aufgelöst, ohne dass sie langfristig orientierten ETF-Besitzern Schaden zufügten. Ich behalte die ETFs in meinem persönlichen Portfolio, werde aber auf die Marktentwicklung achten und schauen, ob die Flash Crashs nicht häufiger und die Risiken nicht größer werden.

Als Portfoliomanager sollten wir auch den Prospekt oder die sonstigen Verkaufsunterlagen jedes Investments studieren, das wir in Betracht ziehen. Dabei sollten wir besonders auf die Gebühren und auf die Liquiditätskonditionen achten, die bei verschiedenen Anlagen sehr unterschiedlich ausfallen können.

ZUSAMMENFASSUNG

- Ein Anlagevehikel ist ein Instrument, Produkt oder Gebinde, das eine bestimmte Anlagestrategie beinhaltet. Beispiele für Anlagevehikel sind Aktien, Anleihen, REITs, ETFs und Investmentfonds.
- Merkmale von Anlagevehikeln sind die Erwartungsrendite, das Risiko in Form des potenziellen maximalen Drawdowns, die Liquidität, die Kosten, die Struktur und die Preisbildung.
- Offene Investmentfonds, geschlossene Fonds und ETFs sind Anlagevehikel mit täglicher Liquidität. Bei ETFs und offenen Investmentfonds ist die Anzahl der umlaufenden Anteile nicht beschränkt, während sie bei geschlossenen Fonds festgelegt ist.
- Die Preise von ETFs und geschlossenen Fonds werden von den Anlegern durch den Handel von Anteilen am

Sekundärmarkt bestimmt. Die Preise geschlossener Fonds können erheblich von ihrem Nettoinventarwert abweichen. Bei ETFs gibt es einen direkten Mechanismus zur Schaffung und Rücknahme von Anteilen, der bei einem normalen Marktumfeld den Preis in Übereinstimmung mit dem Nettoinventarwert hält.

- Bei seltenen Gelegenheiten, beispielsweise bei Flash Crashs, bricht der Preisbildungsmechanismus von ETFs zusammen, was zu großen Abweichungen zwischen den ETFs, dem Wert ihrer zugrunde liegenden Positionen und dem Index führt, den sie nachbilden wollen.
- Man kann sich beim Handel mit ETFs und anderen Wertpapieren den besten Preis sichern, indem man Limit-Orders einsetzt.

7

Was braucht man, um erfolgreich zu sein?

Erkennen, was das Ergebnis von Investments bestimmt

DIE ZEHN FRAGEN

1. Was ist es?
2. Ist es Geldanlage, Spekulation oder Glücksspiel?
3. Welcher Vorteil winkt?
4. Welcher Verlust droht?
5. Wer steht auf der anderen Seite des Trades?
6. Was ist das Anlagevehikel?
7. **Was braucht man, um erfolgreich zu sein?**
8. Wer sahnt dabei ab?
9. Wie wirkt es sich auf Ihr Portfolio aus?
10. Sollten Sie investieren?

FRAGE 7: WAS BRAUCHT MAN, UM ERFOLGREICH ZU SEIN?

Bei allen Investments gibt es treibende Kräfte, die für die Rendite verantwortlich sind, beispielsweise Cashflow-Wachstum, Schuldenhebel und andere Eigenschaften, die ihre Performance bestimmen. Erfolgreiche Portfolios enthalten eine diversifizierte Mischung aus zuverlässigen Renditetreibern, die man zuvor identifiziert hat.

In Kapitel 4 habe ich erzählt, dass dem ehemaligen Fed-Vorsitzenden Ben Bernanke von seinen Mentoren erklärt wurde: „Wenn man nie ein Flugzeug verpasst, verbringt man zu viel Zeit auf Flughäfen."[1] Ein verpasster Flug kann die Reisepläne total durcheinanderbringen und deshalb versucht man, schon frühzeitig am Flughafen zu sein (aber nicht zu früh). Ich habe mein Scherflein an Flügen verpasst, aber einer ragt wegen des Grundes heraus, aus dem ich ihn verpasst habe: Ich verfuhr mich auf dem Weg zum Flughafen.

Als ich in Cincinnati wohnte und als Anlageberater arbeitete, waren die Flugpreise notorisch hoch, weil der Cincinnati/Northern Kentucky Airport damals ein bedeutendes Drehkreuz von Delta Airlines war. Deshalb stellte ich manchmal mein Auto am Flughafen von Cincinnati ab, mietete ein Auto, das ich am Ziel abgeben konnte, fuhr damit zum Flughafen Lexington, nahm von dort einen Flug zurück nach Cincinnati und flog von dort aus weiter zu meinem eigentlichen Ziel. Nach meiner Rückkehr stieg ich in Cincinnati aus dem Flugzeug und fuhr nach Hause. Diese lächerliche Reiseroute ersparte mir häufig 600 Dollar oder noch mehr an Flugkosten, vor allem bei Flügen nach New Orleans, wo ich mehrere Kunden hatte.

Der Flughafen Lexington liegt an einem großen Interstate Highway. Auf einer meiner Fahrten nach Lexington beschloss ich, die Interstate 75, die Cincinnati mit Lexington verbindet, zu verlassen und eine Abkürzung zum Flughafen zu nehmen. Das war noch vor der Ära von Handys mit Landkarten-Apps und ich hatte in dem Mietwagen kein GPS. Und auch keine Landkarte. Alles, was ich hatte, war ein unbestimmtes Gefühl aufgrund meiner früheren Besuche, wo der Flughafen Lexington liegen müsste.

Ich fuhr an grasbewachsenen Hügeln vorbei, auf denen Pferde auf ihren Koppeln weideten. Oft stieß ich bei meiner Fahrt durch die idyllische Landschaft auf eine Querstraße und musste entscheiden, ob ich nach rechts oder nach links abbiegen sollte. Nach einer halben Stunde Fahrt war mir klar, dass ich mich verirrt hatte. Da es an diesem Tag bewölkt war, konnte ich mich nicht nach der Sonne richten. Ich fuhr einfach weiter und hoffte, ich würde irgendwann den Kontrollturm sehen oder auf eine größere Straße treffen. Nach 45 Minuten kam Panik in mir auf, weil die Einsteigezeit meines Fluges schnell näherrückte und ich immer noch hoffnungslos desorientiert war. Es vergingen weitere 30 Minuten, bis ich den Flughafen endlich fand, aber da war es schon zu spät. Ich hatte meinen Flug verpasst und musste meinen Kunden anrufen, um ihm zu erklären, dass ich unser geplantes Essen absagen musste, weil es bei meiner Anreise eine „Verzögerung" gegeben hatte.

Ich hatte mich zwar verirrt, aber ich war nicht gänzlich verloren. Ich wusste, dass ich in Kentucky und ungefähr in der Nähe des Flughafens war, auch wenn ich nicht genau wusste, wo er sich befand. Daniel Boone hat einmal geschrieben: „Ich habe mich noch nie im Wald verirrt, allerdings war ich einmal drei Tage lang verwirrt."[2] So ging es auch mir. Nicht völlig verirrt, bloß verwirrt.

In der Einführung zu diesem Buch habe ich die ehemalige professionelle Pokerspielerin Annie Duke mit folgenden Worten zitiert: „Eine großartige Entscheidung ist das Ergebnis eines guten Prozesses."[3]

Ein verpasster Flug ist ein schlechtes Ergebnis. Manchmal liegt dieses Ergebnis außerhalb unserer Kontrolle, zum Beispiel weil ein Flug Verspätung hat und wir deshalb den Anschlussflug verpassen. Wenn man einen Flug verpasst, weil man sich auf dem Weg zum Flughafen verfahren hat, ist es das Ergebnis eines schlechten Prozesses. Als Anleger kann man zwar keine Portfolio-Ergebnisse vorschreiben, aber man kann durch gute Prozesse die Chancen auf gute Anlagerenditen erhöhen. Dabei kann der in diesem Buch beschriebene aus zehn Fragen bestehende Rahmen helfen. Die Beantwortung einer Reihe von Fragen, bevor man investiert, ist ein Prozess, der einem helfen kann, ungeeignete Investments auszusortieren. Auch kann uns dieser Prozess dabei helfen, attraktive Anlagechancen zu identifizieren. Die siebte Frage „Was braucht man, um erfolgreich zu sein?" verschafft uns Klarheit darüber, was bei Geldanlagen zu positiven Ergebnissen führt. Wir haben es zwar nicht unter Kontrolle, ob eine Anlage eine positive Rendite erzielt, aber wir können verstehen, was passieren muss, damit die Anlage zum Erfolg wird. Beispielsweise wissen wir, dass Anlagen, die Einnahmen in Form von Zinsen, Dividenden oder Mieten generieren, mit höherer Wahrscheinlichkeit eine positive Rendite abwerfen als Anlagen, die das nicht tun.

Bei einer anderen Gelegenheit verfuhr sich – ebenfalls wegen eines schlechten Prozesses – mein Uber-Fahrer auf dem Weg zu meiner Airbnb-Unterkunft in Brooklyn, obwohl er eine Straßenkarte hatte. Eine Handy-App gab dem Uber-Fahrer Schritt-für-Schritt-Anweisungen, wie er zu der Wohnung gelangen würde. Aber er hatte nicht die nötige Geduld, sich an die Anweisungen zu halten. Es nervte ihn, wenn wir im Stau standen, und er wartete nicht auf die angekündigte Abzweigung. Er bog vorzeitig ab, und das nicht unbedingt in unsere Richtung. Danach leitete ihn die App auf den nunmehr neuen schnellsten Weg zu der Wohnung um. Die Methoden des Fahrers waren in vielerlei Hinsicht problematisch. Zunächst einmal hatte er überhaupt keine Ahnung, wo er sich befand. Er war vollständig darauf angewiesen, dass ihm die App sagte, wohin er als Nächstes fahren sollte. Zweitens konnte er in der App den Maßstab nicht verändern, womit wir einen besseren Überblick über unseren Standort bekommen hätten. Wenn er vorzeitig abbog, hatte er daher keine Ahnung, ob wir in Richtung der Wohnung oder davon weg fuhren. Drittens sprach der Fahrer kaum Englisch, sodass es ihn noch mehr frustrierte, wenn ich ihm helfen wollte. Wir fuhren 25 Minuten lang im Kreis, bis wir uns auf dem Interstate Highway 278 in Brooklyn Heights wiederfanden, von dem wir so leicht nicht wieder herunterkamen. Wir ließen uns einfach vom Verkehr treiben. An diesem Punkt beruhigte sich der Fahrer, hörte auf, die App infrage zu stellen, und wir gelangten zu der Wohnung.

Bei der Geldanlage gibt es keine Schritt-für-Schritt-Anweisungen, die einem ein positives Ergebnis garantieren. Stattdessen gibt es Faustregeln, die einem ein Gefühl dafür geben, ob man sich in die richtige Richtung bewegt. Mithilfe dieser Faustregeln kann man den Maßstab ändern und einen Überblick gewinnen, um verschiedene Anlagechancen in Kategorien einzuordnen, was die treibenden Kräfte ihrer potenziellen Renditen und Risiken betrifft. Die Renditefaktoren sind diejenigen Eigenschaften einer Geldanlage, die ihre Performance bestimmen. Diese Form der Navigation bezeichnet man auch als Leitsystem. Man gerät in Schwierigkeiten, wenn man vergisst, dass man sich an einem Leitsystem orientiert, und stattdessen glaubt, dass Ergebnisse gewiss sind.

ORIENTIERUNG

Die amerikanischen Entdecker Lewis und Clark gingen neue Wege. Sie hatten keine detaillierte Landkarte, als sie den Westen der Vereinigten Staaten erkundeten, um den leichtesten Weg zum Pazifik zu entdecken. Stattdessen hatten sie Orientierungsinstrumente wie einen Kompass und ein Chronometer, um den Längengrad zu berechnen, und das Buch „A Practical Introduction to Spherics and Nautical Astronomy". Mithilfe dieser Orientierungsinstrumente bewegten sie sich grundsätzlich in die richtige Richtung. Lewis und Clark gaben für die Ausrüstung ihrer Expedition 2.324 Dollar aus, unter anderem für Boote, Ruder, Campingausrüstung, Kleidung, Arzneimittel und Waffen. Auch kauften sie Geschenke für die Indianer, unter anderem 4.600 Nähnadeln, 130 Tabakbündel, 288 Messer, 288 Fingerhüte aus Messing, 144 Scheren und 25 Pfund Glasperlen.[4] Wenn man einen neuen Weg finden will, muss man auf Unvorhergesehenes vorbereitet sein.

Der britische Philosoph und Logiker Carveth Read formulierte Anfang des 20. Jahrhunderts gewissermaßen das Motto der Orientierung: „Besser ist es, ungefähr richtigzuliegen als präzise falsch."[5] Die siebte Frage unseres Rahmens hilft uns, zu unterscheiden, ob es für unseren Anlegeerfolg reicht, ungefähr richtigzuliegen oder ob wir genau richtigliegen müssen. Wenn unser Anlageerfolg davon abhängt, dass wir genau richtigliegen, scheitern wir bereits dann, wenn wir auch nur *ein bisschen* falschliegen, und wir verlieren möglicherweise Geld.

Wir haben uns schon mit Beispielen für Investments befasst, bei denen man genau richtigliegen muss, um Gewinn zu erzielen. Dazu zählen Devisen, Rohstoff-Futures und binäre Optionen. Dies sind Nullsummenspiele, bei denen auf jeden Gewinner ein Verlierer kommt. Oft muss man dabei andere Anleger überlisten. Spekulationen verlangen in der Regel, dass man bezüglich der Zukunft genau richtigliegt. Mit Gold, Kunstwerken oder Kryptowährungen macht man in der Regel nur dann Gewinn, wenn andere Anleger in Zukunft bereit sind, für diese Vermögenswerte, die kein Einkommen produzieren, mehr zu bezahlen. Anlagen, die Einkommen erzeugen, enthalten neben dem Wertzuwachs noch einen zweiten Renditefaktor. Der Preis eines Einkommen generierenden Vermögenswerts kann zwar fallen, wenn die Anleger beschließen, für den Zahlungsstrom weniger zu bezahlen. Als Anleger kann man damit aber vielleicht immer noch eine positive Rendite erzielen, weil das Investment genügend Zinsen oder Dividenden gebracht hat, um den Preisrückgang auszugleichen.

Nicht alle Spekulationen sind unangebracht, sofern sie nur einen kleinen Anteil des Vermögens einer Person ausmachen. Zum Beispiel besitzen meine Frau LaPriel und ich einige antike Möbel, deren Wert vielleicht steigt, vielleicht auch nicht. Wenn ihr Preis sinkt, ist das in Ordnung, denn in der Zwischenzeit bringen uns die Möbel viel Nutzen und Freude. Ich spekuliere außerdem mit Goldmünzen. Gold gibt es schon seit Jahrtausenden und es kann als Absicherung gegen Inflation eingesetzt werden. Langfristig ist sein Preis stärker gestiegen als die Inflation, aber nicht in allen Jahren. Gold kann über längere Zeiträume hinter der Inflation zurückbleiben, denn es wird nur dann mehr wert, wenn die Spekulanten bereit sind, dafür mehr zu bezahlen. Ich glaube zwar, dass der Goldpreis in Zukunft steigen wird, aber ich weiß auch, dass mein Goldanteil eine spezifische Wette ist, bei der ich genau richtigliegen muss, damit ich einen Gewinn erziele. Da ich mich auch irren kann, achte ich darauf, dass meine Gold-Allokation so klein ist, dass der finanzielle Schaden, den ein Verlust anrichten würde, sich nicht nachteilig auf meinen Lebensstil auswirken würde. Rufen Sie sich in Erinnerung, dass der Nachteil eines Investments nicht nur von seinem potenziellen Verlust, sondern auch von dem persönlichen Schaden abhängt, den der Verlust verursacht.

RENDITEFAKTOREN

Wie bereits besprochen, bestimmen bei den meisten Investments (im Gegensatz zu Spekulationen) drei Faktoren die Rendite:

1. **Cashflow.** Die Einnahmen aus Zinsen, Dividenden oder Mieten, die an den Besitzer der Anlage ausgeschüttet werden.
2. **Cashflow-Wachstum.** Wie der Zahlungsstrom oder Cashflow im Laufe der Zeit wächst.
3. **Änderung der Bewertung.** Was die Anleger jetzt im Unterschied zu später für den Zahlungsstrom zu zahlen bereit sind.

Diese Renditefaktoren erklären, weshalb Investments positive Erwartungsrenditen haben. Die einfachste Art, diese Renditen zu ernten, ist der Einsatz eines Investmentfonds oder eines ETFs. Mithilfe solcher passiven Anlagevehikel kann man aus einzelnen Aktien zusammengestellte Körbe kaufen, ohne sich darum kümmern zu müssen, ob eine bestimmte zugrunde liegende Position insofern korrekt bewertet ist, als ihr Börsenkurs ihrem inneren Wert entspricht. Denken Sie daran, dass der innere Wert, den man auch als Gegenwartswert bezeichnet, der Preis der zukünftigen Zahlungsströme einer Anlage beispielsweise in Form von Dividenden oder Zinsen in heutigen Dollar ist.

Eine Alternative zum Kauf von Indexfonds oder passiven ETFs ist der Versuch, Wertpapiere zu identifizieren, deren Marktpreis unter ihrem inneren Wert liegt. Dies fügt der erfolgreichen Geldanlage eine weitere Schicht der Komplexität hinzu, denn dann erntet man nicht mehr einfach die Renditen des Gesamtmarkts. Stattdessen versucht man, durch die Auswahl von Wertpapieren Überrenditen zu erzielen, weil man meint, der Marktpreis sei falsch und die einhellige Meinung der Anleger sei unzutreffend. Howard Marks, Buchautor und Co-Vorsitzender von Oaktree Capital, hat einmal geschrieben: „Alle Anleger, die eine bestimmte Anlage verfolgen, haben eine Meinung zu ihrem inneren Wert (oder sollten jedenfalls eine haben). Der Marktpreis der Anlage gibt die Gesamtheit dieser Meinungen wieder und das bedeutet, dass die Anleger kollektiv den Preis festgelegt haben. Zu diesem Preis einigen sich Käufer und Verkäufer auf Transaktionen. Die Käufer kaufen, weil sie die Anlage zum aktuellen

Preis für eine kluge Investition halten, und die Verkäufer verkaufen, weil sie sie für vollständig oder übertrieben bewertet halten."[6]

Es besteht kein Zweifel, dass die Preise einzelner Wertpapiere nicht immer korrekt sind. Der Preis eines Wertpapiers spiegelt nicht immer seinen inneren Wert wider. Die Frage ist, ob wir in der Lage sind, diese fehlbewerteten Wertpapiere zu erkennen. Sind wir schlauer als andere Anleger? Den meisten professionellen Investoren gelingt es nicht, den Markt zu schlagen, aber einigen schon und auch manchen Privatanlegern. Aber wenn wir diese Überrenditen ernten wollen, müssen wir genau richtigliegen, damit es gelingt.

Andrea, eine Hörerin meines Podcasts, schrieb mir:

„Ich habe Sie in Ihrem Podcast und viele andere Male sagen hören: ‚Der einzige Grund, eine einzelne Aktie zu kaufen, ist, dass man überzeugt ist, dass sich der Markt irrt.' Ich frage mich, ob Sie das wirklich glauben. Ich frage mich das, weil ich mir viele Gründe vorstellen kann, Aktien zu kaufen, zum Beispiel damit man steuerpflichtige Ereignisse unter Kontrolle hat, dass man Produkte/Unternehmen findet, die man wirklich mag, und in sie investiert, dass man die Kosten von Investmentfonds/ETFs vermeidet, dass man eine ordentliche Dividende haben will, die man normalerweise bei einem ETF oder Investmentfonds nicht hat, und manchmal auch, weil man mit ein bisschen ‚Spielgeld' spekulieren will."[7]

Ich stimme mit Andrea überein, dass es Spaß macht, mit einzelnen Aktien herumzuspielen, aber ist der einzige Grund, eine einzelne Aktie zu kaufen, die Tatsache, dass man überzeugt ist, der Markt liege falsch? Es stellt sich heraus, dass das nicht der einzige Grund ist, bloß der allerwichtigste.

Zunächst antwortete ich Andrea, ich sei wirklich davon überzeugt. Ein unzutreffender Preis sei der einzige Grund, eine einzelne Aktie zu kaufen. Später erzählte ich in meinem wöchentlichen E-Mail-Newsletter, dass ein Friseur, zu dem ich manchmal gehe, wenn ich in New York bin, gern einzelne Aktien kauft. Ich erklärte ihm, der einzige Grund, eine einzelne Aktie zu kaufen, sei, dass die Marktmeinung zu den Aussichten des Unternehmens falsch ist. Er widersprach mir, erklärte dann aber nachdrücklich, weshalb er die Apple-Aktie für unterbewertet halte, und ließ einfließen, Warren Buffett besitze diese Aktie ja auch. Aber wenn eine Aktie unterbewertet ist, dann ist sie doch per Definition falsch bewertet.

Mein Friseur packt das auf die richtige Art an. Er hat Apple analysiert und ist der Ansicht, dass die Anleger die Ausdauer und das potenzielle Gewinnwachstum des Unternehmens unterschätzen. Der Aktienkurs eines Unternehmens sollte den Gegenwartswert seiner künftigen Dividenden oder ihren Wert in heutigen Dollar wiedergeben und diese hängen wiederum von seinen künftigen Gewinnen ab. Wenn die Gewinne und Dividenden höher sein werden, als die Anleger in Gänze annehmen, dann ist der innere Wert des Unternehmens pro Aktie höher als sein aktueller Aktienkurs. Das ist eine andere Art, zu sagen, dass der Markt falschliegt und die Aktie unterbewertet ist.

Manche Aktien sind zu teuer

Ich bin der Meinung, dass viele Aktien falsch bewertet sind und dass viele zu teuer sind. Rob Arnott und seine Kollegen haben auf Beispiele von Aktien hingewiesen, deren Preis zu hoch war.

„Anfang 2000 wurden die zehn am höchsten kapitalisierten Technologie-Aktien der Vereinigten Staaten, die zusammen 25 Prozent des S&P 500 stellten – Microsoft, Cisco, Intel, IBM, AOL, Oracle, Dell, Sun, Qualcomm und HP –, den übertrieben optimistischen Erwartungen nicht gerecht. Im Laufe der nächsten

18 Monate *schlug nicht eine einzige von ihnen den Markt*: Fünf brachten positive Renditen, und zwar durchschnittlich 3,2 Prozent kumulierte Jahresrendite, was weit weniger war als die Marktrendite, und zwei versagten schlicht. Das durchschnittliche Ergebnis der fünf, die negative Renditen produzierten, war ein Jahresverlust von 7,2 Prozent beziehungsweise auf das Jahr gesehen 12,6 Prozent weniger als der S&P 500."[8]

Diese Aktien entwickelten sich unterdurchschnittlich, weil die Anleger im Durchschnitt zu hohe Gewinnwachstumsraten angenommen hatten. Die Unternehmen enttäuschten, daraufhin fielen die Aktienkurse oder sie stiegen weniger als der Gesamtmarkt.

Manche Aktien sind zu billig

Andere Aktien sind falsch bewertet, weil sie zu billig sind. Sie sind unterbewertet. Der Konsens der Anlegermeinung kann dahingehend falsch sein, dass der Preis einer einzelnen Aktie nicht ihrem inneren Wert entspricht, weil die Anleger zu pessimistisch sind. Wenn die Anleger zu pessimistisch sind und ein Unternehmen positiv überrascht, sind die Anleger insgesamt bereit, Transaktionen zu einem höheren Aktienkurs abzuschließen. Dann schnellt der Preis in die Höhe und übertrifft dabei häufig den Gesamtmarkt. Wenn die Anleger zu optimistisch sind und ein Unternehmen negativ überrascht, sind die Anleger insgesamt bereit, Transaktionen zu einem niedrigeren Aktienkurs abzuschließen. Dann sackt der Preis ab. Jeden Tag reagieren die Aktienkurse auf einen stetigen Strom von Überraschungen und sich ändernden Anleger-Narrativen, also Geschichten, die sich die Anleger gegenseitig erzählen. Im Laufe der Zeit gleichen sich diese positiven und negativen Überraschungen, die sich auf einzelne Aktien auswirken, gegenseitig aus, sodass die Performance des Gesamtmarkts vor allem von der Dividendenrendite und vom Dividendenwachstum im Laufe der Zeit bestimmt wird. Aber gleichzeitig kann sich die Gesamtbewertung des Marktes verändern, wenn die Anleger in ihrer Gesamtheit bereit sind, für die Gewinne und die Dividendenzahlungen mehr oder weniger zu bezahlen. Anlageklassen werden im Verhältnis zu ihren historischen Durchschnitten billiger oder teurer.

Nachdem Andrea meinen Newsletter gelesen hatte, antwortete sie mir Folgendes:

„Ich glaube, mich irritiert vor allem Ihre Wortwahl. Ich habe schon einzelne Aktien gekauft, bei denen ich dachte, sie seien vom Markt richtig bewertet UND dass sie den Markt übertreffen würden. Ein Beispiel: Vor ein paar Jahren musste ich rund 20 Weihnachtsgeschenke für Erwachsene und Kinder kaufen, mit denen ich arbeitete, und ich wollte dafür kein Vermögen ausgeben. Ich ging ins Einkaufszentrum und sah ein neues Geschäft namens ‚Five Below‘, das ich noch nie gesehen hatte. Ich fand dort alle Geschenke und noch ein paar andere Dinge, denen ich nicht widerstehen konnte. Ich war dermaßen erstaunt, dass ich über das Unternehmen recherchierte, als ich wieder zu Hause war. Es stellte sich heraus, dass es ein noch ziemlich junges, schuldenfreies Unternehmen war, dass jeder Artikel fünf Dollar oder weniger kostete und dass es im ganzen Land von Ost nach West expandierte. Die Zahlen sahen gut aus, ich kaufte die Aktie. Ich war absolut nicht der Meinung, der Markt machte im Hinblick auf den Preis, den ich bezahlte, irgendetwas falsch. Hingegen war ich der Meinung, die Aktie könnte, wenn alles weiterhin gutgehen würde und wenn anderen Leuten der Laden genauso gut gefallen würde wie mir, den Markt übertreffen. Das war ein Glücksspiel. Es gibt einen Konkurrenten namens Amazon. Aber viele Menschen müssen in letzter Minute Geschenke für Kindergeburtstage oder andere Ereignisse kaufen und können nicht auf eine Amazon-Lieferung warten. Es zeigte sich, dass ich richtig gedacht hatte, aber heißt das etwa, dass sich der Markt zu dem Zeitpunkt, als ich kaufte, irrte?"[9]

Ich antwortete, ich sei in der Tat überzeugt, dass der Marktpreis zu dem Zeitpunkt, zu dem sie die Aktie kaufte, falsch gewesen sei. Ich wiederholte, dass der theoretische oder korrekte Preis einer Aktie der Gegenwartswert (oder der Wert in heutigen Dollar) ihrer künftigen Dividenden ist (die ihrerseits auf den künftigen Unternehmensgewinnen beruhen). Deshalb sollte der Aktienkurs bereits widerspiegeln, dass es gut laufen wird und dass mehr Menschen in dem Geschäft einkaufen werden. In die Aktie war bereits eine Wachstumsvermutung eingepreist. Um outzuperformen, musste sie ihre Gewinne schneller steigern, als die anderen Anleger bereits annahmen und als es sich über das Kurs-Gewinn-Verhältnis im Preis niederschlug. Sie musste positiv überraschen. Hätte das Unternehmen die Gewinnschätzungen unterboten, hätte es negativ überrascht und wäre genauso hinter dem Markt zurückgeblieben, wie die zehn auf dem Höhepunkt der Dotcom-Blase größten US-Aktien in den 18 Monaten danach den Markt underperformten.

Andrea schlug zurück. Sie schrieb: „Ich weiß, was Gegenwartswert, Wachstumsannahmen et cetera für die Preisbildung von Aktien bedeuten. Aber ich habe immer noch ein echtes Problem mit dem Wort ‚einzige'."[10] Dann berichtete sie von zwei Aktien, die sie gekauft hatte, und warum: „Im Jahr 2013 kaufte ich den Rüstungskonzern Raytheon, weil ich mein Portfolio für den Fall eines Krieges oder eines ähnlichen Konflikts absichern wollte. Da sich weit und breit kein Konflikt abzeichnete, hätte der Markt das dann trotzdem einpreisen sollen?" Sie wies darauf hin, dass die Raytheon-Aktie nach den US-Raketenangriffen gegen Syrien im Jahr 2018 in die Höhe schnellte, was man ja noch nicht habe wissen können, als sie die Aktie im Jahr 2013 kaufte.

Weiter schrieb sie:

„Im Jahr 2016 kaufte ich die Aktie des Backwarenkonzerns Flowers Foods wegen der Dividende, als Inflationsschutz durch ein Produkt, dessen Preis sich schnell ändert, wenn die Preise zu steigen beginnen, und als Schutz gegen Konjunkturschwächen durch ein Grundnahrungsmittel, das die Menschen immer kaufen werden, egal, was passiert. Als die Börse letzte Woche einbrach, stieg die Aktie, also halte ich den Zweck, zu dem ich die Aktie gekauft habe, für sinnvoll. Außerdem habe ich diese Aktie als Alternative zu Anleihen oder sonstigen Festverzinslichen gekauft, die damals so gut wie nichts abwarfen. Ich habe nicht die Absicht, sie zu verkaufen, obwohl ich nicht erwarte, dass diese Aktie den Markt übertreffen wird."[11]

Nun hatte sie mich erwischt. Sie kaufte einzelne Aktien nicht deshalb, weil sie den Kurs für falsch hielt, sondern um ihr Portfolio gegen unvorhergesehene volkswirtschaftliche oder politische Ereignisse abzusichern. Sie sah voraus, dass sich die Nachfrage der Anleger nach diesen Aktien ändern würde, falls gewisse Ereignisse eintreten würden. Ein Portfolio gegen unvorhergesehene Ereignisse abzusichern kann also auch ein guter Grund sein, eine einzelne Aktie zu kaufen, auch wenn es sich dabei um eine konzentrierte Wette handelt, die möglicherweise nicht die erwartete Performance bringt. Ich ziehe es vor, mich dadurch gegen unvorhergesehene Ereignisse abzusichern, dass ich zahlreiche unterschiedliche Anlageklassen mit verschiedenen Renditefaktoren halte, anstatt dafür auf einzelne Aktien zurückzugreifen. Andrea agiert als Portfolio- und Risikomanagerin. Sie teilt ihr Anlagekapital auf verschiedene Anlagen auf, darunter auch einzelne Aktien, von denen sie der Meinung ist, dass sie sich unter verschiedenen Wirtschafts- und Marktbedingungen unterschiedlich verhalten werden. Sie hat eine diversifizierte Mischung von Renditefaktoren, sodass nicht alle ihre Investments zur selben Zeit fallen und übermäßig hohen finanziellen Schaden anrichten.

DIVIDENDENORIENTIERTES INVESTIEREN

Um auf unsere drei Renditefaktoren zurückzukommen: Warum kaufen wir nicht einfach Investments mit hohen Dividenden, deren Cashflow schnell wächst und die zu günstigen Preisen gehandelt werden? Unglücklicherweise treffen in unserer heutigen hypervernetzten Welt selten alle drei Kriterien zusammen. Aktien mit hohen Dividenden haben meistens ein geringeres Dividenden- und Gewinnwachstum als Aktien mit niedrigen Dividenden, weil Aktien mit niedrigen Dividenden oder Aktien, die gar keine Dividenden ausschütten, einen größeren Teil ihrer Gewinne in Chancen mit großen Wachstumsaussichten reinvestieren können. Desgleichen sind Aktien mit hohem Gewinnwachstum gewöhnlich teurer als Aktien von Unternehmen, deren Gewinne langsamer wachsen.

Mitarbeiter von Ned Davis Research führen eine laufende Studie durch, bei der sie den US-amerikanischen Aktienmarkt in Aktien aufteilen, die Dividenden ausschütten, und in Aktien, die keine Dividenden ausschütten. Des Weiteren unterteilen sie die Dividendenaktien je nach der Dividendenpolitik der Unternehmen in den letzten zwölf Monaten in drei Kategorien. Hat das Unternehmen seine Dividende erhöht, sie beibehalten oder gekürzt? Seit 1972 und in den meisten Perioden der Zwischenzeit entwickelten sich Dividendenaktien besser als Aktien, die keine Dividenden ausschütten, und besser als der gesamte US-Aktienmarkt gemessen am S&P 500 Index, in dem alle Aktien gleich gewichtet sind.[12]

In dieser Studie bleiben die Aktien, die keine Dividenden ausschütten, hinter dem Gesamtmarkt zurück. Das deutet darauf hin, dass Unternehmen, die keine Dividenden bezahlen, zwar möglicherweise ihre Gewinne schneller steigern können als Unternehmen, die Dividenden bezahlen, dass aber Anleger, die für diese Aktien hohe Kurs-Gewinn-Verhältnisse bezahlen, häufig enttäuscht sind, wenn die Unternehmen die ambitionierten Wachstumserwartungen nicht erfüllen, die in die Aktien eingepreist sind. Das Ergebnis ist, dass die Kurse dieser hochfliegenden Aktien häufig absacken und hinter dem Gesamtmarkt zurückbleiben, weil die zuvor enthusiastischen Anleger nicht mehr bereit sind, ein so hohes KGV zu bezahlen. Die Kategorie, die in der Ned-Davis-Studie die beste Performance brachte, waren Unternehmen, die mit Dividendenzahlungen begannen oder ihre Dividenden erhöhten, während die Kategorie mit der schlechtesten Performance aus Unternehmen bestand, die ihre Dividenden kürzten oder strichen.[13]

Ned Davis passt jeden Monat die Bestandteile an und nimmt ein Rebalancing der Indizes vor, sodass es wegen der Handelskosten schwierig wäre, diese Dividendenstrategie in einem echten Portfolio umzusetzen. Es gibt aber börsengehandelte Fonds, die versuchen, die Performance von Indizes nachzubilden, die sich auf Unternehmen konzentrieren, die regelmäßig ihre Dividenden erhöhen. Beispielsweise ist der S&P 500 High Yield Dividend Aristocrats Index ein Index, der gut 100 Unternehmen enthält, die ihre Dividende seit 20 Jahren jedes Jahr erhöht haben. Der Index hat den breiten US-Markt in Form des S&P 500 Index langfristig übertroffen, aber es gab auch lange Phasen der Underperformance.[14] Wie die meisten Anlagestrategien erlebt auch das Dividenden-Investing gute und schlechte Zeiten. In Zeiten, in denen die Anleger Aktien mit konsequentem Dividendenwachstum bevorzugen, sind sie bereit, mehr dafür zu bezahlen, was ihre Bewertung in die Höhe treibt und ihre Dividendenrendite senkt. Das kann zu geringeren künftigen Renditen im Verhältnis zu einer breiter gestreuten Indexstrategie führen, die sowohl Dividenden zahlende Aktien als auch solche enthält, die keine Dividenden ausschütten.

Faktor-Investing und Smart Beta

Dividenden-Investing ist eine Anlagestrategie, die versucht, den Aktienmarkt durch höhere Zahlungsströme zu übertreffen. Diese höheren Zahlungsströme werden auch als Faktor bezeichnet, eine breit angelegte, beständige treibende Kraft, die Rendite bringt. Wirtschaftswachstum und Inflation sind Beispiele für Makrofaktoren, die sich auf die Performance von Anlageklassen auswirken. Es gibt auch handelbare Faktoren. Das sind dauerhafte Renditefaktoren, die zu einem Performance-Aufschlag auf den Gesamtmarkt führen können. Diesen Performance-Aufschlag erntet man nicht dadurch, dass man versucht, fehlbewertete Wertpapiere zu finden, sondern indem man in einen Korb aus Wertpapieren mit ähnlichen Eigenschaften investiert. Zum Beispiel ist „Value" ein Faktor, der über lange Zeiträume eine Outperformance gegenüber dem gesamten Aktienmarkt generiert. Value-Investing funktioniert, weil die Anleger übertrieben pessimistisch bezüglich der Wachstumsaussichten von Unternehmen sind, die schlechte Zeiten durchmachen, und übertrieben optimistisch bezüglich schnell wachsender Unternehmen. Das führt dazu, dass Value-Aktien zu billig werden und positiv überraschen, während Wachstums- oder Growth-Aktien zu teuer werden und enttäuschen. Natürlich kann auch das Value-Investing lange Zeiten der Underperformance im Verhältnis zum Gesamtmarkt durchmachen, sodass der Value-Aufschlag in gewissem Sinne eine Entschädigung dafür ist, dass die Anleger lange schlechte Zeiten durchleiden müssen.[15]

„Smart Beta" ist ein Begriff, mit dem Anlagestrategien bezeichnet werden, die systematisch versuchen, die Renditeprämien handelbarer Faktoren zu ernten. Außer dem Value-Investing gehören dazu die Anlage in Aktien hoher Qualität, in Aktien mit geringer Volatilität oder Aktien mit großer Kursdynamik, dem sogenannten Momentum. Ein Problem an Smart-Beta-Strategien ist, dass es schwierig sein kann, die Überrendite, die sich aus dem tatsächlichen Faktor ergibt, von der Überrendite zu unterscheiden, die sich daraus ergibt, dass die Smart-Beta-Strategie beliebter und somit teurer wird. Beruht die Outperformance gegenüber dem Aktienmarkt darauf, dass die Smart-Beta-Strategie teurer geworden ist, kann das bedeuten, dass die Smart-Beta-Strategie in Zukunft underperformen könnte.[16] Hinzu kommt, dass die potenzielle Überrendite aus Smart-Beta-Strategien auch durch Handelskosten, Steuern und Managementgebühren verwässert werden kann.[17]

MARKTBEDINGUNGEN

Um die Frage „Was braucht man, um erfolgreich zu sein?" vollständig zu beantworten, muss man nicht nur die treibenden Kräfte der zugrunde liegenden Anlageklasse verstehen, zum Beispiel die Zinsrendite, das Cashflow-Wachstum und die Änderung des Kurs-Cashflow-Verhältnisses, sondern auch die aktuellen Bedingungen. Howard Marks hat einmal geschrieben: „So schwierig es auch ist, die Zukunft zu kennen, so ist es doch wirklich nicht schwer, die Gegenwart zu verstehen. Wir müssen beim Markt ‚Fieber messen'. Wenn wir aufmerksam und aufnahmefähig sind, können wir das Verhalten der Menschen in unserer Umgebung einschätzen und daraufhin beurteilen, was wir tun sollten."[18]

Beispielsweise investierte ich vor einigen Jahren in ein Studentenwohnheim-Projekt, das ein Freund von mir betrieb. Leider starb dieser Freund, bevor das Projekt fertiggestellt war. Ein neuer Bauträger erklärte sich bereit, das Projekt zu übernehmen, und im Rahmen einer Telefonkonferenz präsentierten der Bauträger und seine Mitarbeiter die Annahmen, von denen sie bei ihrem Finanzierungsmodell ausgingen. Eine wichtige Kennzahl bei der Investition in Immobilien ist der Kapitalisierungsfaktor. Man berechnet den Kapitalisierungsfaktor, indem man das jährliche Nettobetriebseinkommen durch die Kosten oder den Wert des Unternehmens teilt. Das Nettobetriebseinkommen besteht aus den Einnahmen, die ein Projekt verzeichnet, abzüglich der Betriebsaufwendungen wie Steuern, Kosten für das Objektmanagement und so weiter. Damals belief sich der vorherrschende Kapitalisierungsfaktor ähnlicher Projekte in dieser College-Stadt auf 5,75 Prozent. Der Bauträger ging allerdings von 6,25 Prozent aus und er und seine Mitarbeiter legten eine Sensitivitätsanalyse vor, die auf unterschiedlichen Mieten, Belegungsquoten und Kapitalisierungsfaktoren beruhte. Die Kapitalisierungsfaktoren ihrer Analyse reichten von 5,75 Prozent bis 6,75 Prozent.

Ein Worst-Case-Kapitalisierungsfaktor von 6,75 Prozent erschien mir niedrig, nachdem ich gesehen hatte, dass die Kapitalisierungsfaktoren von Studentenwohnungen im Jahr 2009 auf 7,75 Prozent und im Jahr 2003 auf acht Prozent gestiegen waren.[19] Als ich den Bauträger fragte, was passieren würde, wenn die Kapitalisierungsfaktoren auf acht Prozent steigen würden, hielt er das für eine unrealistische Annahme, räumte aber ein, dass bei diesem Niveau das Projekt beim Verkauf einen Verlust bringen würde. Der Grund, weshalb es Verlust bringen würde, wenn die Mieten nicht stiegen, ist die Tatsache, dass der Kapitalisierungsfaktor eines Projekts nur dann steigen kann, wenn der Wert des Objekts sinkt. Bei einem Kapitalisierungsfaktor von acht Prozent würde der Wert des Wohnheimprojekts daher unter die Baukosten sinken.

Damals hatte die hohe Nachfrage institutioneller Investoren nach solchen Anlagen in vielversprechenden College-Städten, die Cashflow generieren, die Bewertungen in die Höhe getrieben und die Renditen nach unten gedrückt. Das Marktniveau war hoch und eine Zinserhöhung konnte dazu führen, dass die Kapitalisierungsfaktoren in die Höhe schnellen und die Immobilienpreise fallen würden. Trotz des Risikos steigender Kapitalisierungsfaktoren hielt ich an dem Projekt fest, weil meine Investition verhältnismäßig klein war und ich

sehen wollte, was daraus würde. Das entpuppte sich als gute Entscheidung, denn dem neuen Bauträger gelang es, das Projekt zu bau-
en und alle Einheiten zu vermieten.

Das bedauerliche Dahinscheiden meines Freundes war auch eine
ernüchternde Erinnerung an die Tatsache, dass manche Investments
in hohem Maße von dem Geschick bestimmter Personen abhängen,
erfolgreich zu sein. Wenn diese Personen nicht mehr da sind, weil
sie den Job wechseln, krank werden oder sterben, kann das Investment in Gefahr geraten. Als ich als Anlageberater nach Vermögensverwaltungen recherchierte, fragte ich immer nach Übergangsplä-
nen für den Fall, dass Entscheidungsträger „vom Bus überfahren
werden". Die Entwicklung privater Immobilien hängt von den Bemühungen bestimmter Personen ab, vielleicht auch von uns selbst,
wenn wir ein Mietobjekt kaufen. Ich war mit dem erwähnten Freund
noch ein paar Monate, bevor bei ihm ein Hirntumor diagnostiziert
wurde, essen gewesen. Es ging ihm sehr gut und begeistert teilte er
mir die Neuigkeiten zu dem Wohnheimprojekt mit. Acht Wochen
nach der Krebsdiagnose verstarb er. Leider gab es in der Betriebsver-
einbarung keinen klaren Übergangsplan für den Fall seines Todes.
Ich hatte zwar nicht damit gerechnet, dass mein Freund sterben
würde, aber ein Grund, weshalb ich meine Investition klein hielt,
war, dass ich wusste, dass er allein arbeitete und dass somit ein erfolgreicher Ausgang von seinem persönlichen Engagement abhing.

Ein privates Investment, zum Beispiel ein Immobilienprojekt vor
Ort, bei dem der Erfolg von eigener Arbeit oder von der Arbeit eines
anderen abhängt, kann eine gute diversifizierende Wirkung entfal-
ten, weil seine Renditefaktoren nicht an öffentliche Märkte gebunden sind. Vor mehreren Jahren kauften LaPriel und ich in derselben
College-Stadt ein Einfamilienhaus und ließen es von einer Baufirma
in drei Wohnungen umwandeln, um es an Studenten zu vermieten.
Die Studentenzahl vor Ort stieg und wir bekamen das Objekt zu einem guten Preis. Folglich hing der Erfolg weniger davon ab, wie es

auf die Marktdynamik reagierte, sondern mehr davon, den Genehmigungsprozess zu absolvieren und den Umbau im geplanten Kostenrahmen zu halten. Ursprünglich wollten wir das für drei Parteien geeignete Haus als Mietobjekt behalten, aber ich fand keine geeignete Hausverwaltung. Nachdem ich einen Teil des Silvestertags mit dem Versuch verbracht hatte, den Warmwasserbereiter zu reparieren, wurde mir klar, dass mir die Verwaltung von Mietobjekten nicht liegt, also verkauften wir das Haus mit Gewinn und stiegen aus dem Immobiliengeschäft aus.

Bei dieser konkreten Transaktion nutzten wir keinen Schuldenhebel, indem wir uns für den Kauf oder den Umbau des Gebäudes Geld liehen. Man kann Fremdfinanzierungen einsetzen, um die Rendite von Immobilienobjekten oder anderen Anlagen zu erhöhen, aber dann sollte das Investment trotzdem in der Lage sein, auch ohne Schuldenhebel eine attraktive Rendite zu generieren. Investments, für deren Erfolg man Schulden braucht, sind wesentlich riskanter, weil dann eine kleinere Sicherheitsmarge vorhanden ist, die den Investor schützt, wenn etwas schiefgeht.

Ein anderes Beispiel für einen Renditefaktor, der nicht vom öffentlichen Markt abhängt, sind Manager notleidender Schulden; sie kaufen die Schulden von Unternehmen, die beinahe oder tatsächlich bankrott sind. Solche notleidenden Schuldpositionen werden für 20 bis 30 Cent je Dollar ausstehender Schulden gekauft. Ob das Investment Erfolg hat, hängt davon ab, ob man die notleidenden Schulden so umschulden kann, dass die Investoren je Dollar Schuld mehr bekommen, als sie dafür bezahlt haben – beispielsweise 50 Cent je Dollar. Anders gesagt hängt der Renditefaktor nicht davon ab, was am Anleihemarkt vorgeht, sondern davon, ob die diversen Parteien eine Einigung erzielen können.

MEHRERE RENDITEFAKTOREN

Bei manchen Investments liegt eine Kombination aus Renditefaktoren vor. Zum Beispiel kann ein Immobilienprojekt ohne Fremdfinanzierung tragfähig sein, aber der Bauherr setzt Schulden ein, um die Rendite zu erhöhen. Ein anderes Beispiel ist die Portable-Alpha-Strategie, bei der ein Anlageverwalter sich mittels Futures am Aktienmarkt engagiert und das restliche Kapital aktiv in eine andere Strategie oder in ein anderes Vehikel investiert, zum Beispiel in kurzfristige Anleihen oder sogar in Hedgefonds-Strategien.

Das Ergebnis eines Investments wird von den zugrunde liegenden Performance-Faktoren bestimmt. Man kann als Anleger die Chancen auf erfolgreiche Ausgänge steigern, indem man den größten Teil seines Kapitals in Anlagen mit zuverlässigen Renditefaktoren investiert, zum Beispiel Zinsen/Dividenden, Cashflow-Wachstum oder persönliche Bemühungen, und indem man Anlagen wählt, die man zu attraktiven Preisen bekommt. Anlagen oder Spekulationen, bei denen man genau richtigliegen oder andere Anleger überlisten muss, sind die am wenigsten zuverlässigen Renditefaktoren. Erfolgreiche Portfolios zeichnen sich durch eine diversifizierte Mischung von Renditefaktoren aus.

ZUSAMMENFASSUNG

- Bei der Geldanlage gibt es keine Schritt-für-Schritt-Anweisungen, die einen erfolgreichen Ausgang garantieren können. Vielmehr muss man sich anhand von Entscheidungsrahmen und Faustregeln orientieren, die einem ein Gefühl dafür vermitteln, ob man sich in die richtige Richtung bewegt.

- Renditefaktoren sind Eigenschaften eines Investments, die seine Performance bestimmen.
- Zuverlässige Renditefaktoren sind unter anderem Zahlungsströme, Cashflow-Wachstum und handelbare Faktoren wie Dividenden- und Value-Investing.
- Weniger zuverlässige Renditefaktoren sind unter anderem Schuldenhebel, das Erkennen einzelner fehlbewerteter Wertpapiere und Spekulationen mit Anlagen, die keinen Zahlungsstrom generieren, zum Beispiel Gold und Antiquitäten.
- Der Durchschnitt der Anlegermeinungen kann insofern falsch sein, als der Preis einer einzelnen Aktie nicht ihren inneren Wert wiedergibt. Manchmal sind die Anleger zu optimistisch hinsichtlich der Aussichten eines Unternehmens und manchmal sind sie zu pessimistisch.
- Normalerweise gleichen positive und negative Überraschungen einander aus, sodass die Performance des gesamten Aktienmarkts von der Dividendenrendite und vom Dividendenwachstum im Laufe der Zeit bestimmt wird.
- Erfolgreiche Portfolios bestehen aus einer diversifizierten Mischung aus zuverlässigen Renditefaktoren, die der Anleger im Vorfeld identifiziert hat. Der Anleger weiß, dass diese Faktoren über den Anlageerfolg entscheiden.

8

Wer sahnt dabei ab?

Managementgebühren und Steuern

DIE ZEHN FRAGEN

1. Was ist es?
2. Ist es Geldanlage, Spekulation oder Glücksspiel?
3. Welcher Vorteil winkt?
4. Welcher Verlust droht?
5. Wer steht auf der anderen Seite des Trades?
6. Was ist das Anlagevehikel?
7. Was braucht man, um erfolgreich zu sein?
8. **Wer sahnt dabei ab?**
9. Wie wirkt es sich auf Ihr Portfolio aus?
10. Sollten Sie investieren?

FRAGE 8: WER SAHNT DABEI AB?

Erfolgreiche Anleger wissen, welche Parteien einen Teil der Rendite in Form von Gebühren, Kosten und Steuern kassieren. Man sollte darauf achten, dass man für die Gebühren, die man bezahlt, entsprechende Vorteile genießt.

Ich habe bereits erzählt, dass einer meiner Hörer unverhofft 1,5 Millionen Dollar bekam, als sein Arbeitgeber zum ersten Mal Aktien an die Börse brachte. Der Hörer wollte herausfinden, was er mit seinem beträchtlich gewachsenen Vermögen anfangen sollte, und engagierte zu diesem Zweck einen Finanzplaner, dessen Plan wir analysiert haben. Zwölf Monate danach schrieb mir der Hörer: „Ich war so optimistisch, dass ich die Ratschläge nicht befolgte und den Großteil der Aktien [behielt], deren Kurs sich im letzten Jahr verdoppelte. Der größte Teil meines Vermögens (2,4 Millionen von rund 4 Millionen Dollar) steckt in diesen Aktien." Er verkaufte einen Teil der Aktien, um sich ein neues Haus als Erstwohnsitz zu kaufen, und aufgrund der guten Performance der Aktien sollte er auf die verkauften Aktien 700.000 Dollar Kapitalertragsteuer bezahlen. Außerdem setzte er Derivate ein, um sein Vermögen im Falle eines Kurssturzes (der dann auch eintrat) zu schützen. Er schrieb: „Das bedeutet wahrscheinlich, dass meine Aktien in Wirklichkeit nur 1,7 Millionen Dollar wert sind, wenn ich die Steuerschuld abziehe. Wie schätzen Sie Ihr Vermögen ab, wenn immer irgendeine Steuerschuld vorliegt?"[1]

Der Hörer hat recht mit der Annahme, sein Vermögen sollte so angegeben werden, dass es die Steuerschuld berücksichtigt. Man meint bei der Geldanlage oft, die Anlagegewinne würden einem vollständig gehören, aber dann kommt der Staat daher und nimmt einem einen Teil der mühsam erwirtschafteten Gewinne in Form von Steuern weg. Es ist zwar angebracht, seine Steuerverbindlichkeiten so niedrig wie möglich zu halten, aber erfolgreiche Geldanlage bedeutet auch, dass man seine Steuern bezahlt. Das fällt einem leichter, wenn man von vornherein akzeptiert, dass einem ein Teil der Anlagegewinne gar nicht gehört. Ein Teil davon geht an den Staat.

Die achte Frage unseres Investmentrahmens lautet: „Wer sahnt dabei ab?" Es fragt sich also, wer einen Teil der Investmentrenditen in Form von Gebühren und Steuern kassiert. Die Kosten einer Anlage zu berechnen kann recht schwierig sein, denn es ist nicht immer klar, wie viel an wen bezahlt werden muss. Ich hatte schon mit Leuten zu tun, die mir sagten, ihr Broker verlange nichts dafür, ihr Geld zu verwalten. Als ich sie bat, mir ihr Portfolio zu zeigen, fanden sich unter den Positionen oft Investmentfonds, die Ausgabe- oder Rücknahmeaufschläge verlangten. Zu den Kosten eines Investmentfonds zählt normalerweise eine laufende Marketing-/Vertriebsgebühr, die an den Broker geht. Das heißt, auch wenn der Broker keine ausdrückliche Beratungsgebühr verlangt, wird er trotzdem vergütet.

ARTEN VON ANLAGEKOSTEN

Man kann die Anlagekosten in drei Bereiche aufteilen:

1. Handelskosten
2. Beratungs- und Verwaltungsgebühren im Sinne von Managementgebühren
3. Verwaltungsgebühren im Sinne der allgemeinen Verwaltung – administrative Kosten

Manchmal werden diese Aufwendungen aufgeschlüsselt, manchmal aber auch zusammengefasst. Zum Beispiel hat ein Investmentfonds oder ein ETF eine Kostenquote, die sowohl die Managementkosten als auch die allgemeinen Verwaltungskosten umfasst. Bei einem Investmentfonds kann zudem ein Ausgabeaufschlag anfallen, den man für Handelskosten halten könnte, der aber in Wirklichkeit eine Entlohnung für den Berater ist. Manche privaten Kapitalanlagegesellschaften verlangen Verwaltungsgebühren für die steuerliche Vorbereitung, für Rechtsangelegenheiten oder gar für Aufwendungen zwecks Mittelbeschaffung für die Gesellschaft, und als Anleger sind wir uns dessen oft nicht bewusst. Werfen wir nun einen genaueren Blick auf diese drei Kostenkategorien.

Handelskosten

Handelskosten sind Gelder, die an einen Broker oder an einen Berater bezahlt werden, um ein Investment einzugehen oder aus ihm auszusteigen. Manchmal sind diese Gebühren ausdrücklich als Provision oder Kommission für den Kauf beziehungsweise Verkauf von Aktien ausgewiesen, in anderen Fällen sind diese Aufwendungen hingegen nicht sichtbar, beispielsweise wenn ein Händler oder Broker auf eine einzelne Anleihe eine Handelsspanne aufschlägt, bevor er sie einem Anleger verkauft. Die Handelskosten können auch die Transaktionsgebühr beinhalten, die ein Broker möglicherweise für den Kauf bestimmter Investmentfonds verlangt.

Die gute Nachricht ist, dass sich Privatanleger in den letzten zwei Jahrzehnten über sinkende Transaktionsgebühren für den Wertpapierkauf freuen konnten. Inzwischen bieten die meisten Brokerfirmen gebührenfreien Handel mit Hunderten börsennotierten Fonds an und manche auch gebührenfreien Handel mit Aktien und anderen Wertpapieren. Brokerfirmen, die keine Handelsprovision verlangen, hoffen darauf, dass ihre Kunden irgendwann Produkte oder Dienstleistungen nutzen werden, die der Firma Einnahmen bringen. Neben der Provision gibt es nämlich noch eine Reihe anderer Möglichkeiten, wie

Brokerhäuser Einnahmen generieren können. Sie können beispielsweise dafür bezahlt werden, dass sie Orders an Ausführungsdienstleister weiterleiten, die ihnen für dieses Orderaufkommen etwas bezahlen. Außerdem nehmen Brokerhäuser Gebühren aus dem Verleih von Wertpapieren ein – das ist gängige Praxis, damit sich Anleger Wertpapiere leihen können, die sie leerverkaufen, um möglicherweise von fallenden Kursen zu profitieren. Auch nehmen Brokerhäuser Zinsen aus Einschusskrediten ein, also aus den Krediten, die sie an Anleger vergeben, die mithilfe eines Schuldenhebels die Rendite von Investments dadurch steigern wollen, dass sie Wertpapiere mit geliehenem Geld bezahlen. Viele Brokerfirmen behalten diese Zinsen ein, indem sie auf die nicht investierten Cashbestände in den Depots ihrer Kunden gar keine Zinsen oder Zinsen unter dem Marktdurchschnitt bezahlen. Die Gewinnspanne aus dem, was sie aus den Einschusskrediten einnehmen, und dem, was sie auf die Barbestände der Depots bezahlen, kann groß sein.

Beratungs- und Managementgebühren

Bei den Beratungs- und Managementgebühren handelt es sich um Geldmittel, die an Personen bezahlt werden, die bestimmte Investments managen. Dazu gehören unter anderem auf das Anlagevermögen berechnete Gebühren, die die Finanzberatung dafür verlangt, dass sie ein Kundenportfolio verwaltet. Außerdem zählen dazu die Gebühren, die täglich von Investmentfonds oder ETFs abgezogen werden, um das Vermögensverwaltungs-Team für die Verwaltung des Vermögens zu entlohnen. Diese Gebühren sind in der Kostenquote des Investmentfonds oder des ETFs enthalten und werden im Prospekt detailliert angegeben. Die Beratungsgebühren beinhalten jegliche Ausgabe- und Rücknahmeaufschläge, die nicht die Brokerplattform vergüten, die den Trade ausgeführt hat, sondern vielmehr die Anlageberatung.

Ähnlich wie bei den Brokergebühren haben der zunehmende Wettbewerb und technische Verbesserungen auch die Beratungsgebühren und Kostenquoten sinken lassen. Das Investment Company Institute berichtet: „Von 1997 bis 2018 fiel die durchschnittliche Kostenquote aktiv gemanagter Aktien-Investmentfonds von 1,04 auf 0,76 Prozent. Bei Aktienindex-Investmentfonds fiel sie im selben Zeitraum von 0,27 auf 0,08 Prozent." Auch bei den Aktienindex-ETFs sanken die Kostenquoten, und zwar von 0,32 Prozent im Jahr 2009 auf 0,20 Prozent im Jahr 2018.[2]

ALLGEMEINE VERWALTUNGSGEBÜHREN/ ADMINISTRATIVE KOSTEN

Die nicht mit den im Deutschen ebenfalls als Verwaltungsgebühren bezeichneten Managementgebühren zu verwechselnden Verwaltungsgebühren vergüten die Brokerhäuser, die Fondsgesellschaften und die Betreibergesellschaften von Rentenplänen dafür, dass sie Anlagen im Auge behalten, Auszüge und Steuerunterlagen erstellen und versenden sowie andere administrative Aufgaben im Zusammenhang mit der Verwaltung des Kundendepots erledigen.

DER UMGANG MIT ANLAGEGEBÜHREN

Anlageprofis und Broker haben es verdient, für ihre Dienste angemessen entlohnt zu werden. Uns als Anlegern muss allerdings klar sein, dass die Anlagekosten, die wir bezahlen, unsere Anlagerenditen schmälern. In Zeiten, in denen die Erwartungsrenditen von Aktien und Anleihen niedrig sind, können die Anlagegebühren einen unverhältnismäßig großen Teil dieser Renditen aufzehren. Deshalb muss uns bewusst sein, welche Gebühren erhoben werden, und dann müssen wir entscheiden, ob der potenzielle Nutzen diese Gebühren rechtfertigt.

So haben wir etwa in Kapitel 5 gesehen, dass die meisten aktiven Aktienmanager hinter dem Gesamtmarkt zurückbleiben. Wenn die Wahrscheinlichkeit hoch ist, dass ein aktiver Manager oder ein Investmentfonds die angepeilte Benchmark nicht erreichen wird, kann man – anstatt ihm jährlich 0,5 bis 1,5 Prozent der Anlagesumme zu bezahlen – auch einen Index-Investmentfonds oder Index-ETF einsetzen, der die Benchmark nachzubilden versucht und häufig nicht einmal 0,15 Prozent der Anlagesumme als jährliche Gebühr verlangt. Fidelity Investments bietet sogar gebührenfreie Index-Investmentfonds an.[3]

Wenn hingegen die Wahrscheinlichkeit hoch ist, dass ein Manager ein bestimmtes Marktsegment nach Abzug der Gebühren übertreffen kann, dann ist es vielleicht sinnvoll, einen Teil des Vermögens bei diesem Manager zu investieren. Ein aktiv gemanagter Fonds kann auch dann angebracht sein, wenn es keine brauchbare Alternative in Form eines Indexfonds oder ETFs gibt. Zum Beispiel bin ich bereit, einen aktiven Anleihemanager dafür zu bezahlen, dass er nicht mündelsichere Anleihen auswählt, anstatt in einen ETF mit hochverzinslichen Anleihen zu investieren. Ich bin nämlich überzeugt, dass es dem Manager gelingen wird, Unternehmen zu meiden, die mit größerer Wahrscheinlichkeit ihre Anleihen nicht bedienen können, sodass er nach Abzug von Gebühren eine bessere Performance liefert.

Ich investiere auch in geschlossene Fonds. Geschlossene Fonds haben sehr hohe Kosten und deshalb kaufe sich sie nur dann, wenn sie zu einem überdurchschnittlichen Abschlag auf ihren Nettoinventarwert gehandelt werden. Wenn der Fonds mit einem Abschlag von 15 Prozent gehandelt wird, kann er selbst nach Abzug einer Kostenquote von zwei Prozent noch eine taugliche Anlage sein. Bei geschlossenen Fonds, die auf regelmäßige Zahlungen ausgerichtet sind, ziehe ich immer die Gesamtkostenquote von der Ausschüttungsrendite des geschlossenen Fonds ab, um zu sehen, wie die potenzielle laufende Rendite nach Gebühren aussieht. Man berechnet die Ausschüttungsrendite, indem man die bislang letzte monatliche oder vierteljährliche Ausschüttung auf das Jahr hochrechnet. Indem ich die jährliche Kostenquote von der Ausschüttungsrendite abziehe, kann ich einen geschlossenen Fonds mit Anlagealternativen vergleichen, die womöglich weniger Ausgaben haben.

DIE BEAUFTRAGUNG EINES FINANZBERATERS

Sollten Sie einen Finanzberater engagieren, der Ihr Portfolio für Sie managt? Lohnt es sich, die 0,8 Prozent oder mehr zu bezahlen, die ein Finanzberater dafür verlangt, die Anlagen täglich zu überwachen? Das hängt davon ab, weshalb man den Manager engagiert. Viele Finanzplaner arbeiten gegen eine projektbezogene Gebühr oder zu einem Stundensatz, wenn sie einen umfassenden Finanzplan erstellen und Empfehlungen für ein Portfolio abgeben. Solche Ratschläge können für die Ruhestandsplanung einen beträchtlichen Mehrwert bringen. Nachdem man den Finanzplan durchgesehen hat, könnte man einerseits die Portfolio-Empfehlungen selbst umsetzen, anstatt dem Berater eine laufende Gebühr zu bezahlen. Es gibt aber andererseits Menschen, die gern ihre Ruhe haben und denen es gefällt, wenn ein Berater ihr Portfolio laufend überwacht. Der Berater hilft ihnen, bei Marktturbulenzen ihre Emotionen in Schach zu halten. Dieser Seelenfrieden ist ein guter Grund, einen Finanzberater zu beauftragen. Wenn man hingegen einen Finanzberater beauftragt, weil man erwartet, dass dieser dank fachkundiger Auswahl von Wertpapieren den Aktien- oder Anleihemarkt übertreffen wird, dann ist das kein guter Grund. Investmentprofis mit der Fähigkeit sowie den nötigen Informationen und Erkenntnissen, um den Markt zu überbieten, sind selten. Wirklich geschickte Anlageprofis bewegen sich in gut bezahlten Kreisen wie etwa dem Management von

Hedgefonds. Erfolgreiche Hedgefonds haben aber sehr hohe Mindestanlagesummen, oft zehn Millionen Dollar oder mehr, oder sie sind auf Jahre hinaus für Neuanleger geschlossen.

Ein guter Finanzberater zeigt einem Perspektiven auf und arbeitet mit einem zusammen daran, sich auf die Bewältigung der finanziellen Herausforderungen des Lebens vorzubereiten. Auch wird ein guter Finanzplaner die Kosten seiner Dienstleistungen und die Gebühren der zugrunde liegenden Investments vollständig offenlegen. Ein guter Finanzplaner verspricht einem nicht, dass er den Markt übertreffen wird, denn nur sehr wenigen gelingt es, dieses Versprechen zu erfüllen.

STEUERN

Einer meiner Kunden in der Anfangszeit meiner Investmentlaufbahn war eine Versicherung gegen ärztliche Kunstfehler. Manchmal fühlte ich mich von diesem Kunden vollkommen überfordert. Sein Anlageausschuss bestand überwiegend aus Ärzten, die mehrere Jahrzehnte älter waren als ich, und sie betrachteten die Welt der Geldanlage aus einer anderen Perspektive. Sie konzentrierten sich vor allem auf die Nachsteuer-Rendite ihres Portfolios und darauf, wie sich etwaige Investmentaktivitäten auf die Finanzabschlüsse der Versicherung auswirken würden. Regelmäßige Ausschüttungen schätzten sie mehr als Buchgewinne, obwohl auf solche Einkünfte Steuern anfielen. Einkünfte aus Zinsen und Dividenden erschienen in der Erfolgsrechnung der Gesellschaft, nicht realisierte Buchgewinne hingegen nicht. Was mir an diesem Kunden gefiel, war die Tatsache, dass sich die Ausschussmitglieder an Freitagnachmittagen in Coral Gables in Florida trafen, sodass ich eines meiner Kinder mitnehmen und wir das Wochenende im warmen Sonnenschein am Strand verbringen konnten. Dann fusionierte der Kunde jedoch mit einer anderen Versicherung aus Michigan und unsere Sitzungen fanden in Lansing statt.

Die meisten Kunden, mit denen ich bis dahin zu tun gehabt hatte, waren nicht gewinnorientiert gewesen, sodass Steuern kein Kriterium gewesen waren, aber dieser Versicherungskunde wollte, dass ich in meinen Quartalsberichten die von mir berechnete Nachsteuerrendite angab. Dafür musste ich die Einkünfte, die die Versicherungsgesellschaft beziehen würde, um den Betrag vermindern, der in Form von Steuern abfließen würde, und ich musste den Preiszuwachs vermindern, um die Kapitalertragsteuer zu berücksichtigen. Das musste ich zum weit überwiegenden Teil von Hand machen und durch diese Arbeit wurde mir bewusst, wie sehr Steuern die Anlagerenditen senken können.

Für Privatpersonen besteht die beste Möglichkeit, Steuern zu sparen, darin, dass man Anlagen erst dann verkauft, wenn es steuerlich als langfristiger Kapitalertrag gilt, nicht als höher besteuerter kurzfristiger Kapitalertrag [In Deutschland ist das derzeit von Ausnahmen wie Immobilien abgesehen irrelevant, das kann sich aber wieder ändern, Anm. d. Ü.]. Am wirkungsvollsten tut man das, indem man börsennotierte Fonds anstatt aktiver Investmentfonds kauft. Je geringer der Portfolio-Umschlag – also je seltener die zugrunde liegenden Positionen eines Fonds oder ETFs gekauft und verkauft werden –, desto effizienter ist der Fonds oder ETF in steuerlicher Hinsicht. Bei einem aktiven Investmentfonds kommt es vor, dass er eine Position, die er seit weniger als einem Jahr hält, verkauft, weil sie schnell gestiegen ist und das Kursziel des Managers erreicht hat. Oder eine Position wird verkauft, wenn sich das Anlagekonzept ändert. In beiden Fällen kann der Wertpapierverkauf zu einem kurzfristigen Kapitalertrag führen, der ein für die Anteilseigner relevantes Steuerereignis darstellt. Ein ETF verkauft hingegen selten eine Position, wenn sich nicht die Zusammensetzung des Index ändert, den der ETF nachbildet.

Da zudem die ETF-Anteile zurückgenommen werden, wenn der ETF-Betreiber einen Wertpapierkorb gegen ETF-Anteile eintauscht,

die ihm Authorized Participants liefern (wie in Kapitel 6 besprochen), hat der ETF-Betreiber die Möglichkeit, die Steuerlast dadurch
zu vermindern, dass er Wertpapiere mit geringer Kostenbasis an den
Authorized Participant überträgt. Eine geringe Kostenbasis bedeutet, dass der Preis eines Wertpapiers stark gestiegen ist und deshalb
beim Verkauf zu einem hohen steuerpflichtigen Gewinn führen
würde.[4] Wenn hingegen bei einem aktiven Investmentfonds um-
fangreiche Rücknahmen erfolgen – aufgrund von Underperformance
oder wegen des allgemeinen Trends, dass die Anleger von Strategien
mit aktiven Investmentfonds auf passive Indexvehikel umsteigen –,
dann muss der Fonds seine Positionen am freien Markt verkaufen,
was möglicherweise zu zusätzlichen Steuerverbindlichkeiten für die
verbleibenden Anteilseigner führt.

Als Privatanleger kann man außerdem seine Steuerlast dadurch
minimieren, dass man steuerbegünstigte Sparvehikel und steuerfreie Anlagen einsetzt. Angehörige der Finanzberufe und Wissenschaftler sind sich grundsätzlich einig, dass man dadurch die Steuern senken und den Portfoliowert nach Steuern erhöhen kann, dass
man Anlagen mit höherer laufender Rendite wie etwa Anleihen und
REITs in steuerbegünstigten Depots und Aktien in besteuerten Depots unterbringt. Das liegt daran, dass bei vielen Privatanlegern die
Dividenden und die Zinsen höher besteuert werden als die Kapital-
erträge. Wenn man Investments mit höherer laufender Rendite in
steuerbegünstigte Anlagevehikel und schnell wachsende Investments mit weniger laufenden Zahlungen in besteuerte Depots steckt,
wird die jährliche Steuerlast geringer, sodass der Anlagebestand
mehr Zeit zum Wachsen hat.[5]

Ich bin kein Steuerfachmann, daher werden Sie für die steuerliche
Feinabstimmung Ihrer Anlagestrategie viel bessere Quellen finden,
unter anderem Ihren Steuerberater. Er kann Ihnen auch sagen, ob es
sinnvoll ist, einige steuerfreie Anlagen in das Portfolio aufzunehmen, beispielsweise öffentliche Anleihen. Öffentliche Anleihen sind

Schuldverschreibungen, die von Bundesstaaten, Kommunalverwaltungen und Schulbezirken zur Finanzierung diverser Projekte ausgegeben werden, zum Beispiel Straßen, Versorgungs-Infrastruktur und Schulen. Die meisten öffentlichen Anleihen sind von den Bundessteuern und viele auch von den bundesstaatlichen und den kommunalen Steuern befreit. Öffentliche Anleihen kann man genauso bewerten, wie wir in Kapitel 3 Anleihen analysiert haben – indem man sich auf die Rendite, die Duration und die Bonität konzentriert. Allerdings muss man bei öffentlichen Anleihen eine Anpassung vornehmen: Um gleiche Bedingungen wie bei steuerpflichtigen Anleihen zu schaffen, muss man die Rückzahlungsrendite oder die SEC-Rendite der öffentlichen Anleihe, des Fonds oder des ETFs durch 1 minus den Grenzsteuersatz des Anlegers teilen.

Nehmen wir zum Beispiel an, ein aus öffentlichen Anleihen bestehender Fonds hat eine SEC-Rendite von 2,9 Prozent. Für einen Anleger mit einem Grenzsteuersatz von 35 Prozent entspricht das einer Vorsteuerrendite von 4,5 Prozent (2,9 Prozent : [1 - 0,35] = 4,5 Prozent). Nun kann der Anleger die steuerbereinigte Rendite mit der SEC-Rendite steuerpflichtiger Anleihefonds ähnlicher Bonität und Zinssensitivität vergleichen, um zu sehen, ob eine Investition sinnvoll ist.

NEUGEWICHTUNG DES PORTFOLIOS

Ein weiterer Bereich der Geldanlage, in dem Kosten eine Rolle spielen, ist die Neugewichtung eines Anlageportfolios. Die Neugewichtung – auch als „Rebalancing" bezeichnet – erfolgt dadurch, dass man eine Anlage, die sich gut entwickelt hat und die daher im Verhältnis zum Zielwert übergewichtet ist, verkauft und den Erlös einer anderen Position zuweist, die nicht so gut gelaufen ist und daher im Vergleich zum Zielwert untergewichtet ist. Das setzt natürlich voraus, dass überhaupt ein Ziel für jedes Investment oder jede Anlageklasse besteht und das kann je nach Methode der Asset Allocation der Fall sein oder auch nicht. Mit der Asset Allocation – oder Portfoliostruktur – beschäftigen wir uns im nächsten Kapitel.

Als institutioneller Anlageberater hatte ich zwei Arten von Kunden. Manche Kunden waren insofern nicht diskretionär, als ich zwar Empfehlungen aussprach, aber letztendlich der Anlageausschuss oder der Mitarbeiterstab die Entscheidungen treffen und umsetzen musste. Andere Kunden waren insofern diskretionär, als unser Portfoliomanagement-Team die Entscheidungen traf und umsetzte.

Bei den nicht diskretionären Kunden war die Neugewichtung Gegenstand ständiger Diskussionen. Man kann die Entscheidung zur Neugewichtung zeitlich ausrichten, zum Beispiel indem man sie einmal im Jahr durchführt. Man kann sie aber auch an einem Schwellenwert ausrichten, zum Beispiel indem man immer dann neu gewichtet, wenn sich eine Anlagekategorie weiter als 20 Prozent von ihrem Zielwert entfernt hat. Wenn sich die Entscheidung nach einer Schwelle richtet, besteht eine zusätzliche Dimension in der Häufigkeit, in der man das Portfolios darauf kontrolliert, ob eine Anlagekategorie ihren Zielbereich verlassen hat.

Bei den meisten gemeinnützigen Organisationen, mit denen ich zusammenarbeitete, waren die Rebalancing-Kosten minimal, weil die Transaktionskosten niedrig waren und sie keine Kapitalertragsteuer bezahlen mussten. Bei Privatanlegern ist das anders. Manchmal bekomme ich E-Mails von Hörern, die gewisse Wertpapiere wie beispielsweise einzelne Aktien oder Indexfonds jahrelang in ihren steuerpflichtigen Depots liegen hatten. Diese Papiere haben eine niedrige Kostenbasis, generieren also einen hohen steuerpflichtigen Gewinn, wenn sie im Rahmen einer Rebalancing-Strategie verkauft werden. Falls eine hohe Steuerverbindlichkeit besteht, müssen die Kosten für das Rebalancing einschließlich Steuern und Transaktionsgebühren gegen den potenziellen Nutzen abgewogen werden. Dabei sind drei Fragen zu stellen: (1) Wie viel muss mit dem neuen

Investment verdient werden, damit es die Kosten für den Verkauf des alten aufwiegt? (2) Wie lange würde es dauern, diese Kosten wieder hereinzuholen? (3) Wie groß wäre der finanzielle Schaden, wenn der Wert der bestehenden Position einbräche? Die dritte Frage ist dann besonders wichtig, wenn eine einzelne Aktie einen großen Anteil eines Anlageportfolios darstellt.

Auf die Frage, welche Neugewichtungsstrategie zu bevorzugen ist, gibt es keine eindeutige Antwort. Yan Zilbering, Colleen M. Jaconetti und Francis M. Kinniry, Jr. haben für Vanguard einen Artikel über bewährte Methoden für die Neugewichtung von Portfolios geschrieben. Bei ihrer Analyse kamen sie zu dem Ergebnis, dass die Häufigkeit der Neugewichtung – monatlich, vierteljährlich oder jährlich – keine nennenswerten Auswirkungen auf die risikobereinigte Rendite hat. Allerdings stellten sie fest, dass die Anzahl der Neugewichtungen die Kosten erhöht. Sie kamen mithin zu dem Schluss, „dass eine Rebalancing-Strategie, die auf vernünftigen Kontrollhäufigkeiten (zum Beispiel jährlich oder halbjährlich) und vernünftigen Allokationsschwellen (Abweichungen von circa fünf Prozent) basiert, bei den meisten diversifizierten Aktien- und Anleihepositionen wahrscheinlich eine ausreichende Risikokontrolle bezüglich der angestrebten Asset Allocation gewährleistet, ohne langfristig zu viele Neugewichtungen zu verursachen".[6]

Mit meinen diskretionären Kunden, bei denen das Portfoliomanagement-Team und ich die Anlageentscheidungen trafen und umsetzten, haben wir über das Rebalancing kaum offiziell diskutiert. Diese Kunden ließen ausreichend große Spielräume um die Zielgrößen für spezifische Anlagekategorien und wir hatten als Anlageverwalter die Aufgabe, anhand der Investmentbedingungen kluge Portfolio-Entscheidungen zu treffen. Wir passten die Portfoliomischung schrittweise an, wenn der Kunde Mittel zuschoss oder entnahm beziehungsweise wenn sich die Investmentbedingungen änderten. Wir verkauften einen Teil einer Anlagekategorie, die zurechtgestutzt werden musste, weil sie gut gelaufen war und nun geringere Renditeaussichten hatte, und wir stockten Anlagekategorien auf, die billiger als im historischen Durchschnitt waren, sodass sie höhere Erwartungsrenditen hatten. Dies war ein eher fließender Ansatz des Portfoliomanagements als eine starre Rebalancing-Methode, die davon ausgeht, es gebe ein optimales Portfolioziel, an das man sich präzise halten müsse. Und so manage ich mein privates Portfolio bis heute.

INFLATION UND ASSET ALLOCATION

Bis jetzt haben wir in diesem Kapitel offensichtliche Anlagekosten wie Gebühren und Steuern behandelt. Die Inflation ist ein weiterer Kostenfaktor, der allerdings in einem Prospekt oder einem Brokervertrag nicht offengelegt wird, weil er nicht von einer Finanzfirma in Rechnung gestellt wird. Inflation ist der Kaufkraftverlust, der dadurch entsteht, dass die Preise im Laufe der Zeit steigen. Inflation entsteht, wenn die Geldmenge schneller wächst als das Angebot an Waren und Dienstleistungen. Die Geldmenge wächst vor allem dadurch, dass Banken neue Darlehen vergeben. Als Anleger sollte man auf die aktuelle Inflationsrate achten, die sich nach dem Verbraucherpreisindex bemisst, und darauf, ob die Investments mehr als die Inflation einbringen. Der Anteil der Rendite, der über die Inflationsrate hinausgeht, wird als reale Rendite bezeichnet. Um den inflationsbedingten Kaufkraftverlust auszugleichen, muss man eine positive reale Rendite erwirtschaften. Beispielsweise legen College-Stiftungen meistens eine angestrebte Mindestrendite fest, die dem prozentualen Anteil entspricht, den sie pro Jahr ihren Portfolios entnehmen, zuzüglich der Inflationsrate. Wenn ihre jährliche Ausgabenquote vier Prozent beträgt und eine Inflationsrate von drei Prozent erwartet wird, beläuft sich ihre angestrebte Mindestrendite auf sieben Prozent. Wenn sie dieses Renditeziel erreichen, wenn die Inflation tatsächlich die erwarteten drei Prozent beträgt und wenn die Ausgaben vier Prozent pro Jahr betragen, dann wirkt sich das, was die Stiftungen in 20 Jahren ausgeben, inflationsbereinigt finanziell genauso aus wie das, was sie heute ausgeben. Erwirtschaftet die Stiftung mehr als sieben Prozent und erzielt somit nach Ausgaben eine positive Realrendite, dann wirkt sich das, was in 20 Jahren ausgegeben wird, stärker aus als das, was heute ausgegeben wird.

Eine ähnliche Analyse können wir auch als Privatanleger durchführen. Wenn wir in unseren Portfolios Bargeldäquivalente halten, die weniger als die Inflation abwerfen, wird der Wert unserer Anlagen inflationsbereinigt schrumpfen, weil unser Portfolio dann eine negative reale Rendite hat. Im Gegenzug wird ein zu 100 Prozent aus Aktien bestehendes Portfolio auf lange Sicht höchstwahrscheinlich eine positive reale Rendite abwerfen, es kann aber auch Zeiten durchmachen, in denen es negative Realrenditen bringt. Wenn die Aktien um 60 Prozent fallen, kann das einem Anleger im oder kurz vor dem Ruhestand beträchtlichen finanziellen Schaden zufügen. Portfoliomanagement ist der Prozess, mehrere Anlagekategorien zu kombinieren, die zu einer positiven realen Portfoliorendite beitragen, und gleichzeitig den finanziellen Schaden zu minimieren, den schwere Drawdowns des Marktes verursachen. Wenn man die Auswirkungen der Inflation besser verstehen will, kann es hilfreich sein, eine Tabellenkalkulation zu verwenden, mit deren Hilfe man einen künftigen Portfoliowert und einen künftigen Ausgabenbetrag mit dem vergleichen kann, was sie in heutigen Dollar wert wären. Das können Sie tun, indem Sie mein Spreadsheet der Rentenersparnisse herunterladen und sich ein Video ansehen, in dem erklärt wird, wie man es benutzt. Beides finden Sie unter https://moneyfortherestofus.com/tools.

WIE MAN DIE ANLAGEKOSTEN
SEINES PORTFOLIOS MANAGT

Alle Anlagekosten einschließlich Handelskosten, Beratungskosten, Verwaltungsgebühren, Steuern und Inflation senken unsere Anlagerenditen. Vermeiden lassen sich diese Kosten nicht, aber man kann sie effektiv managen. Der Ausgangspunkt ist, sich klarzumachen, welche Kosten man bezahlt, und dann zu entscheiden, ob man dafür einen ausreichenden Nutzen erhält. Gibt es eine Möglichkeit, die Kosten zu senken, um die Rendite nach Steuern und Gebühren zu steigern? Oft gibt es Alternativen. Die Anlagekosten sinken weiterhin und es gibt steuergünstige Möglichkeiten wie zum Beispiel börsengehandelte Fonds. Wenn man über Änderungen im Portfolio nachdenkt, sollte man auch die absoluten Kosten für den Ausstieg aus einer Position in Form von Gebühren und Steuern berechnen sowie ermitteln, wie lange es dauern wird, bis die neue Investmentchance diese Kosten wieder hereingeholt hat.

Bei Pensionsplänen mit Arbeitgeberbeitrag kann man die Kosten verschiedener Portfolio-Optionen ermitteln und seine Investments auf diejenigen mit den geringsten Kosten konzentrieren. Dann kann man diese Investments um seine Nachsteuerersparnisse ergänzen, wobei die Steuersparstrategie zu berücksichtigen ist, Investments, die höhere laufende Renditen generieren, in steuerbegünstigten Sparvehikeln anzusiedeln.

ZUSAMMENFASSUNG

- Die Anlagekosten lassen sich in Handelskosten, Beratungskosten und Verwaltungskosten aufteilen. Diese Gebühren senken die Anlagerenditen und deshalb muss man darauf achten, dass man dafür einen ausreichenden

Nutzen erhält, und andernfalls nach günstigeren Alternativen Ausschau halten.

- Gute Finanzberater zeigen Perspektiven auf und erarbeiten gemeinsam mit dem Kunden die Vorbereitung auf die finanziellen Herausforderungen des Lebens. Sie legen die Kosten für ihre Dienstleistungen und die Gebühren für die zugrunde liegenden Investments vollständig offen. Sie versprechen einem nicht, sie würden den Markt übertreffen, denn nur sehr wenige werden in der Lage sein, dieses Versprechen zu halten.

- Erfolgreiche Geldanlage bedeutet, dass man Steuern bezahlt, aber man kann durchaus Schritte unternehmen, um sie möglichst niedrig zu halten.

- Rebalancing oder Neugewichtung bedeutet, dass man eine Anlage verkauft, die sich gut entwickelt hat und die dadurch im Verhältnis zu einem Zielwert übergewichtet ist, und dass man den Erlös einer Anlage zuteilt, die nicht so gut gelaufen ist, sodass sie im Verhältnis zu ihrem Ziel untergewichtet ist. Ein Rebalancing kann dadurch ausgelöst werden, dass eine Anlage einen bestimmten prozentualen Schwellenwert überschreitet, oder es kann aufgrund eines festgelegten Zeitplans erfolgen. Wenn es keine formalen Zielwerte für die Assetklassen gibt, besteht eine flexiblere Methode darin, die Portfoliozusammensetzung schrittweise anzupassen, wenn man Mittel zuschießt oder entnimmt beziehungsweise wenn sich die Investmentbedingungen ändern.

- Als Privatanleger kann man dem verborgenen Kostenfaktor Inflation dadurch begegnen, dass man Anlagekategorien miteinander kombiniert, die zu einer positiven realen Rendite beitragen.

9

Wie wirkt es sich auf Ihr Portfolio aus?

Asset Allocation

DIE ZEHN FRAGEN

1. Was ist es?
2. Ist es Geldanlage, Spekulation oder Glücksspiel?
3. Welcher Vorteil winkt?
4. Welcher Verlust droht?
5. Wer steht auf der anderen Seite des Trades?
6. Was ist das Anlagevehikel?
7. Was braucht man, um erfolgreich zu sein?
8. Wer sahnt dabei ab?
9. **Wie wirkt es sich auf Ihr Portfolio aus?**
10. Sollten Sie investieren?

**FRAGE 9: WIE WIRKT ES SICH
AUF IHR PORTFOLIO AUS?**

Ein diversifiziertes Portfolio besteht aus mehreren Anlageklassen mit verschiedenen Renditefaktoren. Man sollte die Asset Allocation nicht als Optimierungsproblem mit nur einer richtigen Lösung angehen. Vielmehr hat man unter Anwendung von Richtlinien und Faustregeln eine enorme kreative Freiheit beim Aufbau eines Portfolios, das dem eigenen Wissen, den eigenen Interessen und den eigenen Werten Rechnung trägt.

Die meisten Fragen unseres Rahmens analysieren einzelne Investments unabhängig voneinander. Jedoch werden Investments nicht isoliert gekauft. Sie tragen etwas zur Rendite unseres Gesamtportfolios bei. Die neunte Frage unseres Rahmens berücksichtigt diese Komponente, indem sie fragt: „Wie wirkt es sich auf Ihr Portfolio aus?" Als Portfoliomanager fällen wir Allokationsentscheidungen über verschiedene Investments. Wie entscheidet man, welche Anlagen man kauft und wie viel Geld man ihnen zuweist?

ASSET ALLOCATION ANHAND
DER MODERNEN PORTFOLIOTHEORIE

Die traditionelle Methode der Asset Allocation basiert auf der Modernen Portfoliotheorie (MPT). Diese Finanztheorie wurde 1952 von Harry Markowitz eingeführt und von Anfang der 1950er-Jahre bis Anfang der 1970er-Jahre ausgebaut. Markowitz bekam für seine

Arbeiten 1990 den Nobelpreis und die Moderne Portfoliotheorie ist nach wie vor das Fundament des modernen Finanzwesens. Der Grundgedanke hinter der Modernen Portfoliotheorie ist, dass es zu jedem gegebenen Risikoniveau eine optimale Portfoliomischung (Aufteilung zwischen Aktien, Anleihen, Immobilien und anderen Anlageklassen) mit der höchsten Erwartungsrendite gibt. In der MPT ist das Risiko als Volatilität definiert, also als die Schwankungsbreite der Renditen um die durchschnittliche oder erwartete Rendite, also wie hoch die Hochs im Verhältnis dazu sind, wie tief die Tiefs sind. Dabei ist die Standardabweichung das statistische Maß, um die Volatilität von Asset-Allocation-Modellen zu bestimmen, die auf der MPT basieren.

Um eine Asset-Allocation-Studie anhand der MPT zu erstellen, braucht man zu jeder Assetklasse die Erwartungsrendite und die erwartete Volatilität. Außerdem braucht man eine Annahme, wie sich die Assetklassen im Verhältnis zueinander bewegen. Wie eng laufen die Renditen der Anlageklassen in die gleiche Richtung oder laufen sie in entgegengesetzte Richtungen? Das nennt man Korrelation.

Aus diesen Eingangsgrößen berechnet das Optimierungsmodell die optimale Mischung aus Aktien, Anleihen, Immobilien und anderen Anlageklassen, die bei einer bestimmten Volatilität die Erwartungsrendite maximiert. Die Linie in einem Diagramm der optimalen Portfolios mit den höchsten Erwartungsrenditen aller Volatilitätsniveaus bezeichnet man als Effizienzlinie.

Wenn ich als institutioneller Anlageberater mit einer neuen Universitätsstiftung oder einer anderen gemeinnützigen Organisation zusammenzuarbeiten begann, legte ich eine Studie vor, die auf der Modernen Portfoliotheorie basierte. Zweck der Übung war, dass der Kunde sich eine optimale Portfoliomischung aussuchen konnte, die auf der Effizienzlinie lag. Dieses optimale Portfolio musste genug Rendite bringen, damit der Kunde seine momentanen Ausgaben angemessen bestreiten und gleichzeitig sicherstellen konnte, dass stets genug Kapital in inflationsbereinigt gleicher oder größerer Höhe für die Ausgaben zur Verfügung stand. Gleichzeitig durfte die Erwartungsrendite nicht so hoch sein, dass der Anlageausschuss und andere Stakeholder die kurzfristige abwärts gerichtete Volatilität nicht aushalten könnten, die ein riskanteres Portfolio erfahren kann. Bei Privatpersonen, die für den Ruhestand sparen, besteht das Ziel normalerweise darin, ein optimales Portfolio zu identifizieren, mit dem sie ihre bestehenden und künftigen Ersparnisse in einem Tempo mehren können, das ihnen ausreichend Vermögenswerte zur Finanzierung ihrer Lebenshaltungskosten im Ruhestand liefert. Jedoch darf die Erwartungsrendite nicht so hoch sein, dass die Person die Schwankungen nicht aushält. Andernfalls stößt sie womöglich riskante Anlagen bei einer Panik oder nach einem größeren Abschwung des Marktes ab.

Was bei einer Asset-Allocation-Studie herauskommt, hängt von den Eingangsgrößen ab. In Kapitel 3 kritisierte ich einen Finanzplaner, weil er einen Finanzplan erstellt hatte, der auf historischen Renditen basierte. Es ist zwar akzeptabel, historische Zahlen zur Volatilität und zu den Korrelationen zu verwenden, aber die Verwendung historischer Renditen für Anlageklassen, um Portfolio-Empfehlungen zu untermauern, kann irreführend sein. Das gilt besonders dann, wenn – wie wir in früheren Kapiteln gesehen haben – die Anfangsbedingungen der Investments wie beispielsweise die aktuellen Anleiherenditen, die Dividendenrenditen oder die Bewertungen nahelegen, dass sich die Geschichte wahrscheinlich nicht wiederholt.

Zu Beginn meiner Investmentlaufbahn beruhte das Asset-Allocation-Modell, das wir verwendeten, vollständig auf historischen Renditen. Ich konnte mir irgendeinen historischen Zeitraum aussuchen und dann generierte das Modell eine Effizienzlinie, die auf den historischen Renditen, Volatilitäten und Korrelationen basierte. Aufgrund dieser Flexibilität suchte ich mir denjenigen Zeitraum aus, der Renditen lieferte, die bezüglich des möglichen künftigen Geschehens vernünftig erschienen. Allerdings schockierte es mich, wie dramatisch sich das Ergebnis änderte, wenn ich den historischen Zeitraum um ein oder zwei Jahre verschob.

Was noch wichtiger war: Wenn ich den Kunden Asset-Allocation-Studien vorlegte, merkte ich, dass sie gar kein optimales Portfolio wollten. Sie wollten ein Portfolio, das ihrem Wohlfühlniveau entsprach. Folglich ergänzte ich das Modell um Einschränkungen, zum Beispiel maximal 15 Prozent Aktien kleiner Unternehmen oder 20 Prozent Aktien von außerhalb der Vereinigten Staaten. Meine empfohlenen Portfolios waren in dem Sinne „optimal", dass sie mundgerecht für den Kunden waren. Sie lagen zwar auf einer Effizienzlinie, aber nur, weil diese Linie massiv auf das Wohlfühlniveau des Kunden eingestellt war. Mehr als einmal vergrößerte ich sogar die Punkte im Diagramm, damit sie die Effizienzlinie berührten. Dieser Prozess war im Großen und Ganzen die Zusammenstellung eines optimalen „Ernährungsplans" für den Kunden, der aus Nahrungsmittelgruppen bestand, die er gerne aß, nicht aus den für ihn gesündesten.

Nach ein paar Jahren begannen wir ein Modell für die Asset Allocation zu verwenden, das auf vorausschauenden Renditeannahmen statt auf rückblickenden basierte. Irgendwann legte ich allerdings überhaupt keine Effizienzlinien mehr vor, weil mir das angesichts all der Einschränkungen, die ich der Kurve auferlegte, um Portfolios vorzulegen, die der Kunde akzeptabel finden würde, wie eine Farce erschien.

PROBLEME MIT DER MODERNEN PORTFOLIOTHEORIE

Für meine persönlichen Geldanlagen verwende ich die MPT nicht. Ich setze zwar diversifizierte Portfolios aus mehreren Anlageklassen ein, aber ich finde, wenn man sich als Anleger auf das Ergebnis eines Asset-Allocation-Modells verlässt, das auf der Modernen Portfoliotheorie beruht, kann einem das ein falsches Gefühl der Zuversicht vermitteln, was die Ergebnisse des Portfolios angeht. Das Problem an der MPT ist, dass sie annimmt, die Marktrenditen würden sich viel stärker um die Erwartungsrendite ballen, als sie es in Wirklichkeit tun. Anders ausgedrückt geht die Theorie davon aus, außerordentlich gute oder außerordentlich schlechte Renditen seien äußerst selten. Aber katastrophale Verluste treten häufiger ein, als es die Theorie nahelegt.

Der Mathematiker Benoit Mandelbrot war einer der Ersten, die darauf hinwiesen, dass extreme Portfolio-Ergebnisse häufiger eintreten, als MPT-Modelle es vorhersagen. Zudem neigen diese extremen Ereignisse eher dazu, sich zu ballen, als dazu, sich zufällig zu verteilen – ähnlich wie beim Fliegen in einem Flugzeug auf ein durch Turbulenzen verursachtes Rütteln meist noch eins und noch eins folgt, bis dann wieder eine ruhigere Flugphase folgt. An den Finanzmärkten folgt auf eine Phase hoher Volatilität oft eine weitere, dann beruhigt sich der Markt wieder, bis er wieder volatiler wird.[1]

Weshalb ist das wichtig? Weil die MPT dazu führen kann, dass sich Anleger und ihre Berater mehr auf die durchschnittliche Erwartungsrendite konzentrieren als darauf, dass sie sich auch extremen Ereignissen aussetzen. Nassim Nicholas Taleb erklärt das so: „Risiken treten eher in Form von Tail-Ereignissen als von Schwankungen auf."[2] Für uns als Privatanleger sollte das hauptsächliche Risikomaß nicht die Volatilität sein, also nicht die „Schwankungen", wie sich Taleb ausdrückt. Volatilität und Standardabweichung sind zu abstrakt. Für Privatpersonen besteht das Risiko in dem finanziellen Schaden, den extreme Ereignisse verursachen, also die großen Verluste, die häufiger eintreten, als es die auf der Modernen Portfoliotheorie beruhenden Modelle vorhersagen. Diese extrem negativen Ergebnisse sind die Tail-Ereignisse, von denen Taleb spricht. Sie werden deshalb Tail-Ereignisse genannt, weil in dem Graph möglicher Ausgänge, den man als Wahrscheinlichkeitsverteilung bezeichnet, extreme Ausgänge Beobachtungen sind, die an den beiden Enden oder „Schwänzen"

– englisch „tails" – liegen, nicht in der Nähe des Durchschnitts, wo die allermeisten Beobachtungen liegen.

Die meisten Menschen treffen gewisse finanzielle Entscheidungen sowieso schon mit Blick auf extreme Ereignisse. Im Durchschnitt brennt das eigene Haus nicht ab oder wird ausgeraubt, aber trotzdem versichert man es. Im Durchschnitt stirbt man nicht in der Blüte des Lebens oder wird in jungen Jahren Invalide, aber trotzdem schließt man eine Lebens- und eine Invaliditätsversicherung ab, um seine Familie zu schützen. In diesen Fällen sind die extremen Ereignisse selten und darum sind die Versicherungsprämien erschwinglich. An den Finanzmärkten ist das anders. Die Absicherung eines Portfolios gegen Verluste mithilfe von Optionskontrakten oder anderen Mitteln – auch als Hedging bezeichnet – ist kostspielig und dies ist ein weiterer Beleg dafür, dass die MPT die Häufigkeit und die Schwere extremer Ausgänge unterschätzt. Denn andernfalls wäre es erschwinglicher, sich gegen Portfolioverluste abzusichern.

Zugegeben, die Volatilität kann ein nützlicher Anhaltspunkt sein, denn volatilere Anlageklassen erleiden tendenziell größere Verluste, aber ich halte es für aufschlussreicher, sich auf den maximalen potenziellen Drawdown (Verlust) und die potenzielle Erholungsdauer zu konzentrieren (wie in Kapitel 4 besprochen) anstatt auf die Standardabweichung,

Ein weiteres Problem mit der MPT ist, dass die Modelle annehmen, die Korrelationen zwischen Anlageklassen seien statisch, sodass zwei Anlageklassen, die nicht perfekt miteinander korreliert sind, angeblich nicht irgendwann anfangen werden, im Gleichschritt zu laufen. Unglücklicherweise nehmen jedoch in turbulenten Marktphasen häufig die Korrelationen zwischen Assetklassen zu; riskantere Anlagen wie etwa verschiedene Aktienkategorien, REITs und nicht mündelsichere Anleihen fallen dann gemeinsam.

Und noch ein Problem mit der Modernen Portfoliotheorie: Manche Anlagekategorien sind illiquide, sodass nicht täglich ein Preis für sie gestellt wird. Wie hoch ist die Volatilität einer Mietwohnung? Auf Tage oder Monate gesehen ist ihre Volatilität sehr gering, denn Mietshäuser werden nicht jeden Tag mit einem Preis bewertet. Sie werden nur alle paar Jahre geschätzt. Folglich sind Anlageberater, die anhand der MPT Asset-Allocation-Studien erstellen, gezwungen, sich für illiquide Anlagen wie private Immobilien oder Wagniskapital (Start-up-Unternehmen in Privatbesitz) Volatilitäts- und Korrelationsannahmen auszudenken.

Mein größtes Problem mit der Modernen Portfoliotheorie ist allerdings, dass sie einfach zu sauber ist. Sie vereinfacht die Welt der Geldanlage zu sehr und vermittelt den Eindruck, ein Modell könne im Angesicht extremer Ungewissheit die potenziellen Portfolio-Ergebnisse angemessen erfassen. Finanzmärkte sind komplexe adaptive Systeme mit einer großen Vielfalt von Eingangsgrößen und mit der Zeit passen sie sich an und lernen. Millionen einzelner Agenten, sowohl Menschen als auch Computer, führen Handlungen durch, die sich auf die Wirtschaft und auf die Finanzmärkte in Arten und Weisen auswirken, die unvorhersehbar sind. Ben Hunt, der Chief Investment Officer der Investment-Boutique Second Foundation sowie Autor des Newsletters *Epsilon Theory*, schreibt:

> „Alles, was einem die Moderne Portfoliotheorie sagt, basiert auf Entscheidungsfindung unter Risiko. Alles dreht sich um *Maximierung* – Maximierung der Erwartungsrendite über eine Reihe von Risiko-Ertrags-Entscheidungen – und das funktioniert auch perfekt, wenn man stabile historische Daten und wohldefinierte aktuelle Risiken zur Verfügung hat. Weniger gut allerdings, wenn man instabile historische Daten und schlecht definierte aktuelle Risiken hat. [...] Das ist, wie wenn man eine Säge verwendet, obwohl man einen Hammer bräuchte. Nicht nur hat man keine Chance, damit den Nagel ins Holz zu treiben, sondern man beschädigt dabei auch noch das Holz."[3]

Die Maximierung des Vermögens ist nicht das Ziel der Geldanlage oder der Asset Allocation. Hunt schreibt, Ziel sei es, auf lange Sicht unser „maximales Bedauern zu minimieren".[4] Das bedeutet, dass man in einer Art und Weise investieren sollte, die im Laufe der Zeit ein Vermögen aufbaut, aber dabei große Wetten vermeidet, die einen mittellos dastehen lassen könnten. Es bedeutet, nicht in den Bann „fantastischer"[5] Anlagechancen zu geraten, die hohe Renditen bei geringem Risiko versprechen und uns dazu verleiten, den größten Teil unseres Besitzes zu verkaufen und den Erlös in Kryptowährungen, in ein Start-up-Unternehmen oder in eine heiße Aktie anzulegen, sodass wir einen erheblichen Schaden erleiden, wenn es nicht so läuft wie geplant.[6]

DER „ANLAGEGARTEN" ALS METHODE DER ASSET ALLOCATION

Wenn die Moderne Portfoliotheorie so problematisch ist, wie wählt man dann in einer Welt der Ungewissheit eine Anlagemischung? Fangen wir damit an, zu begreifen, dass es keine richtige Antwort gibt, kein „optimales" Portfolio. Mervyn King, ehemaliger Direktor der Bank of England, schreibt: „Die Sprache der Optimierung ist verführerisch. Aber Menschen optimieren nicht, sie bewältigen. Sie reagieren auf neue Umgebungen, neue Reize und neue Herausforderungen und passen sich an."[7] King weist darauf hin, dass wir Probleme, die sich nicht für die Optimierung eignen, durch Einsatz von Heuristiken oder Faustregeln bewältigen, anhand deren wir das Renditepotenzial verschiedener Anlagestrategien einschätzen.

Eine Möglichkeit, dies bei der Asset Allocation zu tun, besteht darin, so heranzugehen wie bei der Gestaltung eines Gartens. Bei der Gartenanlage gibt es keine richtige Lösung. Es gibt keinen optimierten Blumengarten. Vielmehr pflanzt der Gärtner Dutzende verschiedene Gräser, Sträucher und Blumen mit verschiedenen Farben, verschiedenen

Blättern und in verschiedenen Größen. Pflanzen, die zu unterschiedlichen Zeiten blühen, die resistent gegen unterschiedliche Krankheiten sind, ein paar, die Obst tragen, ein paar, die Trockenheit besser ertragen, einjährige Stauden, mehrjährige und so weiter. Es gibt zwar Faustregeln oder Grundsätze, an die sich ein Gärtner je nach dem örtlichen Klima hält, aber auch einen enormen Spielraum für deren künstlerische Interpretation.

Ebenso will man eine Vielfalt von Anlageklassen im Portfolio haben, die über verschiedene Eigenschaften und Renditefaktoren verfügen. Wie beim Gärtner gibt es auch hier Richtlinien und Faustregeln, an die man sich halten sollte, aber es besteht ein gewaltiger schöpferischer Freiraum, wenn man ein Portfolio aufbaut, das dem eigenen Wissen, den Interessen und Werten entspricht.

Die ersten Bausteine jeder Asset Allocation sind Bargeld und Aktien. Bargeld ist der Unterbau, der ein kleines bisschen Rendite bei sehr geringem Risiko eines Kapitalverlusts bringt. Leider hält unter den meisten Marktbedingungen die Rendite von Bargeld und Bargeldäquivalenten wie Sparkonten, Geldmarktfonds oder Einlagezertifikaten kaum mit der Inflation schritt. Das bedeutet, dass Barguthaben teuerungsbereinigt nicht wachsen. Deshalb nehmen die meisten Anleger eine Aktien-Allokation in ihr Portfolio auf. Aktien bieten nicht nur ebenso wie Bargeld eine Rendite in Form von Dividenden, sondern zusätzlich wächst der Dividenden-Cashflow, wenn die Firmengewinne steigen. Auf lange Sicht übertreffen Aktien zwar die Inflation, aber sie können auch schwere Verluste erleiden, wenn die Anleger den Betrag anpassen, den sie für diesen Zahlungsstrom zu bezahlen bereit sind, was sich dann in veränderten Kurs-Gewinn-Verhältnissen niederschlägt.

Um die Aufteilung auf Aktien und Bargeld zu bestimmen, braucht man keine Moderne Portfoliotheorie. Man braucht lediglich eine einfache Tabelle mit der aktuellen Bargeldrendite sowie mit der Erwartungsrendite, dem maximalen Drawdown und der Erholungsdauer von Aktien.

Man kann eine positive Erwartungsrendite durch Aktien generieren, indem man die drei Faustregeln Cashflow, Cashflow-Wachstum und potenzielle Veränderung dessen, was die Anleger für den Cashflow bezahlen, verwendet. Ich fange normalerweise mit einer Schätzung für globale Aktien an, was sowohl Aktien aus den Vereinigten Staaten als auch aus dem Ausland einschließt. Nehmen wir als Beispiel eine Dividendenrendite von 2,4 Prozent als Cashflow-Komponente und ein Wachstum des Gewinns pro Aktie von 4,1 Prozent als Komponente des Cashflow-Wachstums. Als Zeitrahmen setzen wir zehn Jahre. Wir gehen davon aus, dass das Kurs-Gewinn-Verhältnis des globalen Aktienmarkts dem langfristigen Durchschnitt entspricht, sodass wir unsere Erwartungsrendite nicht deshalb anzupassen brauchen, weil sich das, was die Anleger für das Cashflow-Wachstum zu zahlen bereit sind, ändert. Das bedeutet, dass unsere Aktien-Erwartungsrendite über zehn Jahre 6,5 Prozent beträgt, also die Summe aus 2,4 Prozent Dividendenrendite und 4,1 Prozent Wachstum des Gewinns pro Aktie.

Außerdem brauchen wir eine Schätzung des potenziellen Verlusts der Aktien, die auf ihren größten historischen Verlusten und darauf basiert, wie lange es in der Vergangenheit gedauert hat, sich von diesen Verlusten zu erholen. Der maximale Drawdown des MSCI All Country World Index (ACWI) – dieser globale Aktienindex beinhaltet 23 Industrieländer und 24 Schwellenländer – betrug 58,4 Prozent.[8] Er entstand im Zuge der Finanzkrise 2008. Runden wir ihn auf 60 Prozent auf und nehmen wir an, dass die Erholung von diesen Verlusten 48 Monate dauert, also vier Jahre.

Als geschätzte Bargeldrendite setzen wir 2,5 Prozent an und wir nehmen an, die jährliche Inflationsrate beträgt ebenfalls 2,5 Prozent. Aus diesen Eingangsgrößen können wir die Erwartungsrendite einer gegebenen Aktien-Bargeld-Allokation errechnen, indem wir den prozentualen Aktienanteil mit der Erwartungsrendite der Aktien und den prozentualen Baranteil mit der Erwartungsrendite des Barbestands multiplizieren. In dem Beispiel mit einer Aktien-Erwartungsrendite von 6,5 Prozent und einer Bargeld-Erwartungsrendite von 2,5 Prozent hätte ein Portfolio, das zu 60 Prozent aus Aktien und zu 40 Prozent aus Bargeld besteht, eine Erwartungsrendite von 4,9 Prozent. Die Berechnung ist: (60 Prozent Aktien-Allokation x 6,5 Prozent Aktienrendite) + (40 Prozent Bar-Allokation x 2,5 Prozent Barrendite) = 4,9 Prozent.

Wenn die Aktien einen maximalen Drawdown von 60 Prozent und eine Erholungszeit von 48 Monaten haben, hat ein Portfolio mit 60 Prozent Aktienanteil einen geschätzten maximalen Drawdown von 36 Prozent (60 Prozent Aktienanteil x 60 Prozent Drawdown = 36 Prozent). Außerdem hätte es eine geschätzte Erholungsdauer von circa 29 Monaten (60 Prozent Aktienanteil x 48 Monate Erholung = 28,8 Monate). Sehen Sie sich dazu auch Tabelle 9.1 an.

Tabelle 9.1: Beispiel für ein Portfolio aus Aktien und Bargeld

Dividendenrendite (Dividende/Kurs)	4,9%
Wachstum des Gewinns pro Aktie	4,1%
Erwartete Aktienrendite (Gewinnwachstum + Dividendenrendite)	6,5%
Erwartete Bargeldrendite	2,5%
Portfoliorendite bei 60% Aktien und 40% Bargeld*	4,9%
Maximaler Drawdown (60% Aktien-Allokation x 60% Drawdown)	36%
Geschätzte Erholungsdauer (60% Aktien-Allokation x 48 Monate Erholung)	28,8 Monate

(60% Aktien-Alllokation x 6,5% Aktienrendite) + (40% Bargeld-Allokation x 2,5% Bargeldrendite)

Ist das eine angemessene Allokation? Das hängt von dem persönlichen Schaden ab, den ein Verlust von 36 Prozent verursachen würde. Würde er Ihren Lebensstil verändern? Ist Ihr Portfolio relativ klein und Sie haben bis zum Ruhestand noch viele Jahre vor sich, sodass Sie noch eine Menge Zeit haben, um Verluste wieder hereinzuholen? Oder stehen Sie kurz vor dem Rentenalter und ein derart verheerender Verlust würde sie dazu zwingen, Ihren Ruhestand aufzuschieben?

Nachdem Sie den maximalen Drawdown ermittelt haben, mit dem Sie leben können, können Sie versuchen, die Erwartungsrendite dadurch zu erhöhen, dass Sie zusätzliche Anlageklassen aufnehmen. Vielleicht wollen Sie die Erwartungsrendite Ihres Portfolios steigern, indem Sie in Anleihen anstatt in Bargeld investieren, da Anleihen normalerweise eine höhere Rendite haben. Das können Sie tun, indem Sie die Rückzahlungsrendite oder die Yield-to-Worst verschiedener Anleihen beurteilen. In den Vereinigten Staaten kann man auch die SEC-Rendite von ETFs und Investmentfonds beurteilen, um zu sehen, wie viel Zusatzrendite man damit im Vergleich zu Bargeld bekäme. Dann beurteilen Sie, ob diese Rendite das zusätzliche Zinsrisiko wert ist, das darin besteht, dass die Anleihepreise fallen können, wenn die Zinsen steigen. Das tut man, indem man wie in Kapitel 3 besprochen die Duration der verschiedenen Möglichkeiten miteinander vergleicht. Außerdem sollte man das Kreditrisiko des Anleihevehikels beurteilen und einschätzen, wie viel Zusatzrendite – oder welchen Spread – man aus Unternehmensanleihen im Verhältnis zu US-Schatzanleihen im Vergleich zum durchschnittlichen historischen Spread beziehen würde.

Gehen wir in unserem Beispiel davon aus, dass mündelsichere US-Anleihen auf zehn Jahre gesehen eine durchschnittliche jährliche Erwartungsrendite von 3,5 Prozent haben bei einem erwarteten maximalen Drawdown von fünf Prozent und einer Erholungszeit von zwölf Monaten. Das sind konservative Annahmen, denn wenn die Aktien weltweit fallen, sinken normalerweise die Zinsen, sodass die Anleihepreise steigen. Bei der Berechnung der erwarteten maximalen Verluste und der Erholungszeiten gehe ich bei den nun folgenden Portfoliobeispielen jedoch davon aus, dass die Verluste von Aktien und Anleihen gleichzeitig auftreten.

Ein aus drei Anlageklassen bestehendes Portfolio – globale Aktien, US-Anleihen und Bargeld – stellt ein solides Anlagefundament dar (siehe Tabelle 9.2). Ein solches Portfolio lässt sich mithilfe kostengünstiger ETFs oder Index-Investmentfonds und eines Geldmarkt-Investmentfonds umsetzen. Manche Anleger belassen es dabei und das ist auch in Ordnung. Andere wollen in ihrem Anlagegarten mehr Vielfalt mit zusätzlichen Renditefaktoren haben.

Tabelle 9.2: Beispielannahmen für ein Portfolio

	Erwartungs-rendite	Maximaler Drawdown	Erholungs-dauer
Globale Aktien	6,5%	60%	48 Monate
Mündelsichere US-Anleihen	3,5%	5%	12 Monate
Bargeld	2,5%	0%	0 Monate

Bevor wir uns Möglichkeiten mit weiteren Anlagekategorien anschauen, gehen wir ein paar Beispiele für Portfolios mit drei Anlageklassen durch, wobei wir von unseren bisherigen Annahmen ausgehen und berücksichtigen, wer diese Portfolios womöglich einsetzt.

Beispiel für ein ultrakonservatives Portfolio

Ein ultrakonservatives Portfolio (Tabelle 9.3) kann geeignet sein für:
- Anleger im oder kurz vor dem Rentenalter beziehungsweise vor der finanziellen Unabhängigkeit, deren Ausgabepläne und Lebensstil durch einen größeren Markteinbruch *massiv gestört* würden. Anders gesagt Anleger, die sich keine großen Verluste leisten können, denen aber auch klar ist, dass eine *sehr geringe Risikotoleranz* ein niedrigeres Renditeziel verlangt.
- Anleger einschließlich Rentnern, denen ihre Anlagen oder Renten für ihre Ausgabebedürfnisse auch dann genügen, wenn

ihr Anlageportfolio nur eine sehr niedrige Rendite einbringt. Anders ausgedrückt: Anleger, die ihren Lebensstil beibehalten können, ohne große Anlagerisiken einzugehen.

Tabelle 9.3: Ultrakonservatives Portfolio

Globale Aktien	20%
Mündelsichere US-Anleihen	60%
Bargeld	20%
Erwartungsrendite	3,9%
Erwartete über die Inflation hinausgehende Rendite	1,4%
Erwarteter maximaler Drawdown	-15%
Erwartete Erholungsdauer	17 Monate

Beispiel für ein konservatives Portfolio

Ein konservatives Portfolio (Tabelle 9.4) kann geeignet sein für:

- Anleger im oder kurz vor dem Rentenalter beziehungsweise vor der finanziellen Unabhängigkeit, deren Ausgabepläne und Lebensstil durch einen größeren Markteinbruch *gestört* würden. Anders gesagt Anleger, die sich keine großen Verluste leisten können, denen aber auch klar ist, dass eine *geringe Risikotoleranz* ein niedrigeres Renditeziel verlangt.
- Anleger einschließlich Rentnern, denen ihre Anlagen oder Renten für ihre Ausgabebedürfnisse auch dann genügen, wenn ihr Anlageportfolio nur eine niedrige Rendite einbringt. Anders gesagt: Anleger, die ihren Lebensstil beibehalten können, ohne große Anlagerisiken einzugehen.

Tabelle 9.4: Konservatives Portfolio

Globale Aktien	40%
Mündelsichere US-Anleihen	45%
Bargeld	15%
Erwartungsrendite	4,6%
Erwartete über die Inflation hinausgehende Rendite	2,1%
Erwarteter maximaler Drawdown	-26,3%
Erwartete Erholungsdauer	25 Monate

Beispiel für ein gemäßigtes Portfolio

Ein gemäßigtes Portfolio (Tabelle 9.5) kann geeignet sein für:

- Anleger, die noch auf die Rente oder die finanzielle Unabhängigkeit sparen und deren Ausgabepläne und Lebensstil durch einen größeren Markteinbruch *nicht erheblich gestört* würden.
- Anleger, die sich in den nächsten zehn bis 15 Jahren zur Ruhe setzen werden und eine mäßige Risikotoleranz haben, was die Höhe der Portfolioverluste angeht, die sie aushalten, ohne in Panik zu verfallen.

Tabelle 9.5: Gemäßigtes Portfolio

Globale Aktien	60%
Mündelsichere US-Anleihen	30%
Bargeld	10%
Erwartungsrendite	5,2%
Erwartete über die Inflation hinausgehende Rendite	2,7%
Erwarteter maximaler Drawdown	-37,5%
Erwartete Erholungsdauer	32 Monate

Beispiel für ein mäßig aggressives Portfolio

Ein mäßig aggressives Portfolio (Tabelle 9.6) kann geeignet sein für:

- Anleger, die noch auf die Rente oder die finanzielle Unabhängigkeit sparen und deren Ausgabepläne und Lebensstil durch einen größeren Markteinbruch *nicht gestört* würden.

- Anleger, die sich in den nächsten 15 bis 25 Jahren zur Ruhe setzen werden und eine mäßig aggressive Risikotoleranz haben, was die Höhe der Portfolioverluste angeht, die sie aushalten, ohne in Panik zu verfallen.

Tabelle 9.6: Mäßig aggressives Portfolio

Globale Aktien	75%
Mündelsichere US-Anleihen	20%
Bargeld	5%
Erwartungsrendite	5,7%
Erwartete über die Inflation hinausgehende Rendite	3,2%
Erwarteter maximaler Drawdown	-46%
Erwartete Erholungsdauer	38 Monate

Beispiel für ein aggressives Portfolio

Ein aggressives Portfolio (Tabelle 9.7) kann geeignet sein für:

- Anleger, die noch auf die Rente oder die finanzielle Unabhängigkeit sparen und deren Ausgabepläne und Lebensstil durch einen größeren Markteinbruch *nicht gestört* würden.

- Anleger, die sich erst in 25 Jahren oder später zur Ruhe setzen werden und extrem risikotolerant sind, was die Höhe der Portfolioverluste angeht, die sie aushalten, ohne in Panik zu verfallen.

- Anleger, die durch eine erhebliche Aktien-Allokation höhere Portfoliorenditen erzielen wollen.

Tabelle 9.7: Aggressives Portfolio

Globale Aktien	85%
Mündelsichere US-Anleihen	15%
Bargeld	0%
Erwartungsrendite	6,1%
Erwartete über die Inflation hinausgehende Rendite	3,6%
Erwarteter maximaler Drawdown	-51,8%
Erwartete Erholungsdauer	43 Monate

Diese Portfoliobeispiele zeigen die über die Inflation hinausgehenden erwarteten Renditen. Um die Auswirkungen der Inflation besser zu verstehen, kann es hilfreich sein, eine Tabelle zu verwenden, anhand deren man den künftigen Wert eines Portfolios und den Ausgabebetrag mit dem vergleichen kann, was sie in heutigen Dollar wert wären. Das können Sie tun, indem Sie meine Tabelle zu den Rentenersparnissen herunterladen und sich ein Video ansehen, in dem erklärt wird, wie man sie verwendet. Beides finden Sie unter https://moneyfortherestofus/tools.

Zu verstehen, wie sich große Portfolioverluste auswirken, kann bei der Auswahl einer Portfoliomischung ebenfalls helfen. Entsprechende Modelle finden Sie in der Tabelle zu den Rentenausgaben: https://moneyfortherestofus/tools.

Wenn das Fundament in Form des aus drei Assetklassen bestehenden Portfolios gelegt ist, können Sie es um zusätzliche Anlagekategorien ergänzen, die Sie anhand unseres aus zehn Fragen bestehenden Rahmens analysiert haben. Anlagekategorien, die bezüglich ihres maximalen Drawdowns eher Aktien ähneln, können in die riskantere Aktienschublade gesteckt werden. Vielleicht wollen Sie beispielsweise eine Allokation mit Real Estate Investment Trusts oder mit schneller wachsenden Nebenwerten aufnehmen. Anlagekategorien, die eher auf laufende Renditen ausgerichtet sind, etwa hochverzinsliche Anleihen, können in die Anleihe- und Bargeld-Allokation aufgenommen werden. Vielleicht wollen Sie auch einige weniger liquide private Anlagen wie etwa Mietobjekte in Ihr Portfolio aufnehmen. Private Anlagen bieten unabhängige Nischen abseits der öffentlichen Finanzmärkte und da für sie nicht täglich Preise gestellt werden, bieten sie einen gewissen Seelenfrieden und eine gewisse Ruhe, wenn die Börsen besonders volatil sind. Zum Beispiel könnten Sie eine kleine spekulative Position in Form von Goldmünzen oder Antiquitäten ins Portfolio aufnehmen.

Wie gesagt, eine optimale Mischung aus Anlageklassen gibt es genauso wenig, wie es einen optimalen Garten gibt. Wir nehmen einfach Anlagen auf, von denen wir glauben, dass sie die Vielfalt beziehungsweise Diversifizierung unseres Portfolios erhöhen. Diese Investments analysieren wir anhand unseres aus zehn Fragen bestehenden Rahmens, sodass wir erklären können, worum es sich handelt, dass wir ihre potenziellen Vor- und Nachteile kennen, dass wir wissen, wer auf der anderen Seite des Trades steht und was wir brauchen, damit die Anlage erfolgreich ist – außerdem kennen wir dann die Gebühren, wissen, ob sie angemessen sind und wie liquide die Anlagen sind.

Ich habe über ein Dutzend Anlageklassen in meinem Portfolio und ich habe seit Jahren keine Asset-Allocation-Studie anhand der Modernen Portfoliotheorie mehr durchgeführt. Tabelle 9.8 zeigt einen Überblick über mein persönliches Portfolio.

Tabelle 9.8: Davids Portfolio

Anlagekategorie	Erläuterung	Anteil am Portfolio
Globale Aktien	Aktienbesitz mittels ETFs und sonstiger Fonds	9%
REITs	Börsennotierte Immobilien-gesellschaften über ETFs	3%
Vorzugsaktien	Aktien mit fixen Dividenden	1%
Master Limited Partnerships	Energie-Infrastruktur	3%
Renditegesellschaften	Erneuerbare-Energien-Infrastruktur	1%
Anleihen	Festverzinsliche Wertpapiere mittels ETFs und sonstiger Fonds	10%
Bankdarlehen	Hochverzinsliche zinsvariable Darlehen mittels eines Investmentfonds	1%
Private Immobilien	Immobilien- und Grundbesitz	27%
Privates Kapital	Fonds: fremdfinanzierte Übernahmen, Wagniskapital, Immobilien	11%
Besicherte Darlehen	Durch Immobilien besicherte Darlehen an Privatpersonen	21%
Ungesicherte Darlehen	Unbesicherte Darlehen an Privatpersonen	1%
Kunst und Antiquitäten	Möbel und Gemälde	1%
Gold	Überwiegend Goldmünzen, ein Gold-ETF	4%
Kryptowährungen	Bitcoin, Ethereum, Litecoin und andere	1%
Bargeld	Bankguthaben und Bargeldäquivalente	6%
		100%

Ich nehme Investments in mein Portfolio auf, wenn sie eine attraktive Erwartungsrendite haben, und ich verkleinere Positionen, wenn ich das Gefühl habe, dass ich für das Risiko nicht mehr angemessen entschädigt werde. Dieser Ansatz ist fließender und flexibler als die Anwendung der MPT. Diese Flexibilität ist Ihr Vorteil als Privatanleger. Jeremy Grantham, Mitgründer und Chief Investment Officer der Investmentfirma GMO, schreibt: „Eine Einzelperson ist viel besser in der Lage, auf den passenden Wurf zu warten, ohne darauf zu achten, was andere tun; für Profis ist das so gut wie unmöglich."[9]

Anlageberater und Finanzplaner verwenden auf der MPT basierende Asset-Allocation-Modelle und Risikofragebögen, wenn sie ihren Kunden Empfehlungen geben, weil sie Hunderte von Depots managen. Mithilfe dieser Instrumente können sie zahlreiche Portfolios effizient überwachen, indem sie ihre Kunden nach Risikotoleranz einstufen. Als Privatanleger verwalten Sie keine Hunderte von Portfolios und brauchen daher auch für die Asset Allocation keinen strengen Rahmen wie die MPT. Sie können Ihr Portfolio im Laufe der Zeit anpassen und einstellen, wenn Sie neue Anlagechancen anhand des aus zehn Fragen bestehenden Rahmens analysieren. Ich fange bei neuen Investments oft mit einer kleineren Positionsgröße an, damit ich mich an ihre Performance gewöhnen und sichergehen kann, dass ich ihre Eigenschaften verstehe.

Wenn man nicht so investiert, als gäbe es ein optimales oder korrektes Portfolio, besteht ein weiterer Vorteil darin, dass sich dann Änderungen viel leichter vornehmen lassen. Man hat weniger Angst vor schrittweisen Änderungen, wenn man sein Portfolio eher wie ein Gärtner und nicht als optimierten Zielwert behandelt. Wären Blumengärten optimiert, hätte man Angst, eine Pflanze zu pflücken, weil man befürchten müsste, das künstlerische Gleichgewicht zu stören. Auch ist der emotionale Einsatz bei der Geldanlage geringer, wenn man sein Portfolio als Mischung aus mehreren Schichten von Anlageklassen mit unterschiedlichen Renditefaktoren betrachtet, die man bei sich ändernden Bedingungen anpassen kann.

INTERNATIONALE AKTIEN UND ANLEIHEN

Als Anlageberater stellte ich fest, dass Allokationsstudien, die auf der Modernen Portfoliotheorie basieren, sehr wirkungsvoll waren, um Klienten davon zu überzeugen, einen Teil ihrer US-Aktien-Allokation in Aktien von außerhalb der Vereinigten Staaten umzuschichten. Unter der Annahme, der Aktienmarkt der Vereinigten Staaten und die anderen Aktienmärkte seien nicht perfekt korreliert, führte ich meinen Kunden vor, dass eine Allokation von zehn bis 20 Prozent des Vermögens in ausländischen Aktien die erwartete Volatilität bei gleicher Rendite senkte. Dann wählte der Kunde anhand dieser Analyse ein Allokationsziel für Auslandsaktien und wenn er für solche Aktien noch keinen Manager hatte, halfen wir ihm bei der Auswahl. Warum empfahl ich eine Allokation von zehn bis 20 Prozent Auslandsaktien? Weil ich wusste, dass sich der Kunde damit wohlfühlen würde. Deshalb schränkte ich die Effizienzlinie dahingehend ein, dass sie nur optimale Portfolios mit einem internationalen Aktienanteil unter 20 Prozent anzeigte.

Da ich soeben auf die Mängel der Modernen Portfoliotheorie einschließlich der Tatsache hingewiesen habe, dass Korrelationen nicht statisch sind und sich bei Abschwüngen des Marktes meistens vergrößern, weshalb sollte man dann überhaupt in internationale Aktien investieren? Lohnt sich das, vor allem da der Diversifizierungsnutzen von Investments außerhalb des eigenen Heimatlands vielleicht gerade dann nicht besteht, wenn man ihn am dringendsten bräuchte, also dann, wenn die Aktien fallen? Wenn die Moderne Portfoliotheorie mangelhaft ist, dann ist es auch schwer, sie zur Begründung der Geldanlage außerhalb seines Heimatlands heranzuziehen.

John Bogle, der Gründer der Vanguard Group, den manche als Vater des Index-Investings betrachten, hat einmal geschrieben: „Man braucht keine internationalen Aktien."[10] Bogle dachte dabei daran, dass internationale Aktien aufgrund des Währungsrisikos, des konjunkturellen

Risikos und der Risiken hinsichtlich der gesellschaftlichen Stabilität riskanter sind. Er dachte aber nicht daran, dass die Anleger für diese Risiken in Form höherer Renditen entschädigt werden. Hinzu kommt, dass viele Unternehmen ihre Produkte außerhalb ihres Heimatmarkts verkaufen, sodass man als Anleger von der wachsenden globalen Wirtschaft profitieren kann, ohne dass man außerhalb seines Heimatlands zu investieren braucht.

Allerdings war Bogle auch ein großer Verfechter des Index-Investings, das auf der Annahme basiert, Aktien seien insofern korrekt bewertet, als jede Aktie ihren inneren Wert widerspiegelt, also den Gegenwartswert ihrer künftigen Dividendenströme. Folglich halten es Verfechter der Markteffizienz für Zeitverschwendung, nach fehlbewerteten Wertpapieren zu suchen, und deshalb sei es für die Anleger besser, den Markt mithilfe eines Indexfonds oder ETFs passiv zu kaufen. Aber wie definiert man „den Markt"? Besteht der Markt nur aus den 500 US-amerikanischen Aktien, die im S&P 500 Index enthalten sind? Oder aus allen US-amerikanischen Aktien? Warum sollte der Markt nicht auch Aktien von außerhalb der Vereinigten Staaten enthalten?

Wenn alle Aktien korrekt bewertet sind, dann muss auch ihre Gewichtung innerhalb des Gesamtmarkts korrekt sein. Mit Gewichtung meine ich die Marktkapitalisierung einer börsennotierten Gesellschaft, also die Anzahl der umlaufenden Aktien, multipliziert mit ihrem Preis. Die meisten Indizes sind insofern nach Kapitalisierung gewichtet, als sich der Anteil, der auf eine bestimmte Aktie entfällt, nach deren „Größe" richtet, die sich aus ihrem Kurs und der Anzahl der umlaufenden Aktien ergibt.

Zum Beispiel war Apple im November 2018 mit einer Marktkapitalisierung von rund einer Billion Dollar das größte Unternehmen der Welt. Es waren 4,8 Milliarden Apple-Aktien im Umlauf. Wenn man 4,8 Milliarden Aktien mit dem damaligen Kurs von 210 Dollar multipliziert, kommt man auf die erwähnte Marktkapitalisierung von einer

Billion Dollar.[11] Die gleiche Rechnung kann man bei allen börsennotierten Aktien der Vereinigten Staaten und der Welt aufmachen. Die Summe der einzelnen Marktkapitalisierungen ergibt die Marktkapitalisierung des Gesamtmarkts. Ich habe in diesem Kapitel bereits den MSCI All Country World Index (ACWI) erwähnt, der 23 Industrieländer und 24 Schwellenländer enthält. Der ACWI enthält 2.791 Positionen und deckt damit rund 85 Prozent der Aktien der Welt ab, in die man investieren kann. Im November belief sich die Marktkapitalisierung der im ACWI enthaltenen Aktien auf 46,8 Billionen Dollar. Apple stellte gut zwei Prozent des ACWI, denn Apples Marktkapitalisierung von einer Billion Dollar geteilt durch die 46,8 Billionen Dollar des Gesamtmarkts ergibt etwa zwei Prozent. Die Summe aller US-amerikanischen im ACWI enthaltenen Unternehmen entspricht etwa 55 Prozent der globalen Marktkapitalisierung. Das bedeutet, dass Anleger, die ausschließlich in den Vereinigten Staaten investieren, nach Kapitalisierung 45 Prozent der Aktien der Welt meiden.[12]

Nun zu dem Widerspruch, einerseits nur in den US-amerikanischen Markt zu investieren und andererseits nachdrücklich die Markteffizienz und die passive Geldanlage zu verfechten. Wenn die Aktien korrekt bewertet sind, sollten ihre Preise die wirtschaftlichen, gesellschaftlichen und politischen Risiken widerspiegeln. Das heißt, riskante Aktien sollten so gepreist sein, dass sie weniger riskante Aktien outperformen, um so die Anleger für das zusätzliche Risiko zu entschädigen. Ein passiver Anleger, der 45 Prozent der Aktien auf der Welt ignoriert, indem er nur in US-amerikanische Indexfonds investiert, setzt sehr aktiv darauf, dass der US-Aktienmarkt den Rest der Welt übertreffen wird, wo doch eigentlich der Rest der Welt die Vereinigten Staaten übertreffen müsste, weil der Rest der Welt riskanter ist. Wirklich passive Anleger halten ein nach Marktkapitalisierung gewichtetes globales Aktienportfolio. Zugegeben, die Anlage außerhalb des eigenen Heimatlands beinhaltet ein Währungsrisiko, weil die Devisenkurse schwanken, aber als Anleger kann man dieses Risiko umgehen, indem man passive globale ETFs kauft, die sich gegen das Währungsrisiko absichern.

Ich glaube nicht, dass die Finanzmärkte vollkommen effizient sind. In der Gesamtheit können sich die Marktteilnehmer irren, woraus sich eine systematische Über- oder Unterbewertung von Anlageklassen oder von Untersegmenten des Marktes ergibt. Infolgedessen besteht der Unterbau meiner Aktien-Allokation aus passiven globalen Aktien-ETFs, von denen manche gegen Währungsrisiken abgesichert sind, andere nicht. Dann ergänze ich diesen Unterbau durch die Investition in Segmente des Aktienmarkts, von denen ich glaube, dass sie eine höhere Erwartungsrendite als der globale Aktienmarkt bieten, weil entweder ihre Dividendenrenditen höher sind, ein höheres Gewinnwachstum erwartet wird oder ihre Bewertungen laut Kurs-Gewinn-Verhältnis niedriger sind.

Im Gegensatz dazu besteht meine Anleihe-Allokation vor allem aus US-Anleihen, weil die am höchsten entwickelten Anleihemärkte außerhalb der Vereinigten Staaten niedrigere Renditen haben als der US-Anleihemarkt, was bedeutet, dass ihre Erwartungsrenditen niedriger sind. Manchmal investiere ich in Anleihen aus Schwellenländern mit attraktiven Renditen, aber dabei konzentriere ich mich auf dollarnotierte Schwellenländer-Anleihen, damit ich mir um Schwankungen der Währungskurse keine Sorgen zu machen brauche.

FUNDAMENTALES INDEX-INVESTING

Nach Kapitalisierung gewichtete ETFs und Index-Investmentfonds sind für Fondsbetreiber sehr effizient zu managen, weil sie nicht viel Handel zur Anpassung der Positionsgrößen erfordern. Daher haben sie meistens die niedrigsten Kostenquoten. Ein nach Kapitalisierung gewichteter Indexfonds oder ETF muss seine Wertpapierpositionen selten aufgrund von Marktschwankungen neu gewichten, weil die

Gewichtung der Aktien im Fonds, wenn ihre Kurse steigen oder fallen, stets der Gewichtung in dem Index entspricht, den sie nachzubilden versuchen, da ja der Index nach Größe gewichtet ist. Im Gegensatz dazu muss ein ETF, der seine Positionen gleichmäßig gewichtet, ein regelmäßiges Rebalancing durchführen, um seine Aktien wieder in die gleichmäßige Gewichtung zu bringen.

Warum sollte sich ein ETF oder ein Indexfonds für eine andere Gewichtung als nach der Kapitalisierung entscheiden? Beispielsweise gewichtet ein fundamental gewichteter Indexfonds oder ETF seine Positionen nicht nach der Größe, sondern anhand anderer Kennzahlen, etwa nach Umsatz, Gewinn, Dividendenrendite und so weiter. Fundamentales Index-Investing ist ein Beispiel für die Smart-Beta-Strategien, die wir in Kapitel 7 behandelt haben. Der einzige Grund, eine nicht nach Kapitalisierung gewichtete Strategie zu verfolgen, ist die Tatsache, dass die Aktienmärkte ineffizient sind, insofern die Aktienkurse nicht immer korrekt sind. Rob Arnott von Research Affiliates, der an der Entwicklung des Konzepts des fundamentalen Index-Investings beteiligt war, weist darauf hin, dass nach Kapitalisierung gewichtete Indizes und Fonds anhand der Größe gewichtet sind, die ja vom Preis abhängt, sodass per Definition jede Aktie, die über ihrem inneren Wert bewertet ist, in einem nach Kapitalisierung gewichteten Index eine größere Position einnimmt als dann, wenn sie korrekt bewertet ist. Eine Aktie, die unter ihrem inneren Wert bewertet ist, hat in einem nach Kapitalisierung gewichteten Index hingegen zu wenig Gewicht. Somit haben Anlagestrategien, die ihre Positionen systematisch anders als nach Kapitalisierung gewichten, eine antizyklische Tendenz, die zu höheren Renditen als bei kapitalisierungsgewichteten Indizes führen kann. Im Rahmen der Neugewichtung verkaufen die nicht nach Kapitalisierung gewichteten Strategien Aktien, die gut gelaufen sind, die nun einen größeren Teil des nach Kapitalisierung gewichteten Index stellen und möglicherweise zu teuer sind. Im Gegenzug kaufen sie Aktien, die nicht so gut gelaufen sind und möglicherweise unterbewertet sind. Arnott schreibt: „Egal, ob man gleichmäßig gewichtet, anhand einer fundamentalen Kennzahl oder nach der geringsten Varianz, man braucht einen Anker, eine Zielgewichtung, die nichts mit dem Preis zu tun hat. Man kauft und verkauft also, egal ob der Preis steigt oder abstürzt, das ist eine strukturell eingebaute Disziplin nach dem Motto, teuer zu verkaufen und billig zu kaufen."[13] Fundamentales Index-Investing profitiert auf lange Sicht von der Übergewichtung Hunderter von Wertpapieren, die zu billig sind, ohne dass man herauszufinden bräuchte, welche Papiere falsch bewertet sind. Kurz- bis mittelfristig kann fundamentales Index-Investing allerdings hinter kapitalisierungsgewichteten Strategien zurückbleiben, vor allem in Märkten, in denen die größten der großen Unternehmen den Markt nach oben ziehen.

WIE MAN ANLAGEN IN SEINEM PORTFOLIO GEWICHTET

Ein diversifiziertes Portfolio besteht aus einer Vielzahl von Anlagekategorien, die Hunderte oder gar Tausende einzelner Wertpapiere enthalten. Es kann neben börsengehandelten Wertpapieren auch private Positionen enthalten wie Mietimmobilien, die nicht an die Finanzmärkte gebunden sind. Es kann Anlagen mit positiver Erwartungsrendite enthalten, die Zahlungsströme erzeugen, und Spekulationen wie Gold oder Antiquitäten, die keine Einnahmen erzielen und deren Erfolg davon abhängt, ob andere für den Vermögenswert in Zukunft mehr bezahlen werden. Angesichts der unzähligen sowohl öffentlichen als auch privaten Anlagechancen ist es schlicht nicht praktikabel, ein traditionelles Modell der Asset Allocation zu verwenden, das auf der Modernen Portfoliotheorie basiert, um ein optimales Portfolio auszuwählen. Dies erfordert nämlich zu viele Annahmen, bei denen es sich oft um pure Ratespiele handelt.

Anstatt ein kompliziertes Modell der Asset Allocation zu verwenden, kann man sich auch für eine angemessene Aufteilung zwischen Aktien und Bargeld entscheiden, die sich nach ihren Erwartungsrenditen und nach dem finanziellen Schaden richtet, den ein größerer Kursrückgang der Aktien dem eigenen Lebensstil zufügen würde. Sobald dieses Fundament der Asset Allocation gelegt ist, kann man es um zusätzliche Anlagekategorien ergänzen, die man anhand des aus zehn Fragen bestehenden Rahmens analysiert hat. Dahinter steht der Gedanke, die Asset Allocation weniger als Optimierungsproblem, sondern eher als kreatives Unterfangen zu behandeln, bei dem es zwar Faustregeln, aber keine richtigen Lösungen gibt. Entscheidend ist, dass man flexibel bleibt und den emotionalen Einsatz dadurch senkt, dass man kleine Veränderungen vornimmt, wenn man mehr über die Geldanlage gelernt hat und geschickter darin wird, Anlagechancen zu analysieren.

EINE ALTERNATIVE METHODE

Manchen Anlegern gefällt die Flexibilität, kleine Änderungen vorzunehmen, vielleicht nicht und sie vereinfachen ihre Geldanlage lieber dadurch, dass sie eine bestimmte Asset Allocation wählen und dann nichts mehr tun als in regelmäßigen Abständen ein Rebalancing in Richtung der Zielwerte vorzunehmen. Sie wollen eben einen Anlagegarten mit nur wenigen Anlagekategorien. Ein faszinierender Ansatz besteht darin, Anlageklassen miteinander zu kombinieren, die sich unter verschiedenen konjunkturellen Bedingungen unterschiedlich verhalten. Beispielsweise laufen Aktien gut, wenn die Wirtschaft wächst. Hingegen laufen Anleihen tendenziell dann besser, wenn das Wirtschaftswachstum zurückgeht oder die Wirtschaft schrumpft, denn in solchen Zeiten sinken meistens die Zinsen, was die Anleihepreise in die Höhe treibt. Inflationsgesicherte Anleihen laufen in Zeiten hoher Inflation gut und die Preise von Rohstoff-Futures und Gold neigen dazu, in Zeiten unerwarteter Inflation in die Höhe zu schnellen. Rückläufige Inflation ist ein gutes Umfeld für Aktien und Anleihen.

Eine Reihe von Investmentpraktikern, unter anderem Ray Dalio von Bridgewater Associates, bietet Portfolios an, die Anlagekategorien enthalten, die historisch in unterschiedlichen Umfeldern gut gelaufen sind.[14] Diese Portfolios tragen Namen wie All Seasons Portfolio, Permanent Portfolio oder Golden Butterfly. Oft enthalten sie langfristige Anleihen, Rohstoffe und Gold, also Anlagekategorien, die so riskant sein können wie Aktien, was die Volatilität und die maximalen Drawdowns betrifft. Wenn man einen wesentlichen Teil des Kapitals volatilen Anlagekategorien zuteilt, die keine Aktien sind, bedeutet das, dass die Rendite und die Volatilität nicht in erster Linie von Aktien bestimmt werden.

Beispielsweise wird das Ausmaß, in dem ein Portfolio, das zur Hälfte aus Aktien und zur Hälfte aus Bargeld besteht, von seiner Erwartungsrendite abweicht, in erster Linie von der Performance der Aktien bestimmt. Da Bargeld eine im Vergleich zu Aktien, die im Laufe eines Jahres 40 Prozent zulegen oder verlieren können, geringe Renditespanne hat, ist das Ergebnis eines solchen Portfolios hochgradig mit dem Aktienmarkt korreliert, obwohl die Hälfte davon in bar vorliegt. Hingegen werden bei einem Portfolio, das gleichmäßig zwischen langfristigen Anleihen und Aktien aufgeteilt ist, die Abweichungen von der Erwartungsrendite davon bestimmt, was am Aktienmarkt und am Anleihemarkt passiert, denn langfristige Anleihen können innerhalb eines Jahres um 20 Prozent steigen oder fallen. Das ist natürlich das, was Diversifizierung bewirken soll – eine Anlagekategorie, die sich schlecht entwickelt, wird von der starken Performance einer anderen Anlagekategorie ausgeglichen. Aber für diese Methode braucht man seelische Stärke, denn dabei muss man als Anleger erhebliche Volatilitäten einzelner Portfolio-Komponenten verkraften. Eine großartige Quelle für Analysen der historischen Performance und der Risiken dieser Portfolios mit verteilten Rollen ist Portfolio Charts unter https://portfoliocharts.com/[15] Natürlich müssen Anleger, die diese Methode anwenden, anerkennen, dass die gute Performance dieser Portfolios in der Vergangenheit nicht zwingend bedeutet, dass sie sich auch in Zukunft gut entwickeln werden. Es kommt auf die Anfangsbedingungen an, vor allem auf die Rückzahlungsrendite/Yield-to-Worst langfristiger Anleihen und inflationsgeschützter Schatzanleihen. Ein Portfolio mit verteilten Rollen ist wahrscheinlich eher dann erfolgreich, wenn die Renditen überdurchschnittlich sind, als dann, wenn sie am unteren Ende ihrer historischen Spanne liegen.

ZUSAMMENFASSUNG

- Die Auswahl einer Asset Allocation anhand der Modernen Portfoliotheorie kann Anlegern ein unangebrachtes Gefühl der Zuversicht bezüglich der Ergebnisse des Portfolios vermitteln.
- Anstatt sich auf die durchschnittliche Erwartungsrendite zu konzentrieren, sollte man als Privatanleger Portfolio-Entscheidungen anhand des finanziellen Schadens treffen, den extreme Ereignisse wie etwa ein größerer Börsenabschwung auf den Lebensstil hätten.
- Privatanleger sollten an die Asset Allocation nicht als Versuch herangehen, ein korrektes oder optimales Portfolio auszuwählen, sondern als kreatives Unterfangen, bei dem es zwar Faustregeln gibt, aber keine richtigen Antworten.
- Mit Aktien und Bargeld als Unterbau können Privatanleger die Diversifizierung dadurch erhöhen, dass sie nach

und nach Anlagekategorien mit unterschiedlichen Renditefaktoren hinzunehmen, darunter auch öffentliche und private, in- und ausländische, kapitalisierungsgewichtete und fundamental gewichtete.

- Eine einfache Methode der Asset Allocation besteht darin, mehrere sehr volatile Anlageklassen miteinander zu kombinieren, die unter verschiedenen konjunkturellen Bedingungen gut laufen. Allerdings braucht man für diesen Ansatz seelische Stärke, denn die einzelnen Komponenten können heftig schwanken.

10

Sollten Sie investieren?

Die Anwendung des Investmentrahmens

DIE ZEHN FRAGEN

1. Was ist es?
2. Ist es Geldanlage, Spekulation oder Glücksspiel?
3. Welcher Vorteil winkt?
4. Welcher Verlust droht?
5. Wer steht auf der anderen Seite des Trades?
6. Was ist das Anlagevehikel?
7. Was braucht man, um erfolgreich zu sein?
8. Wer sahnt dabei ab?
9. Wie wirkt es sich auf Ihr Portfolio aus?
10. **Sollten Sie investieren?**

FRAGE 10: SOLLTEN SIE INVESTIEREN?

Sobald man eine attraktive Anlagechance identifiziert hat, muss man entscheiden, wann und wie viel man investiert. Wie viel man investiert, hängt von der Zuversicht ab, dass eine Anlage erfolgreich sein wird, von der Zuverlässigkeit der Renditefaktoren, die hinter diesem Erfolg stehen, und von dem persönlichen Schaden, der entsteht, wenn das Investment hinter den Erwartungen zurückbleibt. Wann man investieren sollte, hängt von dem Geldbetrag ab, den man anlegen möchte, und von den aktuellen Marktbedingungen.

Da wir nun die ersten neun Investmentfragen durchgearbeitet haben, stellen Sie möglicherweise die Fragen: „Was mache ich jetzt? Wo soll ich investieren?" Ich hoffe, dass Sie durch Beachtung der Investmentfilter, die wir aus den neun ersten Fragen abgeleitet haben, das Universum der denkbaren Investments beträchtlich eingegrenzt haben. Was man *nicht* tun sollte, ist nun klarer. Dass man Investments meidet, bei denen ein erfolgreiches Ergebnis davon abhängt, ob man bezüglich der Zukunft genau richtigliegt, dass man mit der Investition zögert, wenn die Gebühren zu hoch sind, wenn der Erfolg davon abhängt, andere und besser informierte Marktteilnehmer zu überlisten, oder wenn die Anlage ein Nullsummenspiel ist, bei dem auf jeden Gewinner ein Verlierer kommt.

Außerdem hoffe ich, dass Sie nun größere Klarheit darüber haben, was Sie tun sollten. Dass Sie über ein paar zusätzliche Instrumente verfügen, um die Frage „Was ist es?" zu beantworten. Dass Sie besser in der Lage sind, die Mathematik und die Emotionen der Geldanlage zu verstehen. Die Mathematik besteht aus Cashflows wie

Dividenden, Zinsen und Mieteinnahmen sowie daraus, wie dieser Zahlungsstrom wächst, wenn die Gewinne oder die Mieten steigen. Die Emotionen bestehen darin, wie die Anleger die Zahlungsströme von Investments bewerten. Bezahlen sie für diese Cashflows einen überdurchschnittlichen Preis und treiben die Wertpapierpreise in die Höhe, sodass die späteren Renditen wahrscheinlich niedriger ausfallen werden? Oder sind die Anleger ängstlich und legen dem erwarteten Cashflow einer Anlage einen niedrigen Wert bei, was nahelegt, dass die späteren Renditen höher ausfallen könnten?

Man sollte den erwarteten Vorteil einer Anlage einschließlich ihrer Fähigkeit, die Inflationsrate zu überbieten, im Verhältnis zu ihren Nachteilen betrachten. Wie groß ist der potenzielle Verlust in Form des maximalen Drawdowns und wie groß wäre der von diesem Verlust angesichts der von Ihnen erwogenen Größe der Investition verursachte persönliche Schaden? Wie passt das Investment in den Kontext Ihres gesamten Anlageportfolios? Bietet es zusätzliche Diversifizierung oder Vielfalt bezüglich der Renditefaktoren? Verstehen Sie das Anlagevehikel, seine Liquidität und die Gebühren? Ist Ihnen klar, was geschehen muss, damit die Anlage erfolgreich wird?

Man kann sich nie sicher sein, dass die getroffenen Annahmen bezüglich der Rendite eines Investments korrekt sind. Das Ergebnis weicht wahrscheinlich von der Schätzung ab. Ebenso wie die schwarzen Claude-Gläser an den Fensterrahmen des Grand Canyon Desert View Watchtower es Künstlern erleichterten, eine Szenerie einzurahmen und verschiedene Schattierungen und Farben zu vergleichen, so hilft einem die Praktik, vernünftige Renditeerwartungen abzuleiten und die Risiken zu verstehen, dabei, Anlagechancen mit anderen Anlagechancen zu vergleichen. Und am Ende muss man, nachdem man seiner Sorgfaltspflicht bezüglich einer Anlagechance nachgekommen ist, die zehnte Frage beantworten: „Sollte ich investieren?" Lautet die Antwort Ja, muss man noch entscheiden, wann und wie viel.

Als ich noch institutioneller Portfoliomanager war, wollte ich, wenn unser Team beschloss, im Portfolio eine Änderung vorzunehmen, indem wir in ein neues Wertpapier investierten und eine bestehende Position ganz oder teilweise verkauften, diese Änderung sofort vornehmen. Ich fand es frustrierend, mit der Umsetzung der Entscheidung mehrere Tage warten zu müssen, weil wir den Trade in so vielen Kundendepots umsetzen mussten. Ich wollte die Änderung sofort umsetzen, weil ich das Gefühl hatte, jetzt habe ich die Analyse durchgeführt und will keine auf der Grundlage der geleisteten Arbeit möglichen Portfoliogewinne verpassen. Als Privatanleger kann man eine Änderung im Portfolio sofort vornehmen. In Wirklichkeit ist es allerdings so, dass es sich wahrscheinlich nicht auf die langfristige Performance auswirkt, ob man eine Änderung im Portfolio heute oder in ein paar Tagen vornimmt. An den Märkten passiert von Tag zu Tag zu viel Zufälliges, als dass der Zeitpunkt einen erheblichen Unterschied machen würde, vor allem bei kleineren Trades.

DIE DURCHSCHNITTSKOSTENMETHODE

Die Entscheidung über den Zeitpunkt gewinnt an Bedeutung, wenn man einen größeren Geldbetrag erhält, zum Beispiel eine Erbschaft, einen Bonus oder eine Kaufsumme. Als Anlageberater arbeitete ich mit gemeinnützigen Organisationen zusammen, die gelegentlich große Spenden bekamen, die einen nennenswerten Prozentsatz des Vermögens der Institution ausmachten. Die Stiftungsratsmitglieder dieser Institutionen mussten entscheiden, was mit dem Geld geschehen sollte. Sollten sie es auf einen Schlag investieren oder sollten sie es über einen bestimmten Zeitraum nach und nach in den Markt stecken? Letztere Vorgehensweise bezeichnet man als Durchschnittskostenmethode. Ich sah mir gemeinsam mit diesen Ratsmitgliedern historische Studien an, aus denen hervorging, die sofortige Anlage des Gesamtbetrags sei vorteilhafter als die Durchschnittskostenmethode. Die Logik war simpel. Der Aktienmarkt steigt im Laufe der Zeit, sodass eine Einmalinvestition statistisch gesehen mehr einbringt als ein gestaffelter Einstieg, weil man bei der Durchschnittskostenmethode einen Teil der ersten Monate des Wertzuwachses verpasst. Aber natürlich bringt die Durchschnittskostenmethode ein besseres Ergebnis als die einmalige Investition der Spende, wenn der Aktienmarkt in den ersten Monaten fällt.

Gewöhnlich schauten sich die Ratsmitglieder die Studien pflichtschuldig an, erkannten die Aussage der Statistik an und entschieden sich dann doch für die Durchschnittskostenmethode. Warum? Sie befürchteten, dem Spender Rede und Antwort stehen zu müssen, falls der Aktienmarkt kurz nach der Investition der Spende fiel. Sie waren der Ansicht, das würde sie unbesonnen aussehen lassen. Diese Ratsmitglieder konnten sich eher vorstellen, dass der Spender empört wäre, wenn die Spende kurz nach Eingang um 20 Prozent abnehmen würde, als sie sich vorstellen konnten, dass er empört wäre, wenn ihr Wert wegen der Durchschnittskostenmethode weniger zunehmen würde. Die Stiftungsräte wollten ihr und des Spenders maximales Bedauern minimieren.

Wenn man sein Portfolio um einen großen Betrag aufstockt, kann es eine Weile dauern, bis man sich daran gewöhnt, einen größeren Geldbetrag zu verwalten. Die absoluten Beträge sind höher und es kommt einem so vor, als stehe mehr auf dem Spiel, auch wenn es sich bei dem Geld um ein unerwartetes Geschenk oder um eine unerwartete Erbschaft handelt. Die Durchschnittskostenmethode kann diesen Prozess erleichtern. Der emotionale Nutzen der Durchschnittskostenmethode sticht oft die rationale Analyse aus, die besagt, dass die Einmalinvestition statistisch gesehen eine bessere Performance bringt.

POSITIONSGRÖSSEN

Wenn man beschließt, eine neue Investition zu tätigen, wie groß sollte die Position in Prozent des Portfolios sein? Bezüglich der Positionsgröße gibt es keine richtige Lösung. Bei einem globalen ETF oder Index-Investmentfonds, der Tausende Wertpapiere hält und bei dem der Erfolg vom Gesamtwachstum der Weltwirtschaft abhängt, fühlt man sich als Anleger möglicherweise wohl, wenn man seine gesamte Aktien-Allokation dort angelegt hat. Das liegt daran, dass diese Anlage ein breites Marktsegment darstellt. Bei einem stärker konzentrierten Investment, dessen Erfolg von eigentümlichen Faktoren abhängt wie etwa davon, ob der Abschlag eines geschlossenen Fonds gegenüber seinem Nettoinventarwert geringer wird, möchte man als Anleger zunächst vielleicht höchstens zwei Prozent des Portfolios investieren und sich Zeit lassen, um dieses Anlageinstrument besser zu verstehen. Ich erinnere mich an einen Vermögensverwalter, der mit Papieren, über die er recherchierte, zunächst Positionen von 0,5 Prozent einging, um sie auf dem Schirm zu behalten und besser zu verstehen, wie sich diese Papiere verhielten. Die Positionsgröße hängt von unserer Zuversicht ab, ob eine Anlage erfolgreich sein wird, von der Zuverlässigkeit der Renditefaktoren für diesen Erfolg und von dem persönlichen Schaden, den es verursachen würde, wenn diese Anlage hinter den Erwartungen zurückbleiben würde.

MARKET TIMING ODER RISIKOMANAGEMENT?

Als Vermögensverwalter und bei meinem eigenen Portfolio fühle ich mich damit wohl, meine Asset Allocation an die Marktbedingungen anzupassen. Das wird manchmal als Market Timing bezeichnet und von manchen sofort als leichtsinnige Strategie abgetan, die selten funktioniere. Ich stimme zu, dass große Umschichtungen von Aktien in Bargeld und zurück gefährlich sein können. Aber so investiere ich ja nicht. Während der großen Finanzkrise 2008 wurde ich von einer Stiftung engagiert, deren Rat in Panik verfallen war und Ende 2008 einen großen Teil des Aktienportfolios verkauft hatte. Ich begann die Zusammenarbeit mit dieser Stiftung kurz nachdem der Rat diese schlecht getimte Entscheidung getroffen hatte. Bis dahin hatte das Portfolio den Löwenanteil seiner Verluste bereits verbucht. Der Rat hatte fast auf dem Tiefpunkt des Marktes verkauft. Als es mir Mitte des Jahres 2009 gelungen war, die Zustimmung für den Wiedereinstieg zu erhalten, war der Aktienmarkt auf dem Weg der Besserung bereits ein gutes Stück weit fortgeschritten.

Große Market-Timing-Wetten bestehen aus zwei Entscheidungen: (1) Umschichtung von Aktien in Bargeld, (2) Umschichtung zurück von Bargeld in Aktien. Ein Anleger, der bei diesen beiden Entscheidungen jeweils in 70 Prozent der Fälle richtigliegt, liegt statistisch gesehen in weniger als der Hälfte der Fälle bei der Kombination der beiden Entscheidungen richtig. Anstatt großer Umschichtungen des Portfolios nehme ich kleine Änderungen vor und verschiebe selten mehr als fünf bis zehn Prozent des Portfolios auf einmal. Bei meiner früheren Investmentfirma bezeichneten wir diese Methode als aktive Asset Allocation. Aber warum sollte man sich überhaupt die Mühe machen, Änderungen vorzunehmen? Warum sich nicht einfach an ein Ziel halten und regelmäßig neu gewichten? Das ist auf jeden Fall ein geeigneter Ansatz – den wir auch bei vielen institutionellen Kunden verfolgten, die wir nur berieten, ohne die Befugnis für Änderungen des Portfolios zu haben. Das Rebalancing habe ich in Kapitel 8 besprochen.

Aber wenn es Ihnen geht wie mir und Sie kein Allokationsziel festgelegt haben, ist eine eher opportunistische Herangehensweise an die Asset Allocation sinnvoll. Das ist die Methode des Anlagegartens, die ich im vorigen Kapitel besprochen habe. Die Frage, die man sich stellen sollte, lautet: Habe ich im Hinblick auf die bestehenden Chancen in Form der Erwartungsrenditen, der Risiken und des Niveaus meines Verständnisses die geeignete Portfoliomischung? Habe ich Anlagen, bei denen ich nicht mehr angemessen für die Risiken entschädigt werde, sodass es klug sein könnte, mein Exposure zu senken? Vielleicht geht es dabei um einen Bereich des Aktienmarkts, zum Beispiel um Nebenwerte oder Aktien aus Schwellenländern, die eine extrem gute Performance hinter sich haben und jetzt überdurchschnittlich bewertet sind. Vielleicht geht es um einen geschlossenen Fonds, dessen Abschlag inzwischen geringer als im historischen Durchschnitt ist. Vielleicht auch um einen Fonds mit hochverzinslichen Anleihen und der Spread beziehungsweise die Renditespanne zu zehnjährigen Schatzanweisungen ist unter den langfristigen Durchschnitt von fünf Prozent geschrumpft. Alternativ kann man auch fragen, ob es Anlagekategorien gibt, deren Preis gefallen ist und die jetzt zu Bewertungen gehandelt werden, die unter ihrem historischen Durchschnitt liegen.

Ich gebe zu, dass eines der Probleme an diesem Ansatz darin besteht, Bewertungskennzahlen heranzuziehen, um die derzeitige Bewertung einer Anlageklasse mit ihrer historischen Bewertung zu vergleichen. Viele Datenanbieter verlangen für solche Informationen Tausende Dollar pro Jahr. Das ist ein Grund, weshalb ich in Verbindung mit meinem Podcast eine Mitglieder-Community betreibe, denn so kann ich den Mitgliedern zeitnahe Bewertungsinformationen zukommen lassen, damit sie fundiertere Entscheidungen zur Asset Allocation treffen können. Aber auch in der Finanzpresse stehen ausreichende Informationen, die man ihr entnehmen kann, wenn man beobachtet, was so alles vorgeht, um Risiken und Chancen zu identifizieren. Während der Dotcom-Blase in den Jahren 1999 und 2000 sowie während der Kryptowährungsmanie im Jahr 2017 war klar, dass die Risiken hoch waren – schließlich waren die Preise für Dotcom-Aktien beziehungsweise für Bitcoin gestiegen und außerdem kauften nun Menschen, die sich zuvor kaum für Geldanlage interessiert hatten, Technologie-Aktien beziehungsweise Kryptowährungen. Hingegen wurden im Jahr 2009 zahlreiche Anlageklassen zu den mehr oder weniger attraktivsten Bewertungen seit Jahrzehnten gehandelt.

Es besteht die Versuchung, vor dem Verkauf einer Anlage, die gestiegen ist, zu versuchen, den Höhepunkt des Marktes zu erkennen. Ebenso wäre es vorteilhaft, vor einem Kauf zu erkennen, ob ein Boden erreicht wurde, nachdem eine Anlage gefallen ist. Den absoluten Gipfel oder den absoluten Tiefpunkt abzupassen ist allerdings schwierig, wenn nicht gar unmöglich. Deshalb funktioniert ein schrittweiser Ansatz am besten. Man kann sein Exposure in kleinen Portionen senken, während eine Anlageklasse steigt und somit teurer wird. Und man kann die Position aufstocken, wenn die Bewertung einer Anlageklasse durch einen großen Kursrutsch attraktiver wird. Manchmal ist es zwar hilfreich, bei einer Assetklasse, die gefallen ist, abzuwarten, bis sie wendet und sich zu erholen beginnt, aber dann kann es auch sein, dass die Anlageklasse doch noch tiefer fällt. Es ist eine Tatsache, dass Sie zu früh dran sein werden. Dass Sie Fehler machen werden. Manchmal wird die Anlageklasse weiter fallen, nachdem Sie sie gekauft haben, oder steigen, nachdem Sie sie verkauft haben. Das ist in Ordnung. Solche Fehler sind normal – wenn man sie überhaupt als Fehler bezeichnen kann. Die gute Nachricht ist, dass die Performance Ihres Portfolios auf lange Sicht besser sein wird, wenn Sie konsequent Anlageklassen kaufen, die günstiger als im Durchschnitt sind, und Assetklassen verkaufen, die teurer als im Durchschnitt sind. So kauft man billig und verkauft teuer. Man hat zwar nicht das Ergebnis jeder einzelnen Anlageentscheidung unter Kontrolle, aber seinen Entscheidungsprozess durchaus.

Während der großen Finanzkrise fühlte ich mich schlecht, nachdem wir im Herbst 2008 die Positionen unserer Kunden in Emerging-Markets-Aktien aufgestockt hatten. Damit waren wir drei Wochen zu früh dran, sodass unsere Kunden zusätzliche Verluste erlitten. Aber das Kurs-Gewinn-Verhältnis von Schwellenländer-Aktien lag unter 10, eine der niedrigsten Bewertungen aller Zeiten. Wir wussten nicht genau, wann der Kursrutsch enden würde, aber angesichts der niedrigen Bewertungen war die Erwartungsrendite der Schwellenländer sehr hoch und rechtfertigte das Risiko. Unsere Kunden wurden belohnt, obwohl wir zu früh dran waren.

KONJUNKTURELLE TRENDS

Man kann zwar die Performance und die Bewertungen seiner einzelnen Positionen überwachen, aber es ist auch klug, auf die konjunkturelle Entwicklung zu achten, denn auch sie wirkt sich auf unsere Portfoliorenditen aus. Seit 1916 traten zwölf der 16 schwersten Kursverluste der US-amerikanischen Aktien in Rezessionen auf und der durchschnittliche Rückgang betrug 46 Prozent.[1] Eine Art, auf die ich das Rezessionsrisiko überwache, ist die Analyse der monatlichen Zahlen zum Einkaufsmanagerindex für das verarbeitende Gewerbe, des PMI (Purchase Managers' Index). Das sind Erhebungen bei Unternehmen des verarbeitenden Gewerbes, die weltweit von Researchfirmen wie IHS Markit und dem Institute of Supply Management durchgeführt werden.[2] Den Unternehmen, die an diesen Erhebungen teilnehmen, werden zahlreiche Fragen zu ihrem Geschäftsgang gestellt, zum Beispiel nach Auftragseingängen, Beständen, Einstellungsplänen und Preisen. Es gibt auch PMIs für andere Sektoren als das verarbeitende Gewerbe, aber ich konzentriere mich auf dieses Segment, weil es eine längere Geschichte hat und weil Hersteller empfindlicher auf konjunkturelle Änderungen reagieren. Wenn der PMI des verarbeitenden Gewerbes in einem Land über 50 liegt, deutet das darauf hin, dass die Wirtschaft wächst. Liegt er unter 50, deutet das darauf hin, dass sich das Wachstum verlangsamt oder die

Wirtschaft schrumpft. Liegt der PMI unter 48, ist das Rezessionsrisiko hoch. Zum Beispiel war bei allen Rezessionen in den Vereinigten Staaten seit 1948 der PMI unter 48 gefallen. Das letzte Fehlsignal – dass der PMI unter 48 fiel und es nicht zu einer Rezession kam – gab es 1967.[3] Wenn sich die Konjunktur laut PMI abschwächt, müssen wir als Portfoliomanager entscheiden, ob wir das Risiko senken wollen, indem wir unseren Anteil an Aktien, nicht mündelsicheren Anleihen und anderen Risikopapieren vermindern, oder vollständig investiert bleiben wollen. Die Antwort hängt von dem persönlichen finanziellen Schaden ab, den ein Rückgang um mehr als 45 Prozent oder mehr verursachen würde. Bei vielen Menschen, die bis zur Rente noch Jahrzehnte vor sich haben, kann dieser Schaden minimal sein, sodass sie den Sturm aussitzen können. Für andere kann es klug sein, ihr Aktien-Exposure nach und nach abzubauen, wenn die Rezessionsgefahr steigt.

SOZIAL VERANTWORTLICHE GELDANLAGE

Eine abschließende Überlegung bei Entscheidungen über eine neue Anlage ist die Frage, ob sie mit unseren persönlichen Werten übereinstimmt. Anlageentscheidungen anhand moralischer oder ethischer Werte zu fällen bezeichnet man als sozial verantwortliche Geldanlage oder SRI (Socially Responsible Investing). Anleger, die sozial verantwortliche Portfolios zusammenstellen wollen, greifen dabei oft auf ESG-Daten zurück (ESG = Environmental, Social, and Governance), aus denen abzulesen ist, ob ein Unternehmen seine Geschäfte mit Rücksicht auf Richtlinien führt, die sich auf die Umwelt, auf seine Mitarbeiter und auf die Gemeinschaften beziehen, in denen es operiert.[4]

Als Anlageberater hatte ich eine Reihe von Umweltorganisationen und religiösen Organisationen als Kunden, die ethische Probleme mit der Investition in Aktien oder Anleihen von Unternehmen hatten, die ihre Gewinne auf Arten und Weisen erwirtschafteten, die gegen die moralischen Überzeugungen oder die Mission dieser Organisationen verstießen. Wenn es um größere Portfolio-Allokationen ging, setzten wir dafür Vermögensverwalter ein, die ein Portfolio so strukturieren konnten, dass es sogenannte sündhafte Aktien mied, die nicht zu den Anlagerichtlinien der Organisationen passten. Bei kleineren Allokationen, zum Beispiel Emerging Markets oder US-Nebenwerte, hatten die Kunden oft kein ausreichendes Vermögen, um die Mindestanlagesummen für separate Depotmanager in diesen Bereichen zu erfüllen. In solchen Fällen setzten wir Investmentfonds, Indexfonds oder börsengehandelte Fonds ein.

Diese Organisationen mussten ihre fehlende Bereitschaft, in gewisse untragbare Wertpapiere zu investieren, gegen ihren Wunsch abwägen, auf diversifizierte Weise die bestmögliche Portfoliorendite zu erzielen. Sie mussten folgende Frage beantworten: Ist es besser, eine hohe Portfoliorendite zu erzielen, die es der Organisation ermöglicht, mehr Gutes durch Erfüllung ihrer sozialen Mission zu tun, und sich dabei nicht so viele Gedanken darüber zu machen, ob die Wertpapiere im Portfolio zu dieser Mission passen? Oder ist es besser, eine geringere Portfoliorendite in Kauf zu nehmen, die auf umweltfreundlichere oder sozial verträglichere Weise generiert wird, aber der Organisation weniger Mittel verschafft, um Gutes zu tun? Im Idealfall braucht eine Organisation oder eine Privatperson diesbezüglich keinen Kompromiss zu schließen, nämlich wenn sozial verantwortliche Portfolios den Gesamtmarkt übertreffen.

Leider lässt sich das nur schwer feststellen. Performance-Unterschiede (sowohl Outperformance als auch Underperformance) zwischen einem sozial verantwortlichen Investmentfonds und dem Gesamtmarkt können auf Faktoren beruhen, die mit den verwendeten ESG-Kriterien nichts zu tun haben. Zum Beispiel kann ein sozial verantwortliches Portfolio eine geringere durchschnittliche Marktkapitalisierung haben als der Markt und wenn kleinere Unternehmen im Betrachtungszeitraum besser laufen als große, dann übertrifft auch das sozial verantwortliche Portfolio den Markt.

Außerdem: Wenn Aktionäre Unternehmen abstoßen, die ihre moralischen Werte verletzen, aber die Kunden weiterhin die Produkte und Dienstleistungen der Unternehmen kaufen, dann können die Aktien der betreffenden Unternehmen den Markt trotzdem übertreffen. Das liegt daran, dass eine geringere Nachfrage nach den umstrittenen Aktien zu niedrigeren Bewertungen und somit zu höheren Dividendenrenditen führen kann. Wenn die Unternehmen weiterhin ein solides Umsatz- und Gewinnwachstum verzeichnen, übertreffen die umstrittenen Aktien ihre sozial verantwortlicheren Konkurrenten aufgrund ihrer höheren Dividendenrendite. Infolgedessen besteht eine wichtige Art und Weise, wie Verbraucher Einfluss auf die Aktienperformance von Unternehmen nehmen können, die nicht ihren Ansprüchen in Sachen Umwelt, Soziales und Unternehmensführung genügen, darin, dass sie die Produkte und Dienstleistungen dieser Unternehmen nicht mehr kaufen und auch andere Menschen dazu ermuntern. Wenn eine ausreichend große Zahl von Verbrauchern das betreffende Produkt oder die betreffende Dienstleistung boykottiert, wirkt sich das auf die Einnahmen, Gewinne und letztlich auch den Aktienkurs dieser Unternehmen aus.

Im Januar 2018 schrieb Laurence Fink, der Vorstandsvorsitzende von BlackRock, der weltgrößten Vermögensverwaltung, einen Brief an Vorstandsvorsitzende von Unternehmen, in die BlackRock investiert hatte, um ihnen mitzuteilen, dass es nicht mehr genüge, eine hervorragende finanzielle Performance abzuliefern. Er schrieb: „Damit ein Unternehmen im Laufe der Zeit gedeihen kann, muss es nicht nur finanzielle Performance abliefern, sondern auch zeigen, dass es einen positiven Beitrag zur Gesellschaft leistet. Unternehmen müssen allen Stakeholdern Nutzen bringen, unter anderem den Aktionären, den Mitarbeitern, den Kunden und den Gemeinschaften, in denen sie operieren."[5]

Umair Haque spricht davon, dass Unternehmen, die einfach dadurch Gewinn erzielen, indem sie Einnahmen generieren, die ihre finanziellen Kapitalaufwendungen übersteigen, „thin value" schöpfen, wörtlich „dünne(n) Wert(e)". Rufen Sie sich ins Gedächtnis, dass es in Kapitel 5 darum ging, dass die Kapitalkosten eines Unternehmens die Renditeerwartungen für die Aktien und Anleihen eines Unternehmens widerspiegeln. Wenn ein Unternehmen historisch gesehen stets Projekte durchführt, die mehr als die Kapitalkosten einbringen, dann steigt die Marktbewertung des Unternehmens, die sich in seinem Aktienkurs niederschlägt. Fink und Haque deuten an, dass das Bestreben, den Shareholder Value dadurch zu steigern, dass man Projekte verfolgt, die die Kapitalkosten übersteigen, eine zu eng gefasste Sichtweise ist. „Thin value" mag in einem Unternehmensabschluss gut aussehen, aber er kann dadurch erzielt worden sein, dass Umweltkosten und soziale Kosten auf Unbeteiligte abgewälzt wurden. Stattdessen sollten Unternehmen, wie Haque sich ausdrückt, „thick value" schöpfen. Solche Werte werden geschöpft, wenn die Unternehmen ihre Kapitalkosten übertreffen und „Gewinne durch Aktivitäten generieren, die in nachhaltiger, authentischer und bedeutsamer Weise Menschen, Gemeinschaften, der Gesellschaft, der Natur und den künftigen Generationen zugutekommen".[6]

STÜCKWERK-PORTFOLIOMANAGER

Wir haben in diesem Kapitel gesehen, dass es nach der Identifizierung einer attraktiven Investmentgelegenheit noch einige zusätzliche Überlegungen gibt, zum Beispiel ob das Investment den eigenen Werten entspricht, wie viel man investieren und wann man das tun sollte. Dies sind niemals eindeutige Entscheidungen. Alles, was wir tun können, ist, nach Kräften unser Urteilsvermögen einzusetzen. Der Philosoph Karl Popper trat für das Konzept gradueller gesellschaftlicher Veränderungen im Rahmen des von ihm so genannten Social Engineerings ein und auf diese Weise gehe ich gern an die Vermögensverwaltung heran. Ein am Stückwerk orientierter Social Engineer hält nichts davon, „das Ganze [...] umzugestalten"[7], was bezogen auf Portfolios bedeutet, dass man sehr große Änderungen im Portfolio nicht auf einen Schlag durchführt. Stattdessen nimmt man beim graduellen Social Engineering „kleine Anpassungen und erneute Anpassungen vor, die sich immer weiter verbessern lassen. [...] Der am Stückwerk orientierte Engineer weiß wie Sokrates, wie wenig er weiß. Er weiß, dass wir nur aus unseren Fehlern lernen können. Deshalb geht er Schritt für Schritt seinen Weg und vergleicht die erwarteten Ergebnisse gewissenhaft mit den erzielten Ergebnissen und er achtet stets wachsam auf die unvermeidlichen unerwünschten Folgen jeder Reform."[8] Wenn wir seine Methode als Stückwerk-Portfoliomanager anwenden, können wir Schritt für Schritt zu besseren Anlegern werden, indem wir kleine Änderungen vornehmen und so viel wie möglich aus den Ergebnissen lernen.

ZUSAMMENFASSUNG

- Erfolgreiche Geldanlage hat genauso viel mit dem zu tun, was man *nicht* tun sollte, wie mit dem, was man tun sollte.
- Der emotionale Nutzen der Durchschnittskostenmethode behält manchmal die Oberhand gegenüber der rationalen Analyse, die besagt, dass es statistisch gesehen eine bessere Performance bringt, die neuen Mittel auf einen Schlag zu investieren.

- Die Positionsgröße hängt von der Zuversicht ab, dass die Anlage erfolgreich sein wird, von der Zuverlässigkeit der Renditefaktoren für diesen Erfolg und von dem persönlichen finanziellen Schaden, der entstünde, wenn die Anlage hinter den Erwartungen zurückbleiben würde.

- Die Performance von Portfolios wird besser, wenn man sie nach und nach anpasst, indem man konsequent Anlageklassen kauft, die nicht so teuer sind, und Anlageklassen verkauft, die teurer sind. So kauft man billig und verkauft teuer.

- PMI-Zahlen sind hilfreich, um konjunkturelle Entwicklungen zu überwachen, die sich auf die Performance des Portfolios auswirken können.

- Verbraucher können Einfluss auf die Aktienperformance von Unternehmen nehmen, die nicht ihren Umwelt-, Sozial- und Unternehmensführungs-Standards genügen, indem sie die Produkte und Dienstleistungen der Unternehmen nicht kaufen und andere ermutigen, es ihnen gleichzutun. Wenn eine ausreichend große Gruppe ein bestimmtes Produkt oder eine bestimmte Dienstleistung boykottiert, wirkt sich das auf den Umsatz und den Gewinn des Unternehmens und letztlich auch auf seinen Aktienkurs aus.

Fazit

Wenn Sie es in diesem Buch so weit geschafft haben, sind Sie nun vertrauter mit den Werkzeugen und dem Wissen, die Sie brauchen, um die erfolgreiche Geldanlage zu beherrschen. Ich hoffe, dass Sie dadurch auch mehr Selbstvertrauen haben, wenn Sie Kapital in Anlagen investieren, die Cashflow generieren. Um erfolgreich Geld anzulegen, braucht man kein Fachmann zu sein. Man braucht einen disziplinierten Anlageprozess sowie einen Rahmen, an den man sich halten kann und der einem Seelenfrieden beschert, wenn andere in Panik verfallen. Die klügsten und erfolgreichsten Anleger, die ich kenne, haben genauso wenig Ahnung davon, was in Zukunft geschehen wird, wie Sie. Dafür haben sie eine Anlagephilosophie und eine Anlagedisziplin, nach denen sie ihre Anlageentscheidungen ausrichten. Auch besitzen sie die Weisheit, die sich daraus ergibt, dass man Anlageentscheidungen im Angesicht extremer Ungewissheit trifft. Manchmal sind solche Entscheidungen die richtigen. In anderen Fällen führen sie zu unerwünschten Ergebnissen, obwohl sich die Anlageverwalter an einen guten Entscheidungsfindungsprozess gehalten haben. Manchmal liegen die Manager einfach falsch und vergessen bei ihrer Analyse etwas.

Wie ich in Kapitel 3 erzählt habe, machte ich dringend nötige Erfahrungen, nachdem ich einer Universitätsstiftung, die mein Kunde war, Ende der 1990er-Jahre nach einer Zeit starker Performance hochverzinsliche Anleihen empfohlen hatte. Ich lernte, dass die historische Performance eine miserable Grundlage für Anlageentscheidungen ist. Diesen Fehler spürte ich jedes Mal körperlich, wenn ich mich mit diesem Kunden traf und wir die Performance der hochverzinslichen Anleihen durchgingen. Ich lernte, dass ich besser verstehen muss, wodurch die Rendite eines bestimmten Investments bewirkt wird. Dadurch und indem man die aktuellen Bedingungen analysiert, kann man eine vernünftige Rendite-Annahme entwickeln. Diese Methode verwendete ich 2008, als ich Kunden erneut hochverzinsliche Anleihen empfahl – in einer Zeit, als andere Anleger aus dieser Anlageklasse flohen. Ich wusste zwar nicht, ob der Boden bereits erreicht war, aber ich wusste, dass meine Kunden bei einer Rückzahlungsrendite hochverzinslicher Anleihen von 20 Prozent in den Jahren danach mit dieser Anlage sehr gut fahren würden. Und so war es auch.

Als ich meine Laufbahn als Anlageberater begann, war ich überzeugt, es gebe Vermögensverwalter und Strategen, die exakt vorhersagen könnten, was passieren würde. Manager, die Dinge herausgefunden hatten. Ich verbrachte Jahre damit, über Aktien- und Anleihemanager, Hedgefonds und andere Anlageberatungen zu recherchieren, um diejenigen Manager zu finden, die offenbar am fähigsten waren. Diejenigen, die irgendeinen Informationsvorsprung hatten, aufgrund dessen sie zutreffend vorhersagen konnten, was wahrscheinlich geschehen würde, und dann davon profitierten. Ich fand aber nie jemanden, der in diesem Maße zu erfolgreichen Vorhersagen in der Lage war. Solche Menschen gibt es nicht.

Die erfolgreichsten Investoren, die ich kenne, weisen Allokationen zu und managen Risiken. Sie gehen das Anlage-Universum durch und weisen denjenigen Bereichen Kapital zu, bei denen sie es für am wahrscheinlichsten halten, dass sie ein asymmetrisches Risiko-Ertrags-Profil aufweisen, weil das Gewinnpotenzial signifikant größer ist als das Verlustpotenzial. Derjenige Anleger mit diesem Ansatz, von dem ich am meisten gelernt habe, ist Seth Klarman, der Gründer der Investmentgesellschaft Baupost Group. Seine Firma verwaltet einen wesentlichen Teil der Kundengelder meiner früheren Beratungsfirma. Er gilt als einer der erfolgreichsten Anleger aller Zeiten.[1] Einige Jahre lang traf ich mich einmal im Jahr in den Räumlichkeiten seiner Firma mit ihm, um über seine Anlagephilosophie und seinen Anlageprozess zu diskutieren. Ich habe seine jährlichen Briefe an die Kunden ab 1983 gelesen und wiedergelesen. Klarman schreibt, erfolgreiche Kunden hätten „die Arroganz, zu handeln, und zwar entschlossen zu handeln, und die Demut, zu wissen, dass man sich irren kann. Den Scharfsinn, die Flexibilität und die Bereitschaft, seine Meinung zu ändern, wenn man merkt, dass man sich geirrt hat, sowie die Sturheit, dies zu verweigern, wenn man seiner These berechtigterweise weiterhin traut. [...] Die Integrität, Fehler einzugestehen, die innere Stärke, es zu riskieren, weitere zu begehen, und die intellektuelle Aufrichtigkeit, Glück nicht mit Geschick zu verwechseln.“[2]

Ich habe im Laufe dieses Buches immer wieder betont, dass wir als Privatanleger Portfoliomanager und Risikomanager sind. Unsere Aufgabe beim Managen unseres Privatvermögens besteht darin, es aktiv denjenigen Bereichen des Marktes zuzuweisen, die hinsichtlich der Erwartungsrendite und der Bewertung am verlockendsten sind, und Bereiche zu meiden, in denen die Anleger übertrieben optimistisch sind, denn das deutet darauf hin, dass die künftigen Renditen geringer ausfallen werden. Beim Portfoliomanagement geht es nicht darum, die Zukunft korrekt vorherzusagen oder andere Anleger zu überlisten. Es ist der Prozess, mehrere Anlagekategorien miteinander zu kombinieren, die zu einer positiven Rendite beitragen, die mehr einbringt als die Inflationsrate, und dabei gleichzeitig den persönlichen Schaden zu minimieren, der durch größere Drawdowns des Marktes entstünde. Portfoliomanagement bedeutet, die

Mathematik und die Emotionen der Geldanlage zu verstehen und anzuerkennen, dass es keine richtige Lösung und kein optimales Portfolio gibt, genauso wie es keinen optimalen Blumen- oder Gemüsegarten gibt.

Jeden Morgen nach dem Aufwachen beurteilen wir das Wetter und entscheiden, was wir anziehen. Die Wahl der Kleidung ist kein Optimierungsproblem. Andrew W. Lo weist darauf hin, dass er mit seiner Garderobe, die aus zehn Hemden, zehn Paar Hosen, fünf Jacketts, 20 Krawatten, zehn Paar Socken und vier Paar Schuhen besteht, zwei Millionen einzigartige Outfits gestalten kann. Wenn er über jede Zusammenstellung jeweils nur eine Sekunde nachdenken würde, dann bräuchte er für die Entscheidung fast 24 Tage. Die Entscheidung, was man anzieht, ist ein „Satisfizierungsproblem". Der Begriff „satisfice" wurde von dem Volkswirt Herbert Alexander Simon aus der Kombination von „satisfy" („zufriedenstellen") und „suffice" („ausreichen") geprägt[3] und wird im Deutschen gern mit „satisfizieren" wiedergegeben. Wenn man satisfiziert, strebt man eine ausreichend gute Entscheidung an, keine optimale. Man zieht sich entsprechend den Wetterbedingungen an, wobei man Faustregeln anwendet, die man durch positives und negatives Feedback aus dem abgeleitet hat, was in der Vergangenheit funktioniert hat. Outfits, für die wir von anderen Menschen Komplimente bekommen, ziehen wir immer wieder an, solche, in denen wir blöd aussehen, hingegen nicht. Natürlich ziehen sich nicht alle gleich an. Manche kleiden sich gern minimalistisch und tragen vielleicht täglich eine einfache „Uniform". Andere bevorzugen bei der Kleidung mehr Komplexität und tragen mehrere Schichten, dazu Schals und Accessoires. Manche gehen mit dem aktuellen Trend und wollen immer die neueste Mode tragen. Und es gibt Leute, die beauftragen einen Stilberater mit der Auswahl ihrer Garderobe.

Bei der Geldanlage ist das ähnlich. Wir bedenken langfristige Renditeerwartungen sowie Risiken. Wir beobachten aktuelle Anlagebedingungen wie die Aktienbewertung oder die mögliche Anleiherendite. Dann wählen wir anhand dieser Erwartungen ein Portfolio genauso aus wie eine Garderobe. Wir satisfizieren, treffen also ausreichend gute Entscheidungen, die wir aus unserer Erfahrung ableiten. Nicht jeder hat das gleiche Portfolio. Es wird gemäß den individuellen Vorlieben angepasst. Manche wollen ein minimalistisches Portfolio, das nur aus zwei oder drei Positionen besteht. Andere bevorzugen eine ausgefeilte Strategie mit mehreren Anlageklassen. Manche jagen der neuesten Anlagemode hinterher. Und wieder andere delegieren die Auswahl ihrer Anlagen genauso an einen Anlageberater, wie ein Star vielleicht einen Stilberater in Anspruch nimmt.

Ungeachtet des persönlichen Anlagestils wird Ihnen die Beantwortung der zehn Fragen helfen, bessere Anlageentscheidungen zu treffen:

1. **WAS IST ES?** Man sollte versuchen, die Eigenschaften eines Investments zu verstehen und mit einfachen Worten zu erklären. Der Akt des Erklärens hilft einem zu erkennen, was man nicht weiß.

2. **IST ES GELDANLAGE, SPEKULATION ODER GLÜCKSSPIEL?** Die Einordnung finanzieller Gelegenheiten danach, ob sie mit größerer Wahrscheinlichkeit profitabel sein werden oder nicht oder ob ihr Ausgang höchst ungewiss ist, vereinfacht das Anlage-Universum. Man braucht weniger Zeit für Recherchen aufzubringen, wenn man seine Bemühungen vor allem auf finanzielle Gelegenheiten richtet, die eine positive Erwartungsrendite haben.

3. **WELCHER GEWINN WINKT?** Anhand von Faustregeln kann man die Erwartungsrendite einer Anlage einschätzen. Dann kann man verschiedene Chancen miteinander vergleichen und sicher sein, dass man von vernünftigen Annahmen ausgeht.

4. **WELCHER VERLUST DROHT?** Die Kehrseite einer Anlage besteht aus dem maximalen potenziellen Verlust und dem persönlichen Schaden, den dieser Verlust verursacht. Wenn man die Nachteile einer Anlage beurteilt, besteht das Ziel eher darin, irreparablen finanziellen Schaden zu vermeiden, als darin, jeglichen Verlust zu vermeiden. Wenn man bei der Geldanlage jegliche Verlustmöglichkeit ausschließt, senkt man das Risiko wahrscheinlich zu sehr, sodass das Portfolio womöglich nicht mit der Inflation schritthalten kann.

5. **WER STEHT AUF DER ANDEREN SEITE DES HANDELS?** Zu wissen, wer einem ein Investment verkauft, hilft einem, Finanzinstrumente zu meiden, bei denen der Erfolg davon abhängt, ob man die Zukunft kennt und/oder andere Anleger überlistet.

6. **WAS IST DAS ANLAGEVEHIKEL?** Ein Anlagevehikel ist ein Instrument, Produkt oder Gebinde, das eine bestimmte Anlagestrategie beherbergt. Bevor man investiert, sollte man die Eigenschaften eines Anlagevehikels einschließlich der Erwartungsrendite, des Risikos in Form des maximalen Drawdowns, der Liquidität, der Gebühren, der Struktur und der Preisbildung erklären können.

7. **WAS BRAUCHT MAN, UM ERFOLGREICH ZU SEIN?** Bei jedem Investment gibt es Renditefaktoren wie etwa laufende Zahlungsströme, Cashflow-Wachstum und andere Merkmale, die seine Performance bestimmen. Erfolgreiche Portfolios enthalten eine diversifizierte Mischung aus zuverlässigen Renditefaktoren, die man im Vorfeld identifiziert hat.

8. **WER SAHNT DABEI AB?** Erfolgreiche Anleger wissen, welche Parteien einen Teil der Rendite in Form von Gebühren, Kosten und Steuern einkassieren. Man sollte darauf achten, dass man für die Gebühren, die man bezahlt, einen ausreichenden Nutzen erhält.

9. **WIE WIRKT ES SICH AUF IHR PORTFOLIO AUS?** Man sollte an die Asset Allocation nicht als Optimierungsproblem mit nur einer richtigen Lösung herangehen. Vielmehr hat man, indem man sich an Richtlinien und Faustregeln hält, eine gewaltige schöpferische Freiheit, wenn man Anlageportfolios aufbaut, die dem eigenen Wissen, den eigenen Interessen und den eigenen Werten entsprechen.

10. **SOLLTEN SIE INVESTIEREN?** Sobald man eine attraktive Anlagechance identifiziert hat, muss man entscheiden, wie viel und wann man investiert. Wie viel man investiert, hängt davon ab, wie zuversichtlich man ist, dass die Anlage erfolgreich sein wird, wie zuverlässig die Renditefaktoren der Anlage sind, und von dem persönlichen finanziellen Schaden, der entstünde, wenn die Anlage hinter den Erwartungen zurückbleiben würde. Wann man investiert, hängt davon ab, wie viel Geld man anlegen möchte, und von den aktuellen Marktbedingungen.

Es ist hilfreich, beim Prozess der Auswahl von Investments die eine oder andere Richtschnur zu haben, unter anderem in Form virtueller Mentoren und von Musterportfolios. Ich hoffe, das vorliegende Buch dient Ihnen als zusätzliche Richtschnur bei Ihrer Aufgabe als Portfoliomanager. Wenn dem so ist und Sie meinen, es könnte auch Bekannten von Ihnen helfen, würde ich mich geehrt fühlen, wenn Sie es mit ihnen teilen würden. Danke, dass Sie es gelesen haben.

Glossar

Aktie: Siehe „Stammaktie".

Aktien: Meist Stammaktien, die einen Eigentumsanteil an einem Unternehmen darstellen.

Aktienemission: Der Prozess, durch den sich ein Unternehmen Geld beschafft, indem es Aktien an die Allgemeinheit ausgibt.

Aktienrückkauf: Wenn ein Unternehmen eigene Aktien am Sekundärmarkt kauft, sodass weniger Aktien umlaufen.

Aktive Asset Allocation: Der Prozess, an einem Portfolio auf der Grundlage von Marktbedingungen wie Bewertungen oder konjunkturellen Trends schrittweise Änderungen vorzunehmen.

Aktive Manager: Vermögensverwalter, die aktive Managementstrategien verfolgen.

Aktives Management: Ein Anlageprozess, bei dem Vermögensverwalter versuchen, einen Referenzindex oder eine Benchmark dadurch zu übertreffen, dass sie ein Portfolio zusammenstellen, das sich von der Benchmark unterscheidet.

Angebotsprospekt: Ein rechtlich bindendes Dokument, das die Einzelheiten einer privaten Anlageplatzierung angibt, unter anderem den Verwalter des Investments, den Investmentprozess, die Gebühren und die Risiken.

Anlagebedingungen: Die derzeitigen Eigenschaften eines Wertpapiers oder einer Anlageklasse, beispielsweise Bewertung, Gewinnwachstum oder laufende Rendite.

Anlagekategorie: Siehe „Anlageklasse".

Anlageklasse/Assetklasse: Korb oder Gruppe von Wertpapieren mit ähnlichen Eigenschaften.

Anlagevehikel: Instrument, Produkt oder Gebinde, das eine bestimmte Anlagestrategie beherbergt.

Anleihemanager: Anlageprofis, die im Kundenauftrag ein Anleiheportfolio managen.

Anleihen: Schuldinstrumente, die von Staaten, Unternehmen und anderen juristischen Personen ausgegeben werden, um Geld für die Finanzierung neuer Projekte oder des laufenden Betriebs zu beschaffen. Die Anleger kaufen neu emittierte Anleihen zum Nennwert und der Emittent bezahlt ihnen Zinsen auf seine Schulden sowie am Ende der Laufzeit den Nennwert zurück, außer wenn er zahlungsunfähig wird.

Anteilseigner: Besitzer von Anlagen wie Aktien, ETFs oder Investmentfonds.

Asset/Anlage/Vermögenswert/Vermögensgegenstand: Wertpapier, Grundbesitz oder sonstiger Posten von Wert, der verkauft und in Bargeld umgewandelt werden kann.

Asset Allocation: Die Aufteilung eines Portfolios auf verschiedene Anlageklassen, auch als Portfoliostruktur bezeichnet.

Ausgabeaufschlag/Rücknahmeaufschlag: Gebühren, die ein Anleger beim Kauf (Ausgabe) oder Verkauf (Rücknahme) von Anteilen offener Investmentfonds eventuell bezahlen muss.

Ausschüttungsrendite: Der Cashflow, der von einem Investmentfonds oder einem börsengehandelten Fonds ausgeschüttet wird, ausgedrückt als prozentualer Anteil am Nettoinventarwert. Normalerweise wird die Ausschüttungsrendite durch Hochrechnung der jüngsten Monats- oder Quartalsausschüttung auf das Jahr ermittelt.

Authorized Participants: Institutionelle Händler, die in Zusammenarbeit mit den Betreibern börsengehandelter Fonds (ETFs) große Blöcke von ETF-Anteilen schaffen oder zurücknehmen.

Automatisch kündbare Anleihe: Ein Anlagepapier, das der Emittent vorzeitig zurücknehmen kann, wenn bestimmte Bedingungen erfüllt sind, beispielsweise wenn ein bestimmtes Kursziel erreicht wurde.

Bargeld: Geld, das entweder physisch in Form von Scheinen und Münzen oder aber bei einem Finanzinstitut auf einem leicht zugänglichen Konto gehalten wird.

Bargeldäquivalente: Sehr kurzfristige Anlagepapiere wie etwa US-Schatzwechsel, die sich problemlos verkaufen und in Bargeld konvertieren lassen.

Beitragsorientierter Pensionsplan: Betrieblicher Rentenplan, bei dem Arbeitnehmer und Arbeitgeber Beiträge einzahlen und dessen Wert von der Rendite der Finanzmärkte abhängt.

Beratungsgebühren/Managementgebühren: Geld, das an Anlageexperten dafür bezahlt wird, dass sie bestimmte Anlagevehikel oder Kundenportfolios verwalten.

Bewertungsänderung: Änderung des Preises einer Anlage aufgrund dessen, was die Anleger für die derzeitigen und künftigen Zahlungsströme zu zahlen bereit sind.

Bewertungskennzahlen: Finanzielle Kennzahlen, die anzeigen, wie ein Wertpapier oder eine Anlageklasse im Verhältnis zum historischen Durchschnitt oder zu anderen Papieren/Anlageklassen bewertet ist.

Binäre Option: Wertpapier mit binärer Auszahlung – meist 100 Dollar oder 0 Dollar. Der Anleger bezahlt eine Prämie und wettet darauf, dass der Basiswert des Optionskontrakts steigt oder fällt.

Bitcoin: Eine der ersten und bezüglich des umlaufenden Wertes größten Kryptowährungen.

Börse: Finanzmarkt, an dem Anlagepapiere gekauft und verkauft werden.

Breit angelegter ETF: Börsennotierter Fonds mit Hunderten oder Tausenden zugrunde liegenden Positionen, der versucht, die Performance eines breiten Segments der Finanzmärkte nachzubilden, zum Beispiel der globalen Aktien oder der US-amerikanischen Aktien.

Briefkurs: Der derzeit angebotene Preis, wenn ein Anleger ein bestimmtes Wertpapier kaufen will.

Broker: Eine Person, die als Vermittler den Kauf und Verkauf von Wertpapieren ermöglicht.

Brokerfirma/Brokerhaus: Unternehmen, das den Handel mit Wertpapieren ermöglichen, indem es als Vermittler zwischen Käufern und Verkäufern fungiert.

Bruttoinlandsprodukt (BIP): Der Geldwert der Wirtschaftsleistung eines Landes in Form der in einem bestimmten Zeitraum produzierten Waren und Dienstleistungen.

Cashflow: Bargeld, das von einem Investment gewöhnlich in Form von Zinsen, Dividenden oder Mieten generiert und an die Eigentümer des Vermögensgegenstands ausgeschüttet wird.

Cashflow-Wachstum: Das Tempo, in dem ein Einnahmenstrom im Laufe der Zeit wächst.

Creation Basket: Der Referenz-Wertpapierkorb, den ein ETF-Betreiber im Austausch gegen neu begebene ETF-Anteile entgegennimmt.

Derivatekontrakt: Finanzieller Vertrag, dessen Wert durch den Preis einer vereinbarten Finanzanlage bestimmt wird.

Devisenmarkt/Forex: Der größte Finanzmarkt der Welt, an dem Währungen gehandelt werden.

Diversifizierung: Die Strategie, verschiedene Anlagen mit unterschiedlichen Renditefaktoren in einem Portfolio zu kombinieren.

Dividende: Cashflow, der von einem Unternehmen oder Fonds an die Aktionäre beziehungsweise Anteilseigner ausgeschüttet wird.

Dividendenorientierte Geldanlage: Die Strategie, in Wertpapiere mit hohen Dividendenrenditen zu investieren.

Dividendenrendite: Ein Maß für die Höhe der Dividende eines Investments. Sie errechnet sich, indem man die jüngste Monatsoder Quartalsdividende auf das Jahr hochrechnet und durch den Preis des Wertpapiers teilt.

Dotcom-Blase: Die Zeit von Ende der 1990er-Jahre bis Anfang der 2000er-Jahre, die von einem rasanten Anstieg der Preise und Bewertungen von Technologie-Aktien aufgrund übertriebener Begeisterung von der zunehmenden Nutzung des Internets geprägt war.

Downside/Nachteil: Maximaler potenzieller Verlust und der durch diesen Verlust verursachte persönliche finanzielle Schaden.

Duration einer Anleihe: Mathematische Schätzung der Preissensitivität einer Anleihe oder eines Anleiheportfolios für Zinsänderungen.

Durchschnittskostenmethode: Die Praxis, regelmäßig einen bestimmten Geldbetrag zu investieren.

Effizienter Markt: Ein Finanzmarkt, an dem alle Wertpapiere insofern korrekt bewertet sind, als ihr Preis den inneren Wert der Papiere widerspiegelt.

Effizienzlinie: Liniendiagramm, das aus optimalen Portfolios mit den höchsten Erwartungsrenditen bei einem bestimmten erwarteten Volatilitätsniveau besteht.

Einkaufsmanagerindex: Monatliche Erhebung unter Unternehmen zu den Bedingungen des derzeitigen und des erwarteten Geschäftsgangs – zum Beispiel Auftragseingänge, Bestände, Einstellungspläne und Preise –, die als Wirtschaftsindikator verwendet wird.

Einlagezertifikat: Versichertes Finanzprodukt, das von Banken, Kreditgenossenschaften und anderen Finanzinstituten ausgegeben wird und auf das über eine festgelegte Frist ein fester Zins ausgezahlt wird.

Einschusskredit: Von einer Brokerfirma gewährtes Darlehen, gewöhnlich damit der Anleger zusätzliche Wertpapiere kaufen kann.

Erholungsdauer: Die Zeit, die eine Anlage braucht, um Verluste wieder aufzuholen.

ESG-Kriterien: Kriterien, die angeben, inwieweit ein Unternehmen seine Geschäfte in Bezug auf Richtlinien und Maßnahmen führt, die sich auf die Umwelt (E = Environment), auf die Mitarbeiter sowie auf die Gemeinschaften, in denen es operiert (S = Social), und auf die Unternehmensführung (G = Governance) beziehen.

Exchange-Traded Fund (ETF)/börsennotierter Fonds/börsengehandelter Fonds: Marktgängiges Wertpapier, das an einer Börse gehandelt wird und anstrebt, einen bestimmten Index oder ein Segment der Kapitalmärkte nachzubilden, zum Beispiel Aktien von Großkonzernen, Anleihen oder REITs.

Faktor: Breiter, anhaltender Renditetreiber, beispielsweise niedrige Bewertung, hohe Dividendenrendite oder Kursdynamik (Momentum).

Festverzinslich: Merkmal von Anleihen.

Flash Crash: Plötzliche und schwere Preisverschiebungen bei Wertpapieren, die durch den Mangel an Kaufwilligen hervorgerufen werden können.

Fremdfinanzierung/Schuldenhebel/Hebelwirkung/Leverage: Der Einsatz geliehenen Geldes zur Steigerung der Rendite eines Investments.

Fundamentales Index-Investing: Eine Methode, einen Marktindex oder eine Benchmark zu konstruieren, bei der die zugrunde liegenden Positionen nicht nach Größe gewichtet werden, sondern nach anderen Kennzahlen, zum Beispiel nach Umsatz, Gewinn oder Dividendenrendite.

Futures: Siehe „Rohstoff-Futures".

Gegenwartswert: Der heutige Wert eines künftigen Zahlungsstroms. Der Gegenwartswert wird berechnet, indem man die künftigen Zahlungsströme anhand eines bestimmten Zinssatzes abzinst (also vermindert), der gewöhnlich entweder der aus den künftigen Zahlungsströmen erwarteten Rendite oder den Kapitalkosten entspricht.

Geldkurs: Der derzeit angebotene Preis, wenn ein Anleger ein bestimmtes Wertpapier verkaufen will.

Geldmarkt-Investmentfonds: Offener Investmentfonds, der in Bargeldäquivalente investiert.

Gemischter Fonds: Professionell gemanagtes Anlagevehikel, das Gelder von Anlegern zusammenlegt und das Wertpapiere kauft und verkauft.

Geschlossener Fonds: Registrierter gemischter Fonds mit festgelegter Anzahl von Anteilen, der an einer Börse gehandelt wird und von einem professionellen Vermögensverwalter gemanagt wird.

Gewichtete durchschnittliche Laufzeit: Die durchschnittliche Dauer, nach der ein Anleiheportfolio fällig wird. Sie wird berechnet, indem man zunächst den jeder Anleihe zugewiesenen prozentualen Anteil mit ihrer Restlaufzeit in Monaten oder Jahren multipliziert.

Gewichteter Durchschnitt: Ein Durchschnitt, bei dessen Berechnung die einzelnen Werte mit einem bestimmten Gewichtungsfaktor multipliziert werden, zum Beispiel mit der Unternehmensgröße. Im Unterschied dazu wird bei einem einfachen

Durchschnitt die Summe der einzelnen Werte durch die Anzahl der Werte geteilt, sodass sie alle gleich gewichtet sind.

Gewichtung: Der Anteil, der einem bestimmten Wertpapier in einem Portfolio oder einem Index zugewiesen wird.

Gewinnausschüttung: Steuerpflichtige Ausschüttung eines Investmentfonds oder ETFs an die Anteilseigner aus den Gewinnen, die der Fondsmanager durch den Verkauf von Positionen des Fonds realisiert hat.

Glücksspiel: Eine Gelegenheit mit negativer Erwartungsrendite und höherer Wahrscheinlichkeit, Geld zu verlieren.

Große Finanzkrise: Die globale Finanzkrise von 2007 bis 2009, die von einem schweren konjunkturellen Rückgang und von sinkenden Anlagepreisen geprägt war.

Grundkapital/Nennwert: Der ursprüngliche Geldbetrag, der im Zuge einer finanziellen Transaktion ausgeliehen oder entliehen wurde.

Handelskosten: Kommissionen, Provisionen oder Transaktionsgebühren, die einem Broker oder einem Berater für den Einstieg in ein Investment oder den Ausstieg aus einem Investment bezahlt werden.

Handelsunterbrechung: Wenn eine Börse den Handel mit einem Wertpapier vorübergehend aussetzt.

Hedge: Anlagestrategie, die einen dadurch gegen Marktverluste oder Währungsschwankungen schützt, dass man Transaktionen eingeht, die diese potenziellen Verluste ausgleichen.

Hedgefonds: Investmentfonds/Poolfonds, in den Institutionen und wohlhabende Privatpersonen investieren und der von einem professionellen Vermögensverwalter geleitet wird, der verschiedene Anlagestrategien mit dem Ziel verfolgt, bei minimalen Verlusten eine positive Rendite zu generieren.

Heuristik: Vereinfachte Faustregel zum Zwecke der Entscheidungsfindung.

Hochverzinsliche Anleihen: Anleihen, die von riskanteren Unternehmen ausgegeben werden und von Ratingagenturen wegen ihres höheren Ausfallrisikos als spekulativ eingestuft werden.

Illiquide Anlage: Ein Wertpapier, das sich nicht problemlos verkaufen und in Bargeld umwandeln lässt.

Illiquiditätsprämie: Die zusätzliche Rendite für die Investition in eine illiquide Anlage.

Immobilien: Grundstücke und Gebäude, die durch Mieteinnahmen und/oder Verkauf eine Rendite generieren.

Immobilien-Crowdfunding: Die Praxis, sich über das Internet von Privatpersonen Geld zu beschaffen, um es in Immobiliengeschäfte zu investieren.

Indexfonds: Investmentfonds, der zum Ziel hat, die Performance eines bestimmten Index oder eines Segments der Kapitalmärkte nachzubilden, zum Beispiel Aktien von Großkonzernen, Anleihen oder REITs.

Inflation: Der allgemeine Preisanstieg im zeitlichen Verlauf, der zu einem Kaufkraftverlust führt.

Innerer Wert: Der gemäß dem Gegenwartswert der zukünftigen Zahlungsströme korrekte Wert einer Anlage.

Intraday-Liquidität: Die Möglichkeit, ein Wertpapier während des gesamten Handelstags zu kaufen oder zu verkaufen.

Investition in notleidende Schulden: Eine Strategie, die darin besteht, Schulden von Unternehmen zu kaufen, die bankrott sind oder vor dem Bankrott stehen, in der Absicht, von der etwaigen Sanierung des Unternehmens zu profitieren.

Investment/Anlage: Finanzgelegenheit mit positiver Erwartungsrendite, gewöhnlich weil sie Zahlungsströme generiert oder dies für die Zukunft zu erwarten ist.

Investmentfonds: Siehe „Offener Investmentfonds".

IPO (Initial Public Offering)/Erstemission/Börsengang: Der Prozess, durch den sich ein Privatunternehmen dadurch Kapital beschafft, dass es erstmals Stammaktien an die Allgemeinheit ausgibt.

Jahresrendite (durchschnittliche): Die Rendite, die ein Anleger pro Jahr erzielt hat. Sie errechnet sich, indem man die über den gesamten Haltezeitraum erzielte kumulierte Rendite durch die Anzahl der Jahre des Haltezeitraums teilt.

Junkbonds/Schrottanleihen: Siehe „Hochverzinsliche Anleihen".

Kapital: Die finanziellen Vermögensgegenstände, die eine Person, ein Haushalt oder ein Unternehmen besitzt.

Kapitalisierungsfaktor: Wichtige Kennzahl für die Bewertung von Immobilien. Sie wird berechnet, indem man das Nettobetriebseinkommen durch die Kosten oder den Marktwert teilt.

Kapitalisierungsgewichtet: Wenn ein Marktindex oder eine Benchmark so konstruiert ist, dass die enthaltenen Positionen nach der Größe gewichtet werden, die sich in deren Kursen und der jeweiligen Anzahl der umlaufenden Aktien niederschlägt.

Kapitalkosten/Kapitalaufwand: Diejenige Rendite, die als Schwellenwert übertroffen werden muss, damit ein Unternehmen ein neues Projekt oder eine neue Initiative betreibt. Man berechnet die Kapitalkosten, indem man den gewichteten Durchschnitt aus den Zinsen auf die Schulden des Unternehmens und der geschätzten von Aktienanlegern verlangten Rendite bildet.

Kapitalmärkte: Finanzmärkte, an denen Anlagepapiere wie Aktien und Anleihen gehandelt werden, damit sich Unternehmen Mittel für den laufenden Betrieb oder für neue Initiativen beschaffen können.

Kassakurs: Der aktuelle Preis, zu dem man einen Vermögenswert kaufen oder verkaufen kann.

Komplexes adaptives System: Ein System, das aus zahlreichen miteinander verbundenen Eingangsgrößen besteht und das sich mit der Zeit anpasst und lernt, sodass sich das Verhalten des Systems aus der Untersuchung seiner einzelnen Teile nicht zutreffend vorhersagen lässt.

Kontrahent/Gegenpartei: Die Partei, die auf der anderen Seite einer Finanztransaktion steht und als Käufer oder Verkäufer agiert.

Kontrahentenrisiko: Das Risiko, dass der Kontrahent einer Finanztransaktion seine vertraglichen Verpflichtungen nicht erfüllt.

Kostenbasis: Der für steuerliche Berechnungen herangezogene ursprüngliche Wert eines Vermögensgegenstands.

Kryptowährung: Digitaler Vermögenswert, der dafür gedacht ist, Finanztransaktionen zwischen Parteien auf sichere, dezentrale Weise zu ermöglichen.

Kursdelle: Vorübergehender Rückgang des Preises eines Wertpapiers, bevor er weiter steigt.

Kurs-Gewinn-Verhältnis: Der Preis, den die Anleger für einen Dollar Unternehmensgewinn zu zahlen bereit sind. Der Aktienkurs geteilt durch den historischen oder den erwarteten Gewinn.

Laufzeitende/Fälligkeit: Das Datum, an dem der Emittent einer Anleihe die Anleihe zurücknimmt und den Nennwert zurückzahlt.

Laufzeitprämie: Die zusätzliche Rendite, die Anleger bei der Investition in Anleihen als Entschädigung für die Ungewissheit bezüglich unerwartet hoher Inflation und der künftigen Realzinsen verlangen.

Leerverkauf/Shortselling: Anlagemethode, bei der man geliehene Wertpapiere in der Absicht verkauft, durch günstigeren Rückkauf von einem Preisrückgang zu profitieren.

Leistungsorientierter Pensionsplan: Betrieblicher Rentenplan, bei dem der Arbeitgeber bestimmte Rentenleistungen verspricht, die sich nach Alter, Verdienst und Beschäftigungsdauer richten.

Limit-Order: Eine Order über den Kauf oder Verkauf eines Wertpapiers zu einem bestimmten Preis.

Limit Up-Limit Down Plan (LULD): Regeln einer Börse, nach denen der Handel mit einzelnen Wertpapieren unterbrochen wird, nachdem sie große kurzfristige Preisbewegungen vollzogen haben.

Liquidität: Ein Maß dafür, wie schnell und reibungslos man eine Anlage verkaufen kann, was das kostet und wie lange nach dem Verkauf der Anleger sein Geld bekommt.

Makro-Ineffizienz: Eine Situation, in der sich eine Anlageklasse offenbar von einer vernünftigen Bewertung entfernt, etwa indem sich eine Blase bildet oder diese Anlageklasse im Verhältnis zu ihrer historischen Bewertung extrem günstig wird.

Market-Timing: Die Praxis, im Portfolio große Umschichtungen vorzunehmen, gewöhnlich von Aktien in Bargeld und wieder zurück.

Marktkapitalisierung: Die Größe einer börsennotierten Gesellschaft, errechnet durch Multiplikation des Aktienkurses mit der Anzahl der umlaufenden Aktien.

Mathematik der Geldanlage: Die Mechanismen, die für die Rendite einer bestimmten Anlage sorgen.

Maximaler Drawdown: Schätzung des größten erwarteten prozentualen Rückgangs eines Investments, basiert gewöhnlich auf dem größten historischen Rückgang.

Mikro-Effizienz: Situation, in der aktive Manager keine Fehlbewertungen von Wertpapieren identifizieren und davon profitieren können.

Mindesteinschuss: Das Mindestguthaben, das ein Broker bei der Investition in Rohstoff-Futures verlangt.

Moderne Portfoliotheorie (MPT): Eine von Harry Markowitz eingeführte Finanztheorie, die postuliert, es gebe eine optimale Portfoliozusammensetzung (Mischung aus Aktien, Anleihen, Immobilien und anderen Anlageklassen), die bei einem gegebenen Niveau der Volatilität die maximale Erwartungsrendite erbringt.

Momentum-Investing: Anlagestrategie, die darin besteht, Wertpapiere zu kaufen, die sich in einem Aufwärtstrend befinden, weil der Anleger annimmt, dieser Trend werde sich fortsetzen.

Nettobetriebseinkommen: Der Gewinn, den ein Immobilienprojekt nach Abzug von Betriebsaufwendungen wie Gebäudeverwaltung und Steuern erwirtschaftet.

Nettoinventarwert (NAV = Net Asset Value): Der Wert eines gemischten Anlagevehikels wie eines Investmentfonds, eines ETFs oder eines geschlossenen Fonds, der sich aus dem Wert der von dem Vehikel gehaltenen Vermögenswerte einschließlich Bargeld und abzüglich der Verbindlichkeiten ergibt, wenn man ihn durch die Anzahl der umlaufenden Anteile teilt.

Nicht-lineares System: Ein System, bei dem das Ergebnis nicht proportional den Eingangsgrößen ist und das häufig trotz ähnlicher Eingangsgrößen zu unterschiedlichen Ergebnissen führt.

Nicht mündelsichere Anleihen: Siehe „Hochverzinsliche Anleihen".

Niedrige Kostenbasis: Wenn der Preis eines Wertpapiers deutlich gestiegen ist und somit bei seinem Verkauf ein hoher steuerpflichtiger Gewinn entstehen würde.

Nominaler Preis: Der Wert von etwas in Dollar, der nicht um die Auswirkungen der Inflation bereinigt wurde.

Nominales BIP: Der nicht inflationsbereinigte Geldwert der Wirtschaftsleistung eines Landes in Form der in einer bestimmten Periode produzierten Waren und Dienstleistungen. Gewöhnlich wird das BIP allerdings „real" angegeben, damit man die Wirtschaftsleistung verschiedener Zeiträume inflationsbereinigt miteinander vergleichen kann.

Nullsummenspiel: Ein Spiel, bei dem auf jeden Gewinner ein Verlierer kommt.

Öffentliche Anleihen: Schuldverschreibungen, die von Bundesstaaten, Kommunalverwaltungen und Schulbezirken ausgegeben werden, um diverse Projekte zu finanzieren, etwa Straßen, Versorgungsinfrastruktur oder Schulen. In den Vereinigten Staaten sind die meisten öffentlichen Anleihen von den Bundessteuern und häufig auch von den bundesstaatlichen und kommunalen Steuern befreit.

Offene Position: Ein Wertpapier-Trade, der noch nicht geschlossen wurde.

Offener Investmentfonds: Eingetragener gemischter Fonds mit unbegrenzter Anzahl von Anteilen, geleitet von einem professionellen Vermögensverwalter. Der Preis eines offenen Investmentfonds entspricht stets seinem Nettoinventarwert.

Optionen: Wertpapiere, die dem Anleger das Recht, aber nicht die Pflicht verleihen, eine zugrunde liegende Anlage (Basiswert) in Zukunft zu einem bestimmten Preis zu kaufen oder zu verkaufen.

Passives Management: Anlageprozess, bei dem die Manager versuchen, die Performance eines Referenzindex oder einer Benchmark dadurch nachzubilden, dass sie ein der Benchmark sehr ähnliches Portfolio zusammenstellen.

Portfolio: Ansammlung von Vermögenswerten im Besitz einer Privatperson oder einer Institution.

Portfoliomanagement: Der Prozess, mehrere Anlagekategorien so zu kombinieren, dass sie zu einer positiven Rendite beitragen, und gleichzeitig den finanziellen Schaden zu minimieren, den größere Drawdowns des Marktes verursachen würden.

Portfoliomanager: Person, die verschiedene Anlagechancen vergleicht und Geld auf sie aufteilt.

Positionsgröße: Anteil eines Portfolios, der einem bestimmten Investment zugeteilt wurde.

Prospekt: Rechtlich bindendes Dokument, in dem die Details einer Börsenemission angegeben sind, zum Beispiel der Manager der Anlage, der Anlageprozess, die Gebühren und die Risiken.

Reale Rendite: Die Rendite eines Wertpapiers nach Bereinigung um die Auswirkungen der Inflation. Ein Beispiel für eine reale Rendite ist die Rendite inflationsindexierter Anleihen.

Real Estate Investment Trusts (REITs): Wertpapiere, die gewerbliche Immobilien wie Bürogebäude, Wohnungen, Lagerflächen, Hotels und Einzelhandelsflächen wie etwa Einkaufszentren besitzen.

Realer Preis: Der Wert von etwas nach Bereinigung um die Auswirkungen der Inflation.

Realzins: Zinssatz nach Bereinigung um die Auswirkungen der Inflation.

Rebalancing: Der Verkauf einer Anlage, die sich gut entwickelt hat und daher im Verhältnis zu einem gegebenen Ziel übergewichtet ist, dann Verwendung des Erlöses für den Kauf einer Anlage, die sich nicht so gut entwickelt hat und somit im Verhältnis zum Ziel untergewichtet ist.

Renditefaktoren: Eigenschaften eines Investments wie Einkünfte, Cashflow-Wachstum oder Fremdfinanzierung, die seine Performance bestimmen.

Rohstoffe: Grundstoffe wie landwirtschaftliche Produkte (zum Beispiel Weizen oder Mais), Metalle (zum Beispiel Kupfer oder Gold) oder Energierohstoffe (zum Beispiel Erdöl oder Erdgas).

Rohstoff-Futures/Rohstoff-Terminkontrakte: Vertragliche Vereinbarungen über den Kauf oder Verkauf eines bestimmten Rohstoffs zu einem künftigen Zeitpunkt.

Rückzahlungsrendite: Eine Schätzung der Gesamtrendite einer Anleihe oder eines Anleihefonds, wenn die Anleihen bis zur Fälligkeit gehalten werden.

Satisfice: Eine Wortschöpfung des Ökonomen Herbert Alexander Simon durch Kombination von „satisfy" („zufriedenstellen") und „suffice" („ausreichen"), um auszusagen, dass eine ausreichend gute anstatt einer optimalen Entscheidung getroffen wird.

Schließen: Beendigung eines bestimmten Wertpapierhandelsgeschäfts, gewöhnlich durch den Verkauf oder durch das Eingehen einer entgegengesetzten Position.

Schuldverschreibung: Vertragliche Vereinbarung, Zins und/oder Tilgung zu einem bestimmten Zeitpunkt oder unter bestimmten Bedingungen zu zahlen.

SEC-Rendite: Eine Standardberechnung der Rendite, die von der Börsenaufsicht U.S. Securities and Exchange Commission von Anleihefonds und Anleihe-ETFs verlangt wird. Die SEC-Rendite entspricht der Yield-to-Worst eines Fonds abzüglich operativer Aufwendungen wie beispielsweise der Managementgebühr, die der Investmentfonds oder ETF verlangt.

Sekundärmarkt: Die Finanzmärkte, an denen Käufer und Verkäufer mit zuvor emittierten Wertpapieren handeln.

Sicherheit: Vermögensgegenstände, die als Sicherheit verpfändet und verkauft werden, wenn der Kreditnehmer ein Darlehen oder ein anderes Schuldinstrument nicht bedienen oder bezahlen kann.

Smart Beta: Anlagestrategie, die versucht, aus handelbaren Faktoren wie Value, Momentum oder hohen Dividenden systematisch eine Renditeprämie zu beziehen.

Spekulation: Eine Gelegenheit, bei der das Ergebnis des Investments sehr ungewiss ist und bei der keine Einigkeit herrscht, ob die Rendite positiv oder negativ sein wird.

Staatsanleihen: Anleihen und andere Schuldverschreibungen, die von einer Staatsregierung ausgegeben werden.

Stammaktie: Wertpapier, das einen Eigentumsanteil an einer Gesellschaft darstellt und dem Inhaber ein Anrecht auf einen Anteil des Gewinns in Form einer Dividende verleiht.

Standardabweichung: Statistisches Maß, das bei Asset-Allocation-Modellen, die auf der Modernen Portfoliotheorie basieren, verwendet wird, um die Volatilität einzuschätzen. Die Standardabweichung gibt an, wie breit die Datenpunkte mit einer bestimmten Wahrscheinlichkeit um den Durchschnitt gestreut sind.

Steuerbegünstigtes Anlagevehikel: Ein Depot wie etwa ein Individual Retirement Account (IRA) oder ein 401(k)-Plan, auf dem sich Zinsen, Dividenden und realisierte Gewinne so lange steuerfrei ansammeln können, bis aus dem Depot etwas entnommen wird.

Steuerverbindlichkeit: Steuerbetrag, der einer staatlichen Behörde geschuldet wird.

Tracking Error: Gibt an, wie sehr die Rendite eines aktiv gemanagten Portfolios oder Fonds von der Rendite der Benchmark abweicht.

Treasury Inflation-Protected Securities (TIPS): Zum Schutz der Anleger vor steigenden Preisen inflationsindexierte US-Staatsanleihen.

Unbesichert: Wenn auf eine Verbindlichkeit kein Vermögensgegenstand als Sicherheit bei Zahlungsausfall verpfändet wurde.

Value-Investing: Anlagestil, der darauf abzielt, Aktien oder andere Wertpapiere zu Preisen zu kaufen, die unter ihrem inneren Wert liegen.

Verbraucherpreisindex: Ein Maß für die Inflation, das den durchschnittlichen Preis für einen aus Waren und Dienstleistungen bestehenden „Warenkorb" verfolgt.

Verwaltungsgebühren: 1. Gebühren, mit denen Brokerfirmen, Fondsgesellschaften und die Verwalter von Rentenplänen dafür entlohnt werden, dass sie Investments verfolgen, dass sie Auszüge und Steuerunterlagen erstellen und versenden sowie andere administrative Aufgaben im Zusammenhang mit der Kundenbetreuung erfüllen. 2. Eine andere Bezeichnung für die Managementgebühren eines Investmentfonds. 3. Zusammenfassende Bezeichnung für 1. und 2.

Volatilität: Wie sehr ein Wertpapier oder eine Anlageklasse von der erwarteten oder durchschnittlichen Rendite abweicht.

Vorrangige Schulden: Schulden, die im Falle eines Zahlungsausfalls Vorrang gegenüber anderen Schulden haben, was die Zahlung und den Zugriff auf Sicherheiten betrifft.

Vorteil: Die erwartete Rendite einer Anlagechance.

Wachstumsaktien/Growth-Aktien: Stammaktien mit überdurchschnittlichem Gewinnwachstum.

Wagniskapital: Investments in Start-up-Unternehmen in Privatbesitz.

Wertpapier: Ein handelbares Finanzinstrument, an dem ein Anleger ein Eigentumsrecht besitzt.

Wertpapierausleihe: Die Praxis, Wertpapiere gegen eine Gebühr auszuleihen, um Leerverkäufe zu ermöglichen.

Wirtschaftswachstum: Das Tempo, in dem sich das Bruttoinlandsprodukt eines Landes von einer Periode zur nächsten ändert.

Yield-to-Worst: Schätzung der Gesamtrendite einer Anleihe oder eines Anleihefonds, falls die Anleihen bis zur Fälligkeit oder so lange gehalten werden, bis sie vorzeitig gekündigt werden, weil sie bestimmte Bedingungen erfüllen – von diesen beiden Möglichkeiten der niedrigere Wert.

Zahlungsausfall: Wenn eine Partei ihre vertraglichen finanziellen Verpflichtungen, beispielsweise eine Zinszahlung oder die Rückzahlung einer Anleihe, nicht erfüllt.

Zinssatz: Der pro Jahr berechnete Anteil an der Kreditsumme, den ein Kreditnehmer für die Verwendung des geliehenen Geldes bezahlt.

Bibliografie

2018 Investment Company Fact Book: A Review of Trends and Activities in the Investment Company Industry. 58th ed. Washington, DC: Investment Company Institute, 2018. Zugriff am 4. Oktober 2018. https://www.ici.org/pdf/2018_factbook.pdf

Aktienkurs-Diagramm der American Airlines Group. Über Google Finance. Zugriff am 2. Oktober 2018.

Aktienkurs-Diagramm von Delta Air Lines. Über Google Finance. Zugriff am 2. Oktober 2018.

Aktienkurs-Diagramm von Southwest Airlines. Über Google Finance. Zugriff am 2. Oktober 2018.

Aktienkurs-Diagramm von United Continental Holdings. Über Google Finance. Zugriff am 2. Oktober 2018.

„Amazon.com, Inc. Revenue & Earnings per Share (EPS)". Nasdaq. Zugriff am 28. März 2019. https://www.nasdaq.com/symbol/amzn/revenue-eps

Anderson, Bendix. „Investment Sales Slowdown Hits the Student Housing Sector". *National Real Estate Investor.* 17. Juli 2017. Zugriff am 18. Oktober 2018. https://www.nreionline.com/student-housing/investment-sales-slowdown-hits-student-housing-sector

Andrea. E-Mails an den Autor. 11. bis 15. Oktober 2018.

Ang, Andrew. *Asset Management: A Systematic Approach to Factor Investing.* Oxford: Oxford University Press, 2014.

„Apple Inc. (AAPL) Stock Report". Nasdaq. Zugriff am 8. November 2018. https://www.nasdaq.com/symbol/aapl/stock-report

Arnott, Rob, Noah Beck, Vitali Kalesnik und John West. „How Can ‚Smart Beta' Go Horribly Wrong?" Research Affiliates. Februar 2016. Zugriff am 17. Oktober 2018. https://www.researchaffiliates .com/en_us/ publications/articles/442_how_can_smart_beta_go_ horribly_wrong.html

Arnott, Rob, Shane Shepherd und Bradford Cornell. „Yes. It's a Bubble. So What?" Research Affiliates. April 2018. Zugriff am 19. Oktober 2018. https://www.researchaffiliates.com/en_us/ publications/articles/668-yes-its-a-bubble-so-what.html

Arnott, Rob, Vitali Kalesnik und Lillian Wu. „The Incredible Shrinking Factor Return". Research Affiliates. April 2017. Zugriff am 18. Oktober 2018. https://www.researchaffiliates.com/ documents/601-TheIncredibleShrinkingFactorReturn .pdf?mod=article_inline

„Average Premium/Discount", Widget. Closed-End Fund Association. Zugriff am 5. Oktober 2018. http://www.cefa.com

Bak, Per. „The Sandpile Paradigm". Kapitel 3 in *How Nature Works: The Science of Self-Organized Criticality.* New York: Copernicus 1996.

Ben-David, Itzhak, Francesco A. Franzoni und Rabih Moussawi. „Do ETFs Increase Volatility?" Fisher College of Business Working Paper 2011-03-20, 2. Dezember 2011. Letzte Überarbeitung am 30. November 2017. doi:10.2139/ssrn.1967599.

„Benefits of Binary Options". Nadex. 10. April 2018. https://www .nadex.com/binary-options/benefits-of-binary-options

Bernstein, Peter L. „What Happens If We're Wrong?" *New York Times.* 22. Juni 2008. Zugriff am 19. September 2018. https://www.nytimes.com/2008/06/22/business/22view.html?_ r=1&oref=slogin&ref=business&pagewanted=print

Bernstein, William J. und Robert D. Arnott. „Earnings Growth: The Two Percent Dilution". *Financial Analysts Journal* 59, no. 5 (September/Oktober 2003): 47–55. doi:10.2469/faj.v59.n5.2563.

„Capital Market Expectations Methodology Overview". Research Affiliates. Überarbeitung vom 1. Oktober 2014. Zugriff am 19. Februar 2019. https://www.researchaffiliates.com/documents/AA-Expected-Returns-Methodology.pdf

Chart B336B. Ned Davis Research. Zugriff am 20. September 2018. https://www.ndr.com/group/ndr/content-viewer/-/v/B336B

Chart S09. Ned Davis Research. Zugriff am 19. Oktober 2018. https://www.ndr.com/group/ndr/content-viewer/-/v/S09

Chart S1102. Ned Davis Research. Zugriff am 20. September 2018. https://www.ndr.com/group/ndr/content-viewer/-/v/S1102

Chart T_635.RPT. Ned Davis Research. Zugriff am 25. September 2018. https://www.ndr.com/group/ndr/content-viewer/-/v/T_635*RPT

Cicero, M. Tullius. *De Officiis*. Übersetzt von Walter Miller. Cambridge, MA: Harvard University Press, 1913. Zugriff am 27. September 2018. http://www.perseus.tufts.edu/hopper/text?doc=Perseus:text:2007.01.0048:book=pos=3:section=50

„Closed-End Funds Daily Pricing". *CEF Connect*. Zugriff am 5. Oktober 2018. https://www.cefconnect.com/closed-end-funds-daily-pricing

Dalio, Ray. Introduction to *Principles: Life and Work*. New York: Simon & Schuster, 2017. Kindle.

Davis, Ned. *Being Right or Making Money*. 3rd ed. Hoboken, NJ: Wiley, 2014. Kindle.

Desai, Mihir A. *The Wisdom of Finance: Discovering Humanity in the World of Risk and Return*. Boston: Houghton Mifflin Harcourt, 2017.

Dodonaeus, Rembertus. *Cruydt-Boeck*. 1618 ed. Leiden: Officina Plantiniana, 1608.

Duke, Annie. *Thinking in Bets: Making Smarter Decisions When You Don't Have All the Facts*. New York: Portfolio, 2018.

Duvall, James und Morris Mitler. „Trends in the Expenses and Fees of Funds, 2017". *ICI Research Perspective* 24, no. 3 (April 2018). Zugriff am 29. November 2018. https://www.ici.org/pdf/per24-03.pdf

Easterling, Ed. „Serious Implications: Forecast Skew over the Next Decade". Crestmont Research. 6. April 2018. Zugriff am 18. September 2018. https://www.crestmontresearch.com/docs/Stock-Serious-Implications.pdf

Fama, Eugene F. „Random Walks in Stock Market Prices". *Financial Analysts Journal* 21, no. 5 (September/Oktober 1965): 55–59. doi:10.2469/faj.v21.n5.55.

Fink, Larry. „Larry Fink's 2018 Letter to CEOs: A Sense of Purpose". BlackRock. Zugriff am 18. Januar 2019. https://www.blackrock.com/corporate/investor-relations/2018-larry-fink-ceo-letter

„Futures Market Basics". U.S. Commodity Futures Trading Commission. Zugriff am 26. Januar 2019. https://www.cftc.gov/ConsumerProtection/EducationCenter/FuturesMarketBasics/index.htm

Gladwell, Malcom. „Blowing Up". *New Yorker*, 22. April 2002, 162. Zugriff am 27. September 2018. https://www.newyorker.com/magazine/2002/04/22/blowing-up

Goldgar, Anne. *Tulipmania: Money, Honor, and Knowledge in the Dutch Golden Age*. Chicago: University of Chicago Press, 2007. Kindle.

Grable, John E. „Financial Risk Tolerance: A Psychometric Review". *CFA Institute Research Foundation* 4, no. 1 (Juni 2017): 1–20. doi:10.2470/rfbr.v4.n1.1.

Grantham, Jeremy. „Grantham: Don't Expect P/E Ratios to Collapse". *Barron's*. 2. Mai 2017. Zugriff am 18. September 2018. https://www.barrons.com/articles/grantham-dont-expect-p-e-ratios-to-collapse-1493745553

Grinold, Richard und Kenneth Kroner. „The Equity Risk Premium". *Investment Insights* 7, no. 2 (Juli 2002): 7–33. Zugriff am 19. Februar 2019. http://www.cfapubs.org/userimages/ContentEditor/1141674677679/equity_risk_premium.pdf

Gurdus, Elizabeth. „Lemonis Doubles Down on Long-Term View for Camping World, Says No. 1 Asset Is Loyalty Club". *CNBC*. 17. September 2018. Zugriff am 22. Februar 2019. https://www.cnbc.com/2018/09/17/camping-world-ceo-doubles-down-on-long-term-view-for-retailer.html

Haque, Umair. *The New Capitalist Manifesto: Building a Disruptively Better Business*. Boston: Harvard Business Review Press, 2011. Kindle. https://ihsmarkit.com/index.html https://www.instituteforsupplymanagement.org

Hunt, Ben. „Getting Out: A Godfather Story". *Epsilon Theory*. 27. Oktober 2018. Zugriff am 15. Januar 2019. https://www.epsilontheory.com/getting-out-a-godfather-story/

Hunt, Ben. „Things Fall Apart (Part 3)—Markets". *Epsilon Theory*. 24. Oktober 24 2018. Zugriff am 14. November 2018. https://www.epsilontheory.com/things-fall-apart-part-3-markets/

Isidore, Chris und Blake Ellis. „American Airlines and AMR File for Chapter 11 Bankruptcy". *CNNMoney*. 29. November 2011. Zugriff am 2. Oktober 2018. https://money.cnn.com/2011/11/29/news/companies/american_airlines_bankruptcy/index.htm

Johnson, Ben und Alex Bryan. „Morningstar's Active/Passive Barometer March 2018". Morningstar. März 2018. Zugriff am 18. Januar 2019. https://www.morningstar.com/content/dam/marketing/shared/ Company/LandingPages/Research/Documents/Morningstar_Active_Passive_Barometer_2018.pdf

Johnston, Michael. „Ten Shocking ETF Charts from the ‚Flash Crash'". ETF Database. 7. Mai 2010. Zugriff am 3. Oktober 2018. http://etfdb.com/2010/ten-shocking-etf-charts-from-the-flash-crash/

Jones, Kingsley. „Product Design and Financial Literacy".
CIFR Paper No. RR/2016. 21. September 2016. doi:10.2139/
ssrn.2842004.

Jung, Jeeman und Robert J. Shiller. „Samuelson's Dictum and the
Stock Market". *Economic Inquiry* 43, no. 2 (April 2005): 221–228.
http://www.econ.yale.edu//~shiller/pubs/p1183.pdf

Kahneman, Daniel und Amos Tversky. „On the Psychology of
Prediction". *Psychological Review* 80, no. 4 (Juli 1973): 237–251.

Kawa, Luke. „High Frequency Trade: Goldman Warns the Rise of
Machines Leaves Markets Exposed". *BloombergQuint*. Letzte
Änderung am 24. Mai 2018. Zugriff am 4. Oktober 2018. https://
www.bloombergquint.com/markets/goldman-warns-the-rise-of-
the-machines-leaves-markets-exposed#gs._1K2qqg

King, Mervyn A. *The End of Alchemy: Money, Banking, and the Future of the
Global Economy*. New York: W. W. Norton & Company, 2016. Kindle.

La Roche, Julia. „Billionaire Hedge Fund Manager Seth Klarman
Explains What Makes a Successful Investor". *Business Insider*. 28.
Januar 2016. Zugriff am 18. Januar 2019. https://www.businessinsider
.com/seth-klarman-on-what-makes-a-great-investor-2016-1

La Roche, Julia. „Here Are the Top 20 Hedge Fund Managers of All
Time". *Business Insider*. 26. Januar 2016. Zugriff am 18. Januar
2019. https://www.businessinsider.com/top-20-hedge-fund-
manager-list-2016-1

LeGraw, Catherine. „7-year Asset Class Forecasts Increase After
Steep Market Declines". *Advisor Perspectives*. 16. Januar 2019.
Zugriff am 19. Februar 2019. https://www.advisorperspectives
.com/commentaries/2019/01/16/7-year-asset-class-forecasts-
increase-after-steep-market-declines

Lewis, Michael. *The Undoing Project: A Friendship That Changed Our
Minds*. New York: W. W. Norton & Company, 2017. Kindle.

„Limit Up-Limit Down: Frequently Asked Questions". Nasdaq, 2015. Zugriff am 4. Oktober 2018. https://www.nasdaqtrader.com/content/MarketRegulation/LULD_FAQ.pdf

Lo, Andrew W. *Adaptive Markets: Financial Evolution at the Speed of Thought*. Princeton, NJ: Princeton University Press, 2017. Kindle.

Maillet, Arnaud. „The Claude Glass: Use and Meaning of the Black Mirror in Western Art". Übersetzt von Jeff Fort. Durchgesehen von Sven Dupré. *Aestimatio 2* (2005): 24-32. http://www.ircps.org/sites/ircps.org/files/aestimatio/2/2005-03-01_Dupre.pdf

Mandelbrot, Benoit B. und Richard L. Hudson. *The Misbehavior of Markets: A Fractal View of Financial Turbulence*. New York: Basic Books, 2006. Kindle.

Marks, Howard. *Mastering the Market Cycle: Getting the Odds on Your Side*. Boston: Houghton Mifflin Harcourt, 2018. Kindle.

Masturzo, Jim. „Pricing Stocks and Bonds". Research Affiliates. Oktober 2017. Zugriff am 19. Februar 2019. https://www.researchaffiliates.com/en_us/publications/articles/641-pricing-stocks-and-bonds.html

„MSCI ACWI Index (USD)". MSCI. 31. August 2018. Zugriff am 26. September 2018. https://www.msci.com/documents/10199/a71b65b5-d0ea-4b5c-a709-24b1213bc3c5

„MSCI ACWI Index (USD)". MSCI. 31. Januar 2019. Zugriff am 4. März 2019. https://www.msci.com/documents/10199/a71b65b5-d0ea-4b5c-a709-24b1213bc3c5

„MSCI Emerging Markets Index (USD)". MSCI. 31. August 2018. Zugriff am 1. Oktober 2018. https://www.msci.com/documents/10199/codb0a48-01f2-4ba9-ad01-226fd5678111

„MSCI USA Index (USD). MSCI". 31. August 2018. Zugriff am 1. Oktober 2018. https://www.msci.com/documents/10199/67a768a1-71d0-4bd0-8d7e-f7b53e8d0d9f

„Mutual Fund Investing Ideas". Fidelity Investments. Zugriff am 30. November 2018. https://www.fidelity.com/mutual-funds/investing-ideas/index-funds

Von National Geographic veröffentlichte Angebotsliste. Zugriff am 5. Oktober 2016. https://www.nationalgeographic.com/lewisandclark/resources.html (Website eingestellt).

Novick, Barbara, Ananth Madhavan, Samara Cohen, Sal Samandar, Sander Van Nugteren und Alexis Rosenblum. BlackRock. März 2017. Zugriff am 6. März 2019. https://www.blackrock.com/corporate/literature/whitepaper/viewpoint-etf-primary-trading-role-of-authorized-participants-march-2017.pdf

Ou, Sharon, Sumair Irfan, Yang Liu, Joyce Jiang und Kumar Kanthan. „Cross-Sector Annual Default Study: Corporate Default and Recovery Rates, 1920–2017". Moody's Investors Service. 15. Februar 2018. Zugriff am 18. September 2018. https://www.researchpool.com/download/?report_id=1751185&show_pdf_data=true

Pan, Carrie H. und Meir Statman. „Questionnaires of Risk Tolerance, Regret, Overconfidence, and Other Investor Propensities". SCU Leavey School of Business Research Paper No. 10-05. 10. März 2012. doi:10.2139/ssrn.1549912.

Popper, Karl. *The Poverty of Historicism*. London: Routledge, 2002. Portfolio Charts. Zugriff am 20. November 2018. https://portfoliocharts.com/

Poterba, James M. und Andrew A. Samwick. „Stock Ownership Patterns, Stock Market Fluctuations, and Consumption". *Brookings Papers on Economic Activity* 1995, no. 2 (1. Januar 1996): 295–372. https://www.brookings.edu/bpea-articles/stock-ownership-patterns-stock-market-fluctuations-and-consumption/

Randall, Lisa. „Effective Theory. Annual Question 2017: What Scientific Term or Concept Ought to Be More Widely Known?" *Edge*. Zugriff am 17. September 2018. https://www.edge.org/response-detail/27044

Read, Carveth. *Logic, Deductive and Inductive*. 3rd ed. London: Alexander Moring, 1909.

Reichenstein, William und William Meyer. „Asset Allocation and Asset Location Decisions Revisited". *Journal of Financial Planning* 26, no. 11 (November 2013): 48–55. https://www.onefpa.org/journal/ Pages/November-2013-The-Asset-Location-Decision-Revisited.aspx

Ritholtz, Barry. „MiB: Ned Davis on Risk Management and Mistakes". *The Big Picture*. 20. Juni 2017. http://ritholtz .com/2017/06/mib-ned-davis-risk-management-mistakes/

Ritholtz, Barry. „Transcript: Research Affiliates' Rob Arnott". *The Big Picture*. 29. Juli 2018. Zugriff am 17. Oktober 2018. https://ritholtz .com/2018/07/transcript-research-affiliates-rob-arnott/

Ro, Sam. „Jeremy Grantham: The 10 Shakespearean Rules of Investing". *Business Insider*. 27. Februar 2012. Zugriff am 15. November 2018. https://www.businessinsider.com/jeremy- grantham-gmo-quarterly-letter-polonius-2012-2#recognize-your- advantages-over-professionals-5

Robbins, Tony. *Money: Master the Game: 7 Simple Steps to Financial Freedom*. New York: Simon & Schuster, 2014.

„S&P High Yield Dividend Aristocrats". S&P Dow Jones Indices. Zugriff am 19. Oktober 2018. https://us.spindices.com/indices/ strategy/sp-high-yield-dividend-aristocrats-index

Sandberg, Daniel J. „A Case of ‚Wag the Dog'? ETFs and Stock-Level Liquidity". S&P Global. Juli 2018. Zugriff am 3. Oktober 2018. https://www.spglobal.com/marketintelligence/en/documents/ a-case-of-wag-the-dog-etfs-and-stock-level-liquidity.pdf

Schnure, Calvin. „Nareit T-Tracker® Results 2018:Q2". Nareit. 22. August 2018. Zugriff am 5. Oktober 2018. https://www.reit.com/ sites/default/files/media/DataResearch/TTracker2018Q2.pdf

Schoenberger, Chana. „Peter Lynch, 25 Years Later: It's Not Just ‚Invest in What You Know'". *MarketWatch*. 28. Dezember 2015. Zugriff am 6. September 2018. https://www.marketwatch.com/

story/peter-lynch-25-years-later-its-not-just-invest-in-what-you-know-2015-12-28

Schwartz, David G. „Big Six: A Longitudinal Micro Study". Center for Gaming Research. University Libraries, University of Nevada Las Vegas. 2011.

„SEC Adopts T+2 Settlement Cycle for Securities Transactions". U.S. Securities and Exchange Commission. 22. März 2017. Zugriff am 5. Oktober 2018. https://www.sec.gov/news/press-release/2017-68-0

Seiden, Samuel, Steven Albin und Gaylene Galliford. Computer based trading system and methodology utilizing supply and demand analysis. US Patent 8,650,115. Angemeldet am 20. Dezember 2012, erteilt am 11. Februar 2014.

Seneca. *Letters from a Stoic: All Three Volumes*. Übersetzt von Richard Mott Gummere. Enhanced Media, 2016. Kindle.

Shiller, Robert. „U.S. Stock Markets 1871 – Present and CAPE Ratio". Econ.yale.edu. Letzte Aktualisierung im Mai 2019. Zugriff am 27. Mai 2019. Excel-Tabelle heruntergeladen von http://www.econ.yale.edu/~shiller/data.htm

Sloman, Steven und Philip Fernbach. *The Knowledge Illusion*. New York: Riverhead Books, 2017.

Social Security Administration. „Period Life Table, 2014". Actuarial Life Table. Zugriff am 2. Oktober 2018. https://www.ssa.gov/OACT/STATS/table4c6.html#fn2

Soe, Aye M. und Ryan Poirier. „Does Past Performance Matter? The Persistence Scorecard". S&P Dow Jones Indices. 18. Januar 2018. https://us.spindices.com/documents/spiva/persistence-scorecard-december-2017.pdf

Soe, Aye M., Berlinda Liu und Hamish Preston, „SPIVA U.S. Scorecard: Year End 2018," S&P Dow Jones Indices. 11. März 2019. https://www.spglobal.com/_assets/documents/corporate/us-spiva-report-11-march-2019.pdf

Solnit, Rebecca. *A Field Guide to Getting Lost.* New York: Viking, 2005. Kindle.

Stein, David. „Should Fiduciaries Overweight Growth Stocks in Investment Portfolios?" An Kunden der Fund Evaluation Group verteilter Bericht, März 2000.

Taleb, Nassim Nicholas. *Silent Risk.* Descartes, 2015. Zugriff am 15. Januar 2019. http://www.fooledbyrandomness.com/SilentRisk.pdf

Thole, Herwin. „A 39-Year-Old Who Sold Everything He Owned in Exchange for Bitcoin Now Lives on a Campsite Waiting for the Ultimate Cryptoboom". *Business Insider.* 10. Oktober 2017. Zugriff am 15. November 2018. https://www.businessinsider.com/man-in-the netherlands-sold-everything-for-bitcoin-2017-10

Tuckett, David. „The Role of Emotions in Financial Decisions". Text der alljährlichen Nicholas Barbon Lecture, S. 8. London. 24. Mai 2012. doi:10.13140/RG.2.1.3777.1921.

Tully, Shawn. „Corporate Profits Are Soaring. Here's Why It Can't Last". *Fortune.* 7. Dezember 2017. Zugriff am 18. September 2018. http://fortune.com/2017/12/07/corporate-earnings-profit-boom-end/

Twin, Alexandra. „Stocks Get Pummeled". *CNNMoney.* Zuletzt geändert am 21. September 2008. Zugriff am 19. September 2018. https://money.cnn.com/2008/09/15/markets/markets_newyork2/

„US Equity Market Structure: Lessons from August 24". BlackRock. 7. Oktober 2015. Zugriff am 3. Oktober 2018. https://www .blackrock.com/corporate/literature/whitepaper/viewpoint-us-equity-market-structure-october-2015.pdf

Vazza, Diane, Nick W. Kraemer, Nivritti Mishra Richhariya, Prachi Bhalla, Abhik Debnath, Praveen Gopinathan und Aliasger Dohadwala. „Default, Transition, and Recovery: 2016 Annual Global Corporate Default Study and Rating Transitions". Standard & Poor's. 13. April 2017. Zugriff am 18. September 2018. https://www.spratings.com/documents/20184/ 774196/ 2016+Annual+Global+Corporate+ Default+Study+And+

Rating+Transitions.pdf/2ddcf9dd-3b82-4151-9dab-8e3fc70a7035

Waggoner, John. „John Bogle Says Investors Don't Need to Own International Stocks". *InvestmentNews*. 29. April 2017. Zugriff am 15. November 2018. https://www.investmentnews.com/article/20170429/free/170429919/john-bogle-says-investors-dont-need-to-own-international-stocks

Watkins, John Elfreth, Jr. „What May Happen in the Next Hundred Years". *Ladies' Home Journal* 18, no. 1 (Dezember 1900).

Webster, Benjamin. „ESG Is Not an Investment Strategy". *Financial Advisor*. 8. Mai 2017. Zugriff am 17. Januar 2019. https://www.fa-mag.com/news/esg-is-not-an-investment-strategy-32655.html

„Why Are ETFs So Tax Efficient?" ETF.com. Zugriff am 30. November 2018. https://www.etf.com/etf-education-center/21017-why-are-etfs-transparent-and-tax-efficient.html

Wigglesworth, Robin. „Global Equity Market Shrinks as Buybacks Surge". *Financial Times*. 17. August 2018. Zugriff am 18. Oktober 2018. https://www.ft.com/content/5a359796-a18e-11e8-85da-eeb7a9ce36e4

Wolf, Martin. „Lunch with the FT: Ben Bernanke". *Financial Times*. 23. Oktober 2015. Zugriff am 25. September 2018. https://www.ft.com/content/0c07ba88-7822-11e5-a95a-27d368e1ddf7

Xu, Liao und Xiangkang Yin. „Exchange Traded Funds and Market Volatility: The Case of S&P 500". *SSRN Electronic Journal*, 11. Februar 2015. doi:10.2139/ssrn.2562704.

Yang, Stephanie. „Oil Hedge Funds Struggle in Age of Algos". *Wall Street Journal*. Zuletzt geändert am 25. Juni 2018. Zugriff am 25. September 2018. https://www.wsj.com/articles/how-the-last-commodity-funds-will-survive-the-algo-age-adapt-or-die-1529919003

Zilbering, Yan, Colleen M. Jaconetti und Francis M. Kinniry, Jr. „The Buck Stops Here: Vanguard Money Market Funds Best Practices for Portfolio Rebalancing". Vanguard Research. November 2015. Zugriff am 4. Dezember 2018. https://www.vanguard.com/pdf/ISGPORE.pdf

Zweig, Jason. „Everyone Makes Investing Mistakes – Even Warren Buffett". *MoneyBeat* (Blog). *Wall Street Journal.* 10. Juni 2018. Zugriff am 6. September 2018. https://blogs.wsj.com/moneybeat/2018/06/08/everyone-makes-investing-mistakes-even-warren-buffett/

Anmerkungen

EINFÜHRUNG

1. Barry Ritholtz, „MiB: Ned Davis on Risk Management and Mistakes", *The Big Picture*, 20. Juni 2017, http://ritholtz .com/2017/06/mib-ned-davis-risk-management-mistakes/
2. Jason Zweig, „Everyone Makes Investing Mistakes – Even Warren Buffett", *MoneyBeat* (Blog), *Wall Street Journal*, 10. Juni 2018, https://blogs.wsj.com/moneybeat/2018/06/08/ everyone-makes-investing-mistakes-even-warren-buffett/
3. Annie Duke, *Thinking in Bets: Making Smarter Decisions When You Don't Have All the Facts* (New York: Portfolio, 2018), 27, 33.

KAPITEL 1

1. Chana Schoenberger, „Peter Lynch, 25 Years Later: It's Not Just ‚Invest in What You Know,'" *MarketWatch*, 28. Dezember 2015, https://www.marketwatch.com/story/peter-lynch-25-years-later-its-not-just-invest-in-what-you-know-2015-12-28.
2. Ebenda.

3. Elizabeth Gurdus, „Lemonis Doubles Down on Long-Term View for Camping World, Says No. 1 Asset Is Loyalty Club", *Mad Money*, CNBC, 17. September 2018, https://www.cnbc.com/2018/09/17/camping-world-ceo-doubles-down-on-long-term-view-for-retailer.html

4. James M. Poterba und Andrew A. Samwick, „Stock Ownership Patterns, Stock Market Fluctuations, and Consumption", *Brookings Papers on Economic Activity*, no. 2 (1. Januar 1996): 316, Tabelle 6, https://www.brookings.edu/bpea-articles/stock-ownership-patterns-stock-market-fluctuations-and-consumption/

5. Ebenda, 317, Tabelle 6.

6. Steven Sloman und Philip Fernbach, *The Knowledge Illusion* (New York: Riverhead Books, 2017), 23.

7. Ray Dalio, Einführung zu *Principles: Life and Work* (New York: Simon & Schuster, 2017), Kindle.

8. Per Bak, „The Sandpile Paradigm", Kapitel 3 in *How Nature Works: The Science of Self-Organized Criticality* (New York: Copernicus, 1996).

9. Dalio, Einführung zu *Principles: Life and Work*.

10. Dalio, *Principles: Life and Work*, Kapitel 4.

11. John Elfreth Watkins, Jr., „What May Happen in the Next Hundred Years", *Ladies' Home Journal* 18, no. 1 (Dezember 1900).

12. Ebenda.

13. Ned Davis, *Being Right or Making Money*, 3rd ed. (Hoboken, NJ: Wiley, 2014), Kapitel 1, Kindle.

14. Ebenda.

15. Dalio, *Principles: Life and Work*, Kapitel 4.

KAPITEL 2

1. Maillet, Arnaud. „The Claude Glass: Use and Meaning of the Black Mirror in Western Art." Übersetzt von Jeff Fort.

Durchgesehen von Sven Dupré. *Aestimatio 2* (2005): 24-32. http://www.ircps.org/sites/ircps.org/files/aestimatio/2/2005-03-01_Dupre.pdf

2. Kingsley Jones, „Product Design and Financial Literacy", CIFR Paper No. RR/2016 (21. September 2016): 32, doi:10.2139/ssrn.2842004.

3. Ebenda.

4. Anne Goldgar, *Tulipmania: Money, Honor, and Knowledge in the Dutch Golden Age* (Chicago: University of Chicago Press, 2007), Kindle.

5. Rembertus Dodonaeus, *Cruydt-Boeck*, 1618 ed. (Leiden: Officina Plantiniana, 1608), 365.

6. Goldgar, *Tulipmania*, Kapitel 4, Kindle.

7. „Futures Market Basics", U.S. Commodity Futures Trading Commission, Zugriff am 26. Januar 2019, https://www.cftc.gov/ConsumerProtection/EducationCenter/FuturesMarket-Basics/index.htm

8. David G. Schwartz, „Big Six: A Longitudinal Micro Study" (Las Vegas: Center for Gaming Research, University Libraries, University of Nevada Las Vegas, 2011), 1.

9. Jones, „Product Design", 32.

10. „Benefits of Binary Options", Nadex, 10. April 2018, https://www.nadex.com/binary-options/benefits-of-binary-options

11. Ebenda.

KAPITEL 3

1. E-Mail an den Autor, 3. September 2017.

2. Lisa Randall, „Effective Theory – Annual Question 2017: What Scientific Term or Concept Ought to Be More Widely Known?", *Edge*, 2017, https://www.edge.org/response-detail/27044

3. Ebenda.

4. Ebenda.

5. Jim Masturzo, „Pricing Stocks and Bonds", Research Affiliates, Oktober 2017, https://www.researchaffiliates.com/en_us/publications/articles/641-pricing-stocks-and-bonds.html; „Capital Market Expectations Methodology Overview", Research Affiliates, überarbeitet am 1. Oktober 2014, https://www.researchaffiliates.com/documents/AA-Expected-Returns-Methodology.pdf; Richard Grinold und Kenneth Kroner, „The Equity Risk Premium", *Investment Insights* 7, no. 2 (Juli 2002), https://www.cfapubs.org/userimages/ContentEditor/1141674677679/equity_risk_premium.pdf

6. Chart B336B, Ned Davis Research, Zugriff am 20. September 2018, https://www.ndr.com/ group/ndr/content-viewer/-/v/B336B

7. Charles Barngrover (Emeritus Professor, University of Cincinnati), Intro to Finance class, 1988.

8. Diane Vazza et al., „Default, Transition, and Recovery: 2016 Annual Global Corporate Default Study and Rating Transitions", Standard & Poor's, 13. April 2017, https://www.spratings.com/documents/20184/774196/2016+Annual+Global+Corporate+Default+Study+And+Rating+Transitions.pdf/2ddcf9dd-3b82-4151-9dab-8e3fc70a7035, 20.

9. Sharon Ou et al., „Cross-Sector Annual Default Study: Corporate Default and Recovery Rates, 1920–2017", Moody's Investor Service, 15. Februar 2018, https://www.researchpool.com/download/?report_id=1751185&show_pdf_data=true

10. Chart B336B, Ned Davis Research.

11. Masturzo, „Pricing Stocks and Bonds"; Robert Shiller, „U.S. Stock Markets 1871–Present and CAPE Ratio", Econ.yale.edu, zuletzt aktualisiert im Mai 2019, Zugriff am 27. Mai 2019, Excel-Tabelle, heruntergeladen von http://www.econ.yale.edu/~shiller/data.htm

12. „Amazon.com, Inc. Revenue & Earnings per Share (EPS)“, Nasdaq, Zugriff am 28. März 2019, https://www.nasdaq.com/symbol/amzn/revenue-eps

13. Ebenda.

14. Shawn Tully, „Corporate Profits Are Soaring. Here's Why It Can't Last“, *Fortune*, 7. Dezember 2017, http://fortune.com/2017/12/07/corporate-earnings-profit-boom-end/

15. Ebenda.

16. Ed Easterling, „Serious Implications: Forecast Skew over the Next Decade“, Crestmont Research, 6. April 2018, https://www.crestmontresearch.com/docs/Stock-Serious-Implications.pdf, 9, Abbildung 5.

17. Ebenda.

18. Jeremy Grantham, „Grantham: Don't Expect P/E Ratios to Collapse“, *Barron's*, 2. Mai 2017, https://www.barrons.com/articles/grantham-dont-expect-p-e-ratios-to-collapse-1493745553

19. Robin Wigglesworth, „Global Equity Market Shrinks as Buybacks Surge“, *Financial Times*, 17. August 2018, https://www.ft.com/content/5a359796-a18e-11e8-85da-eeb7a9ce36e4

20. Ebenda.

21. William J. Bernstein und Robert D. Arnott, „Earnings Growth: The Two Percent Dilution“, *Financial Analysts Journal* 59, no. 5 (September/Oktober 2003): 48, doi:10.2469/faj.v59.n5.2563.

22. https://data.worldbank.org/indicator/NY.GDP.PCAP.KD.Z

23. https://interactive.researchaffiliates.com/asset-allocation#!/?currency=USD&model=ER&scale=LINEAR&terms=NOMINAL

24. Catherine LeGraw, „7-Year Asset Class Forecasts Increase After Steep Market Declines“, *Advisor Perspectives*, 16. Januar 2019, https://www.advisorperspectives.com/commentaries/2019/01/16/7-year-asset-class-forecasts-increase-after-steep-market-declines

KAPITEL 4

1. Alexandra Twin, „Stocks Get Pummeled", *CNNMoney*, zuletzt geändert am 21. September 2008, https://money.cnn.com/2008/09/15/markets/markets_newyork2/

2. Ebenda.

3. „MSCI ACWI Index (USD)", MSCI, 31. August 2018, Zugriff am 26. September 26, 2018, https://www.msci.com/documents/10199/a71b65b5-d0ea-4b5c-a709-24b1213bc3c5

4. „MSCI Emerging Markets Index (USD)", MSCI, 31. August 2018, Zugriff am 1. Oktober 2018, https://www.msci.com/documents/10199/codb0a48-01f2-4ba9-ad01-226fd5678111

5. „MSCI USA Index (USD)", MSCI, 31. August 2018, Zugriff am 1. Oktober 2018, https://www.msci.com/documents/10199/67a768a1-71d0-4bd0-8d7e-f7b53e8d0d9f

6. Chart B336B, Ned Davis Research.

7. Peter L. Bernstein, „What Happens If We're Wrong?", *New York Times*, 22. Juni 2008, https://www.nytimes.com/2008/06/22/business/22view.html?_r=1&oref=slogin&ref=business&pagewanted=print

8. Ebenda.

9. Ebenda.

10. John E. Grable, „Financial Risk Tolerance: A Psychometric Review", *CFA Institute Research Foundation* 4, no. 1 (Juni 2017): 3, doi:10.2470/rfbr.v4.n1.1.

11. Carrie H. Pan und Meir Statman, „Questionnaires of Risk Tolerance, Regret, Overconfidence, and Other Investor Propensities", SCU Leavey School of Business Research Paper, no. 10-05 (10. März 2012): 1–28, doi:10.2139/ssrn.1549912

12. Ebenda.

13. Ebenda.

14. Daniel Kahneman und Amos Tversky, „On the Psychology of Prediction", *Psychological Review* 80, no. 4 (Juli 1973): 237.

15. Michael Lewis, *The Undoing Project: A Friendship That Changed Our Minds* (New York: W. W. Norton & Company, 2017), Kindle.

16. Ebenda, Kapitel 7.

17. Ebenda, Kapitel 6.

18. Ebenda, Kapitel 6, 7.

19. Seneca, *Letters from a Stoic: All Three Volumes*, übersetzt von Richard Mott Gummere (Enhanced Media, 2016), Letter IV, Kindle.

20. Chart T_635.RPT, Ned Davis Research, Zugriff am 25. September 2018, https://www.ndr.com/group/ndr/content-viewer/-/v/T_635*RPT

21. Mervyn A. King, *The End of Alchemy: Money, Banking, and the Future of the Global Economy* (New York: W. W. Norton & Company, 2016), Kapitel 4, Kindle.

22. Mihir A. Desai, *The Wisdom of Finance: Discovering Humanity in the World of Risk and Return* (Boston: Houghton Mifflin Harcourt, 2017), 61.

23. Martin Wolf, „Lunch with the FT: Ben Bernanke", *Financial Times*, 23. Oktober 2015, Zugriff am 25. September 2018, https://www.ft.com/content/0c07ba88-7822-11e5-a95a-27d368e1ddf7

24. Ebenda.

KAPITEL 5

1. M. Tullius Cicero, *De Officiis*, übersetzt von Walter Miller (Cambridge, MA: Harvard University Press, 1913), 3.12.50, http://www.perseus.tufts.edu/hopper/text?doc=Perseus:text:2007.01.0048:book=pos=3:section=50

2. Ebenda.

3. Stephanie Yang, „Oil Hedge Funds Struggle in Age of Algos", *Wall Street Journal*, zuletzt geändert am 25. Juni 2018, https://www.wsj.com/articles/how-the-last-commodity-funds-will-survive-the-algo-age-adapt-or-die-1529919003

4. Ebenda.

5. Ebenda.

6. Samuel Seiden, Steven Albin und Gaylene Galliford, Computer based trading system and methodology utilizing supply and demand analysis, US Patent 8,650,115, angemeldet am 20. Dezember 2012, erteilt am 11. Februar 2014.

7. Ebenda.

8. Ebenda.

9. Ebenda.

10. Barry Ritholtz, „Transcript: Research Affiliates' Rob Arnott", *The Big Picture*, 29. Juli 2018, https://ritholtz.com/2018/07/transcript-research-affiliates-rob-arnott/

11. Aye M. Soe und Ryan Poirier, „Does Past Performance Matter? The Persistence Scorecard", S&P Dow Jones Indices, 18. Januar 2018, 1, https://us.spindices.com/documents/spiva/persistence-scorecard-december-2017.pdf

12. Malcom Gladwell, „Blowing Up", *New Yorker*, 22. April 2002, 162, https://www.newyorker.com/magazine/2002/04/22/blowing-up

13. Aye M. Soe, Berlinda Liu und Hamish Preston, „SPIVA U.S. Scorecard: Year End 2018", S&P Dow Jones Indices, 11. März 2019 https://www.spglobal.com/_assets/documents/corporate/us-spiva-report-11-march -2019.pdf

14. Ben Johnson und Alex Bryan, „Morningstar's Active/Passive Barometer March 2018", Morningstar, März 2018, https://www.morningstar.com/content/dam/marketing/shared/Company/LandingPages/Research/Documents/Morningstar_Active_Passive_Barometer_2018.pdf

15. Ritholtz, „Transcript: Research Affiliates' Rob Arnott".

16. Soe und Poirier, „Does Past Performance Matter?"

17. Eugene F. Fama, „Random Walks in Stock Market Prices", *Financial Analysts Journal* 21, no. 5 (September/Oktober 1965): 56, doi:10.2469/faj.v21.n5.55.

18. Andrew Ang, *Asset Management: A Systematic Approach to Factor Investing* (Oxford: Oxford University Press, 2014).

19. Jeeman Jung und Robert J. Shiller, „Samuelson's Dictum and the Stock Market", *Economic Inquiry* 43, no. 2 (April 2005): 221, http://www.econ.yale.edu//~shiller/pubs/p1183.pdf

20. David Stein, „Should Fiduciaries Overweight Growth Stocks in Investment Portfolios?" (an die Kunden der Fund Evaluation Group verteilter Bericht, März 2000): 4.

21. Andrew W. Lo, *Adaptive Markets: Financial Evolution at the Speed of Thought* (Princeton, NJ: Princeton University Press, 2017), Kapitel 6, Kindle.

22. Ebenda, Kapitel 2, 4.

23. Ebenda, Kapitel 6.

24. Lo, Einführung zu *Adaptive Markets*.

25. David Tuckett, „The Role of Emotions in Financial Decisions" (Text der alljährlichen Nicholas Barbon Lecture, London, 24. Mai 2012), S. 8, doi:10.13140/RG.2.1.3777.1921.

26. Lo, *Adaptive Markets*, Kapitel 8.

27. Ray Dalio, *Principles: Life and Work* (New York: Simon & Schuster, 2017), Kapitel 4. Kindle.

KAPITEL 6

1. Chris Isidore und Blake Ellis, „American Airlines and AMR File for Chapter 11 Bankruptcy", *CNNMoney*, 29. November 2011, https://money.cnn.com/2011/11/29/news/companies/american_airlines_bankruptcy/index.htm

2. Aktienkurs-Diagramm der American Airlines Group, über Google Finance, Zugriff am 2. Oktober 2018; Aktienkurs-Diagramm von Delta Air Lines, über Google Finance, Zugriff am 2. Oktober 2018; Aktienkurs-Diagramm von Southwest Airlines, über Google Finance, Zugriff am 2. Oktober 2018; Aktienkurs-Diagramm von United Continental Holdings, über Google Finance, Zugriff am 2. Oktober 2018.

3. Aktie von American Airlines.

4. Social Security Administration, „Period Life Table, 2014", Actuarial Life Table, Zugriff am 2. Oktober 2018, https://www.ssa.gov/OACT/STATS/table4c6.html#fn2

5. „SEC Adopts T+2 Settlement Cycle for Securities Transactions", U.S. Securities and Exchange Commission, 22. März 2017, https://www.sec.gov/news/press-release/2017-68-0

6. Calvin Schnure, „Nareit T-Tracker® Results 2018: Q2", Nareit, 22. August 2018, 12, https://www.reit.com/sites/default/files/media/DataResearch/TTracker2018Q2.pdf

7. Laut Meldung bei der Securities and Exchange Commission am 13. August 2018, Offering Circular Fundrise Equity REIT, LLC.

8. „Average Premium/Discount", Widget, Closed-End Fund Association, Zugriff am 5. Oktober 2018, http://www.cefa.com

9. „Closed-End Funds Daily Pricing", CEF Connect, Zugriff am 5. Oktober 2018, https://www.cefconnect.com/closed-end-funds-daily-pricing

10. *2018 Investment Company Fact Book: A Review of Trends and Activities in the Investment Company Industry*, 58th ed. (Washington, DC: Investment Company Institute, 2018), 2017 Facts at a Glance, https://www.ici.org/ pdf/2018_factbook.pdf

11. Barbara Novick et al., „A Primer on ETF Primary Trading and the Role of Authorized Participants", BlackRock, März 2017, 3, exhibit 2, https://www.blackrock.com/corporate/literature/

whitepaper/viewpoint-etf-primary-trading-role-of-authorized-participants-march-2017.pdf

12. Liao Xu und Xiangkang Yin, „Exchange Traded Funds and Market Volatility: The Case of S&P 500", *SSRN Electronic Journal*, 11. Februar 2015, doi:10.2139/ssrn.2562704; Itzhak Ben-David, Francesco A. Franzoni und Rabih Moussawi, „Do ETFs Increase Volatility?", Fisher College of Business WP 2011-03-20, 2. Dezember 2011, zuletzt überarbeitet im November, 2017, doi:10.2139/ssrn.1967599.

13. Daniel J. Sandberg, „A Case of ‚Wag the Dog'? ETFs and Stock-Level Liquidity", S&P Global, Juli 2018, 2, https://www.spglobal.com/marketintelligence/en/documents/a-case-of-wag-the-dog-etfs-and-stock -level-liquidity.pdf

14. „Limit Up-Limit Down: Frequently Asked Questions", Nasdaq, 2015, 1, Zugriff am 4. Oktober 2018, https://www.nasdaq-trader.com/content/MarketRegulation/LULD_FAQ.pdf

15. „US Equity Market Structure: Lessons from August 24", BlackRock, 7. Oktober 2015, 1–3, https://www.blackrock.com/corporate/literature/whitepaper/viewpoint-us-equity-market-structure-october-2015.pdf

16. Ebenda, 3; Michael Johnston, „Ten Shocking ETF Charts from the ‚Flash Crash'", ETF Database, 7. Mai 2010, http://etfdb.com/2010/ten-shocking-etf-charts-from-the-flash-crash/

17. „US Equity Market Structure: Lessons from August 24", 3.

18. Ebenda.

19. Ebenda, 5–6.

20. Luke Kawa, „High Frequency Trade: Goldman Warns the Rise of Machines Leaves Markets Exposed", *BloombergQuint*, 24. Mai 2018, https://www.bloombergquint.com/markets/goldman-warns-the-rise-of-the-machines-leaves-markets-exposed#gs._1K2qqg

21. Ebenda.

KAPITEL 7

1. Martin Wolf, „Lunch with the FT: Ben Bernanke", *Financial Times*, 23. Oktober 2015, Zugriff am 25. September 2018, https://www.ft.com/content/0c07ba88-7822-11e5-a95a-27d368e1ddf7

2. Rebecca Solnit, *A Field Guide to Getting Lost* (New York: Viking, 2005), Open Door, Kindle.

3. Annie Duke, *Thinking in Bets: Making Smarter Decisions When You Don't Have All the Facts* (New York: Portfolio, 2018), 27, 33.

4. Angebotsliste, veröffentlicht von *National Geographic*, Zugriff am 5. Oktober 2016, https://www.nationalgeographic.com/lewisandclark/resources.html (Website eingestellt).

5. Carveth Read, *Logic, Deductive and Inductive*, 3rd ed. (London: Alexander Moring, 1909), 320.

6. Howard Marks, *Mastering the Market Cycle: Getting the Odds on Your Side* (Boston: Houghton Mifflin Harcourt, 2018), Cycle Positioning, Kindle.

7. E-Mails an den Autor, 11. bis 15. Oktober 2018.

8. Rob Arnott, Shane Shepherd und Bradford Cornell, „Yes. It's a Bubble. So What?", Research Affiliates, April 2018, https://www.researchaffiliates.com/en_us/publications/articles/668-yes-its-a-bubble-so-what.html

9. E-Mails an den Autor, 11. bis 15. Oktober 2018.

10. Ebenda.

11. Ebenda.

12. Chart S09, Ned Davis Research, Zugriff am 19. Oktober 2018, https://www.ndr.com/group/ndr/content-viewer/-/v/S09

13. Ebenda.

14. „S&P High Yield Dividend Aristocrats", S&P Dow Jones Indices, Zugriff am 19. Oktober 2018, https://us.spindices.com/indices/strategy/sp-high-yield-dividend-aristocrats-index

15. Andrew Ang, *Asset Management: A Systematic Approach to Factor Investing*. (Oxford: Oxford University Press, 2014).

16. Rob Arnott et al., „How Can ‚Smart Beta' Go Horribly Wrong?", Research Affiliates, Februar 2016, https://www .researchaffiliates.com/en_us/publications/articles/442_how_ can_smart_beta_go_horribly_wrong.html

17. Rob Arnott, Vitali Kalesnik und Lillian Wu, „The Incredible Shrinking Factor Return", Research Affiliates, April 2017, https://www.researchaffiliates.com/documents/601- TheIncredibleShrinkingFactorReturn.pdf?mod =article_inline

18. Howard Marks, *The Most Important Thing: Uncommon Sense for the Thoughtful Investor* (New York: Columbia University Press, 2011), Kapitel 25, Kindle.

19. Bendix Anderson, „Investment Sales Slowdown Hits the Student Housing Sector", *National Real Estate Investor*, 17. Juli 2017, https://www.nreionline.com/student-housing/ investment-sales-slowdown-hits-student-housing-sector

KAPITEL 8

1. E-Mail an den Autor, 29. August 2018.

2. James Duvall, „Trends in the Expenses and Fees of Funds, 2018", *ICI Research Perspective* 25, no. 1 (März 2019): 1, https:// www.ici.org/pdf/per25-01.pdf

3. „Mutual Fund Investing Ideas", Fidelity Investments, Zugriff am 30. November 2018, https://www.fidelity.com/mutual- funds/investing-ideas/index-funds

4. „Why Are ETFs So Tax Efficient?", ETF.com, Zugriff am 30. November 2018, https://www.etf.com/etf-education-center/ 21017-why-are-etfs-transparent-and-tax-efficient.html

5. William Reichenstein und William Meyer, „Asset Allocation and Asset Location Decisions Revisited", *Journal of Financial*

Planning 26, no. 11 (November 2013): 48–55, https://www
.onefpa.org/journal/Pages/November-2013-The-Asset-
Location-Decision-Revisited.aspx

6. Yan Zilbering, Colleen M. Jaconetti und Francis M. Kinniry, Jr.,
„The Buck Stops Here: Vanguard Money Market Funds Best
Practices for Portfolio Rebalancing", Vanguard Research, No-
vember 2015, 12, https://www.vanguard.com/pdf/ISGPORE.pdf

KAPITEL 9

1. Benoit B. Mandelbrot und Richard L. Hudson, *The Misbehavior of Markets: A Fractal View of Financial Turbulence* (New
York: Basic Books, 2006), Kapitel 5, Kindle.

2. Nassim Nicholas Taleb, *Silent Risk* (Descartes, 2015), http://
www.fooledbyrandomness.com/SilentRisk.pdf, iii.

3. Ben Hunt, „Things Fall Apart (Part 3) – Markets", *Epsilon
Theory*, 24. Oktober 2018, https://www.epsilontheory.com/
things-fall-apart-part-3-markets/

4. Ben Hunt, „Getting Out: A Godfather Story", *Epsilon Theory*,
27. Oktober 2018, https://www.epsilontheory.com/getting-
out-a-godfather-story/

5. David Tuckett, „The Role of Emotions in Financial Decisions" (Text der alljährlichen Nicholas Barbon Lecture, London, 24. Mai 2012), S. 8, doi:10.13140/RG.2.1.3777.1921.

6. Herwin Thole, „A 39-Year-Old Who Sold Everything He
Owned in Exchange for Bitcoin Now Lives on a Campsite
Waiting for the Ultimate Cryptoboom", *Business Insider*, 10.
Oktober 2017, https://www.businessinsider.com/man-in-the-
netherlands-sold-everything-for-bitcoin-2017-10; David
Tuckett, „The Role of Emotions in Financial Decisions"
(Text der alljährlichen Nicholas Barbon Lecture, London,
24. Mai 2012), S. 8, doi:10.13140/RG.2.1.3777.1921.

7. Mervyn A. King, *The End of Alchemy: Money, Banking, and the Future of the Global Economy* (New York: W. W. Norton & Company, 2016), Kapitel 4, Kindle.
8. MSCI Emerging Markets Index (USD), MSCI, 31. August 2018, Zugriff am 1. Oktober 2018, https://www.msci.com/documents/10199/codb0a48-01f2-4ba9-ad01-226fd5678111
9. Sam Ro, „Jeremy Grantham: The 10 Shakespearean Rules of Investing", *Business Insider*, 27. Februar 2012, https://www.businessinsider.com/jeremy-grantham-gmo-quarterly-letter-polonius-2012-2#recognize-your-advantages-over-professionals-5
10. John Waggoner, „John Bogle Says Investors Don't Need to Own International Stocks", *InvestmentNews*, 29. April 2017, https://www.investmentnews.com/article/20170429/free/170429919/john-bogle-says-investors-dont-need-to-own-international-stocks
11. „Apple Inc. (AAPL) Stock Report", Nasdaq, Zugriff am 8. November 2018, https://www.nasdaq.com/symbol/aapl/stock-report
12. MSCI ACWI Index (USD), 31. Januar 2019.
13. Barry Ritholtz, „Transcript: Research Affiliates' Rob Arnott", *The Big Picture*, 29. Juli 2018, https://ritholtz.com/2018/07/transcript-research-affiliates-rob-arnott/
14. Tony Robbins, *Money: Master the Game: 7 Simple Steps to Financial Freedom* (New York: Simon & Schuster, 2014), Kapitel 5.1, Kindle.
15. Portfolio Charts, Zugriff am 20. November 2018, https://portfoliocharts.com/

KAPITEL 10

1. Chart T_635.RPT, Ned Davis Research, Zugriff am 25. September 2018, https://www.ndr.com/group/ndr/content-viewer/-/v/T_635*RPT

2. https://ihsmarkit.com/index.html; https://www
    .instituteforsupplymanagement.org
3. Chart S1102, Ned Davis Research, Zugriff am 20. September
    2018, https://www.ndr.com/group/ndr/content-viewer/-/v/S1102
4. Benjamin Webster, „ESG Is Not an Investment Strategy",
    Financial Advisor, 8. Mai 2017, Zugriff am 17. Januar 2019,
    https://www.fa-mag.com/news/esg-is-not-an-investment-
    strategy-32655.html
5. Larry Fink, „Larry Fink's 2018 Letter to CEOs: A Sense of Pur-
    pose", BlackRock, Zugriff am 18. Januar 2019, https://www.black-
    rock.com/corporate/investor-relations/2018-larry-fink-ceo-letter
6. Umair Haque, *The New Capitalist Manifesto: Building a Disrup-
    tively Better Business* (Boston: Harvard Business Review Press,
    2011), Kapitel 1, Kindle.
7. Karl Popper, *The Poverty of Historicism* (London: Routledge,
    2002), 61.
8. Ebenda.

FAZIT

1. Julia La Roche, „Here Are the Top 20 Hedge Fund Managers
    of All Time", *Business Insider*, 26. Januar 2016, https://www
    .businessinsider.com/top-20-hedge-fund-manager-list-2016-1
2. Julia La Roche, „Billionaire Hedge Fund Manager Seth Klar-
    man Explains What Makes a Successful Investor", *Business
    Insider*, 28. Januar 2016, https://www.businessinsider.com/
    seth-klarman-on-what-makes-a-great-investor-2016-1
3. Andrew W. Lo, *Adaptive Markets: Financial Evolution at the
    Speed of Thought* (Princeton, NJ: Princeton University Press,
    2017), Kapitel 6, Kindle.